なぜ？がわかる

中学校で習う歴史が教えられるほどよくわかる

切替一薫

ベレ出版

はじめに

　あなたは歴史が好きですか？

　私は嫌いでした。

　この本を手に取って下さった方は、きっと私のことをもともと歴史が好き
だった先生だと思っていることでしょう。でも実はガチガチの理系です。むし
ろ歴史が一番苦手で、全くできませんでした。

　小学生の時は、歴史の入門書として有名な歴史まんがも読んでいました。し
かし当時の私は、目まぐるしく変わる主人公に混乱し、この時代にはこんなこ
とがあったらしい、という曖昧な知識しか身につきませんでした。用語や人の
名前も覚えていないので、小学校のテストでも全然点が取れず、返されたテス
トをこっそり捨てていたことも。

　中学生になると定期テストがあるため、単語カードを作り、一問一答の問題
集を繰り返し、闇雲に問題集を解きまくっていました。全部覚えられたらその
ページを食べるという、わけのわからない儀式まで行っていました。全部覚え
るまでトイレを出ないとか、100回書くとか、睡眠学習とか、おまじないの
ような勉強法もやってきました。それでも全く覚えられず、定期テストでは
ずーっと30点台。40点以上は1回取ったことがあるかないか、ぐらいだっ
たのです。

　そんな私が歴史に興味を持って勉強し出したのは、社会人になってからで
す。そのため私が勉強した歴史は、教科書由来でも、受験のテキスト由来でも
ありません。完全に趣味の領域から身につけた歴史でした。しかしそんな歴史
の知識を、塾で教えていた子どもたちは「面白い！」と言ってくれ、保護者の

方々にも「小さい頃に、先生の授業を受けたかった。」と仰ってくださいました。でも当時の私は理系担当で、受験に通用する知識は持ち合わせていません。それでも子どもたちが「先生に社会を教えてもらいたい」と言ってくれるようになったので、私も子どもの要望に応える形で勉強するようになりました。こうして私は、社会人になってからあらためて教科書を手に取り、学校で習う社会科が楽しくなるように学び直していったのです。

　そのような経緯から社会科を教えるに至ったため、現在も私は点を取るための社会科は教えていません。得点や入試のためだけの勉強を廃し、子どもたちの興味に基づいた授業をしています。そのため授業の９割は教科書にも出てこない雑談ばかりなのですが、テストの点は上がっていくのです。これは、一見無駄ばかりの授業でも、興味を持つと勝手に勉強してくれるので、結果的に点数が取れるようになってしまうからなんですね。

　この本を執筆するにあたり、実際に子どもたちの疑問や興味を持っていた部分を参考にしました。特に、なぜその歴史が大切なのか、どうして覚えなければならないのか、は重視しています。そしてその歴史が現代に及ぼしている影響についても、意識的につなげるようにしています。こうすることで、遠い昔の話ではなく、身近なところでのつながりも意識できるので、子どもが興味を持ちやすくなるのです。そのため、学び直しで手に取って下さった方は、小中学校で暗記してきた歴史のもやもやした部分が解消されていくでしょう。

　また、私自身、暗記する歴史が大嫌いでした。そのため、この本でも暗記することに全く重点を置いておらず、考えてほしいところに重点を置いて執筆しています。例えば、教科書では、なぜ小野妹子が突然登場してくるのか、なぜ薩長同盟は薩摩と長州でなければならなかったのか、どうして初代内閣総理大臣が伊藤博文だったのかといった、教科書では結論しか触れられていない部分の「つながり」に焦点を当てています。テストや受験勉強のためにこの本を使おうと思っている方は、これら疑問の持ち方を「学び方の視点」として参考に

していただければ幸いです。そして、最後まで読んでいただければ、「歴史を学ぶ本当の意味」について、自分なりの考えを持ち、暗記しない歴史はとても自由で楽しいものだと感じていただけることでしょう。この本を手に取って下さった方々が「歴史って、暗記科目じゃなかったんだ」と感じてくれることを願っています。

目次

⑦ 鎌倉時代　99

⑧ 室町時代　123

⑨ 安土桃山時代　145

⑩ 江戸時代　165

⑪ 明治時代　207

⑫ 大正時代　239

⑬ 昭和（戦前・戦中）　255

⑭ 昭和（戦後）・平成　281

1

人類の進化と
文明の発達

約 46 億年前	**地球誕生**
約 40 億年前	生命誕生
約 5 億年前	**古生代：脊椎動物の誕生**
約 2 億年前	**中生代：恐竜の誕生**
約 6 千万年前	**新生代：霊長類（サル）の出現** ※現在も新生代にあたる
約 2 千万年前	日本海ができ始める
約 700 万年前	猿人サヘラントロプス・チャデンシス（トゥーマイ猿人）の出現
約 600 万年前	猿人アルディピテクス・ラミダスの出現
約 400 万年前	猿人アウストラロピテクスの出現
約 300 万年前	日本列島が大陸から切り離される
約 200 万年前	**旧石器時代の始まり** 原人ホモ・エレクトスの出現
約 40 万年前	ナウマンゾウが繁栄
約 20 万年前	新人ホモ・サピエンスの出現
約 13 万年前	地球の気温が下がり始める
約 4 万年前	野尻湖遺跡
約 3 万年前	岩宿遺跡
約 2 万年前	**氷河時代のピーク**
約 1 万年前	日本列島がほぼ現在の形になる **日本の縄文時代が始まる**
約 7000 年前	メソポタミア文明・中国文明が繁栄
約 5000 年前	三内丸山遺跡・エジプト文明・インダス文明が繁栄

上記年代は諸説あり

　地球が誕生したのは**約 46 億年前**のことです。そこから約 6 億年かけて最初の生物が誕生し、約 30 億年前にシアノバクテリアが誕生しました。この時の生命は原始的なものでしたが、大量に繁殖し光合成をしたことで、地球に酸素をもたらしました。

　そこからさらに進化が続き、約 35 億年かけてやっと脊椎動物、つまり背骨がある生き物にまで進化しています。この脊椎動物と無脊椎動物の境目に位置する生命が、「海のパイナップル」でお馴染みのホヤです。ホヤはあの形から無脊椎動物のように思えますが、幼体の時はオタマジャクシのような形で背骨のようなものを持っており、泳いでいるんですね。

　ここから約 4 億年かけてサルが誕生し、約 5000 万年の進化を経て、現在から**約 700 万年前に猿人が誕生**しました。猿人が誕生してからは約 500 万年で原人になり、そこから約 200 万年で新人となりました。およそ 38 億年前に遺伝子という生命の設計図が生まれ、とても長い時間をかけて進化してきたことがよくわかりますね。

　なお、日本列島（現在の本州）は約 300 万年前から大陸からどんどん切り離されていって、北海道だけがかろうじてつながっていたと考えられています。そして北海道も含めて**完全に海に囲まれた島になったのが約 1 万年前**と考えられています。つまり、日本で発見された旧石器時代（約 14 万年前以降）の遺跡は、すでに本州はユーラシア大陸と切り離されていた時代のもの、ということになります。しかしそうなると、彼らはどこからどうやって来たのかという問題が生じます。これらは諸説あり、現在も専門家によって意見が分かれているところです。つまり、いろいろと想像して楽しめる部分ともいえます。歴史は空白部分が多々ありますので、**自分なりの解釈も加えていく**と楽しくなっていくでしょう。

　四大文明はいずれも**川の近くで発展**しており、エジプト文明なら世界最長の川であるナイル川、メソポタミア文明ならチグリス川とユーフラテス川、インダス文明ならインダス川、中国文明なら黄河と長江の近くに発展しています。しかもそれらの川は、世界的に見ても非常に長い川だったことがわかります。

　長い川ということなら、アマゾン川も全長では世界最長クラスの川ですが、教科書には出てこないだけで、アマゾン文明というものがありました。アメリカ最長の川であるミシシッピ川付近にも同様に、教科書に出てこないだけで、ミシシッピ文明というものがありました。これは後にネイティブアメリカン（インディアン）と呼ばれる人々の文明です。

　これらのことからも、長い川がある地域には文明が発達しやすく、文明の発達には川が重要だったことがわかります。現在は道路や空路が発展したため、水運は時間がかかるという印象が強いですが、まだ道路が整備されていなかった時代には、川を道路代わりに船で行き来するほうが早かったのです。

　これは道路が発達するまで続き、日本の歴史においても、川をはじめとする

16

水運はとても重要な役割を果たしてきました。歴代の都がつくられたのも川があるところですし、城も川がある地域に多く築かれています。江戸城周辺では、川を人工的につくりあげています。瀬戸内が発達したのも瀬戸内海を中心とする水運によるものです。つまり歴史という科目であっても、**川や地形、地理的条件から見ていくと、共通して理解できる部分が出てくる**ということです。ぜひ地図を広げて、考えながら学んでいただけたらと思います。

人類の出現と進化

● 歴史を学ぶ意味とは何か

　人類の進化は猿から始まり、学校で習う歴史もここから始まります。しかしこの人類の最初の祖先とされる猿は、時代によって変わってきました。例えば1970年代の教科書では、最古の人類はピテカントロプス（ジャワ原人）となっていましたが、1990年代の教科書ではアウストラロピテクスとなり、2010年代の教科書では、サヘラントロプス・チャデンシス（トゥーマイ猿人）となっています。**これは新たな発見があったことにより、教科書の内容もそれに合わせて変わってきたため**です。このように歴史は時代によって習う内容が変わってきているため、子どもと親、そして祖父母との間では、学んだ知識が異なることが結構あります。それほど変わってしまう歴史を学ぶ意味とは一体何でしょうか。受験のためだけに丸暗記をすることが、本当に歴史を学んでいると言えるでしょうか。この本を通じて、歴史を学ぶことの本当の意味を各自で考えてもらえればと思います。では人類の進化から見ていきましょう。

● 人類の進化の流れ

　現在、人類最古の祖先と言われている猿人は、約 700 万年前に出現したとされる**サヘラントロプス・チャデンシス（トゥーマイ猿人）**です。アフリカで猿人が出現し、二足歩行をしたと言われていますが、頭骨の特徴からの推測にすぎず、あくまで仮説となっています。

　約 400 万年前から、**アウストラロピテクス**が誕生しました。この猿人は骨格から直立二足歩行をしていたとされますが、まだ火は使っていなかったと考えられています。一時は世界最古の人類と言われていたこのアウストラロピテクスが、氷河時代を生き抜いて、世界各国へ広がっていった人類となりました。

　そして 200 万年前頃から火や言葉、道具を使用する原人、**ホモ・エレクトス**が出現しました。原人にはホモ・エレクトス以外にも何種類かいたと考えられており、その一つがジャワ原人です。以前はピテカントロプスと呼ばれていましたが、現在ではその呼び名は使用されていません。また、ジャワ原人はアジアで広がり、一時は教科書に最古の人類として登場しましたが、現在の人類の祖先ではないという説が有力となっています。

　20 万年前になると、新人に分類される**ホモ・サピエンス**が出現します。しかしこの時代に再び氷河期が訪れたことで、多くの種族が滅びていきました。その一つがネアンデルタール人です。ネアンデルタール人は早くからアフリカを出てヨーロッパへ進出し、独自の進化を遂げた新人で、狩猟のために戦いに適応した体格になり、武器や道具も発達していました。ここで少し疑問が出てきます。よく強いものが生き残る、強いものが勝ち進んできたと言われますが、なぜ強く、武器や道具も発達していたネアンデルタール人は絶滅してしまったのでしょうか。ここに人類の進化の不思議があるのです。

● 人類は弱いから生き残ることができた !?

　強いものが生き残る。一見正しいように思えますが、長い歴史においてはそ

うでもないことがわかってきています。先程の人類の進化を見てみましょう。そもそもなぜ人類は二足歩行を始めたのでしょうか。地球上には多くの動物がいますが、二足歩行もできる動物はいても、二足歩行を標準とする動物は人類だけです。これについて、以前は木から降りて草原に進出したことで二足歩行を獲得したと言われていましたが、現在は**降りたのではなく、降ろされた**という説が有力になっています。つまり、弱かった人類の祖先は、森林という弱肉強食の世界の中で、木の上では勝てなかったため、降ろされたというのです。しかしそれが人類にとっては幸いでした。木の上で生活していたことにより、手が非常によく発達していました。そのため、地上に降りても手を有効活用できました。そこで編み出したのが二足歩行です。二足歩行なら、手に何か持ったまま移動できますから、生活する上で有利になっていったのです。これが猿人であるサヘラントロプス・チャデンシス（トゥーマイ猿人）、アウストラロピテクスの頃のお話です。

次に人類は火や道具を獲得します。しかしこれも強いから獲得したわけではありません。1対1の肉弾戦では、人類は弱すぎて勝てなかったのです。そこで編み出したのが**集団生活と遠距離攻撃の武器**です。狩りも生活も、みんなで行動を共にすることで、弱いなりに生き、繁栄していくことができました。これが原人であるホモ・エレクトスの頃のお話です。

そして新人の時代になると、様々な種族が誕生していたと考えられており、その一つが先程のネアンデルタール人です。体格も武器も強くなったネアンデルタール人でしたが、氷河期が来て絶滅してしまいます。狩猟の力は強かったのですが、氷河期になるとそもそも食糧となる獲物がいなくなってしまったため、絶滅してしまったんですね。ではそのような食糧難の氷河期を、なぜホモ・サピエンスは生き抜くことができたのでしょうか。実はホモ・サピエンスは武器を手に入れたとはいえ、それほど強くなかったので、狩猟だけではなく、**木の実の採集や魚介類の漁、簡単な料理**を行うようになっていたのです。氷河期にこの経験を活かすことができました。また、強かったネアンデルタール人と

比べて、ホモ・サピエンスは逃げるように**移動しながら生活圏を変え**ていました。これが不得意なところを避け、得意なところで生きることにつながっていきます。そのため、ほとんどの種族が絶滅した氷河期の中、現在の人類の祖先だけは生き延びることができたのです。

　なお、ネアンデルタール人自体は絶滅してしまいましたが、現在の人類にはネアンデルタール人の遺伝子の一部を持っている人がいることもわかっています。これはホモ・サピエンスが人種を超えて繁殖していったということですが、**集団生活で皆が協力しながら生き抜いてきたからこそ、他の人種でも受け入れることができた**とも考えられるのです。一時的に強いものがリードする時代はあっても、最終的には弱かったから生き延びることができた、というのは興味深く、現代にも通じる話ではないでしょうか。今の日本の教育では、「苦手科目をしっかりやれ」と言われますが、得意なことをしっかりやって、みんなで補い合うのが、進化の過程から考えれば自然な流れのような気もしますね。

文明のおこりと発展

● 川の周辺に文明が発展したのは偶然ではない！？

　あなたは水を買ったことがあるでしょうか。おそらくほとんどの人が水、もしくは水分となる飲み物を買ったことがあるはずです。実はこの水を求める行為は本能的なものであり、この本能が文明をつくっていったのです。

　教科書では紀元前4000年〜2500年頃に四大文明が大河の近くで発展した、

と出てきます。エジプトはナイル川、メソポタミア文明はチグリス川とユーフラテス川、インダス文明はインダス川、中国文明は黄河と長江です。人類は地球上のあらゆる場所へ広がっていきましたが、やはり水がないと生きていけないため、川の周りに人が集まってきました。海でもよい気がしますが、海水は飲料水として大量に飲むと死んでしまいます。そのため真水（まみず）が得られる場所が生活には必要なのですが、**真水が得られる場所が意外と少ない**のです。すると人々は真水を求め、自然と川の周辺に集まっていきました。人が集まると集団生活になります。人類の進化でもお話しした通り、人は集団で協力しながら生活することで生き延びてきました。こうして様々な人が知恵を出し合い、進化し、文明が発展していったのです。

● 四大文明の特徴

　エジプト文明というと真っ先にピラミッドが出てくると思いますが、文明として重要なのは太陽暦（たいようれき）とヒエログリフでしょう。エジプト文明は**ナイル川**の近くで発展し、ナイル川の氾濫を予測するために地球の公転周期を用いた暦を考え出しました。これが現在使われている暦の原形である**太陽暦**です。そして集団生活において、意思疎通を図（はか）ることはとても重要だったため、**ヒエログリフ**と呼ばれる象形（しょうけい）文字を考え出しました。ピラミッドにも書かれている絵文字みたいなものですね。この暦と文字を手に入れたことで、農耕が正確に行えるようになり、集団の力を発揮できるようになったことから、エジプト文明は発展していきました。

　メソポタミア文明は**チグリス川**と**ユーフラテス川**周辺の地域で発展した文明です。こちらも農耕のために暦を作りましたが、太陽ではなく、月に着目したものです。これを**太陰暦**（たいいんれき）と言います。江戸時代まで日本で使われていたのも、この太陰暦が発展してできたものです。また、数を数える必要が出てきたため、時間を測る**60進法**を発案し、これは現在でも用いられています。そして**くさび形文字**も生み出されました。文明ごとの文字の違いは教科書でも扱われており、入試でも問われるため覚えさせられることも多いのですが、くさび形文字

はもともと数を数えるために考え出されたので、直線的なくさびの向きと数によって文字を表しているという特徴があります。「目には目を、歯には歯を」で有名な**ハンムラビ法典**もあわせて出てきますが、このハンムラビ法典もくさび形文字で書かれています。

　インダス文明は**インダス川**流域で発達した文明で、**インダス文字**という象形文字を使用していました。エジプトのヒエログリフはわりと解読されているのに対し、インダス文字は現代との中間に位置する文明が未発見なため、ほとんど解読されていません。なお、**カースト制**は紀元前 1500 年頃にインドに到来したアーリヤ人が作り上げていったものです。

　中国文明は長江文明や黄河文明といった、長江や黄河流域で発生した文明の総称です。教科書によっては長江文明、黄河文明と分けられていた時代もありましたが、現在は中国文明となっています。この中国文明では亀の甲羅に刻んだ**甲骨文字**が作られ、これが後の漢字へと変化していきます。また、**儒学**や政治体制は、後の日本にも大きな影響を及ぼしていきます。

宗教の誕生

● 世界の主な宗教のまとめ

　今も頻繁にニュースになる中東問題ですが、その発端は宗教にあります。日本ではあまり馴染みがない宗教ですが、世界標準で見ると、生き方をも左右する重要な役割を果たしているのです。宗教に対する理解を深めておくことで、

歴史も理解しやすくなっていきます。教科書に出てくる宗教について、まずは日本の歴史でも馴染みが深い、仏教から順番に見ていきましょう。

仏教は紀元前500年頃にインドの**釈迦**(シャカ)によって広められた宗教で、アジアに広がりながら様々な宗派を生んできました。日本にも6世紀に伝わり、それ以降多くの仏像や寺院がつくられています。「お釈迦様」の釈迦というのが、開祖である釈迦のことですね。「天上天下唯我独尊(てんじょうてんげゆいがどくそん)」という言葉で知っている人も多いでしょう。仏教には釈迦をはじめとする様々な仏が存在します。日本古来の宗教である**神道は多神教**のため、仏教を受け入れやすかった、というわけです。

ヒンドゥー教は仏教よりも早くインドに根付いていた宗教で、その始まりはよくわかっていません。しかしその考え方がインダス文明に残るものと似ていることから、紀元前2000年頃にはヒンドゥー教の元となる宗教があり、アーリヤ人がインドに到来してバラモン教を成立させ、現在のヒンドゥー教へと進化したと考えられています。なお、仏教もこのバラモン教に釈迦が解釈を加えて進化させた宗教の一つであり、現在ヒンドゥー教では釈迦は神の化身の一人と考えられています。そのためヒンドゥー教も多神教で、仏教にもヒンドゥー教にも呼び名が違うだけで似たような性質の神がいるのです。

キリスト教はイエス・キリストが広めたと思われがちですが、正確にはイエスの考え方を弟子たちが広めたものです。そしてこのイエスの考え方というのが、**ユダヤ教の解釈**なんですね。つまり、イエスはユダヤ教徒だったのですが、

深掘り！解説　インドの宗教

地理の授業ではヒンドゥー教は、「カースト制」「牛は神聖な生き物なので大切にする」「豚は不浄な動物なため食べない」「右手は神聖な手で左手は不浄の手」という考え方がある宗教として習います。インドは仏教というイメージが強い人もいるのですが、実はインドではヒンドゥー教徒が約80%を占めており、仏教徒は1％もいないと言われています。

その考え方に賛同できないものがあり、自分なりの解釈をし、その考え方を広めていったところ、賛同者が多く現れてキリスト教となったのです。キリスト教は現在、宗教人口世界１位となっていますが、これは布教活動がシステム化され、効率よく信者を増やすことができたためです。日本にもザビエルが戦国時代に来たことにより、その影響が及んでいきました。なお、神はヤハウェのみとする**一神教**で、経典は新約聖書、聖地は**エルサレム**です。

　イスラム教は預言者ムハンマド（マホメット）が唯一の神をアッラーとして広めたもので、経典はクルアーンです。聖地は**メッカ**で、１日に５回メッカに向かってお祈りをします。また豚とお酒は禁止で、ラマダンと呼ばれる断食があることは教科書にも書かれています。宗教人口はキリスト教に次ぐ世界第２位で、キリスト教と同じく様々な宗派が存在します。さてこのイスラム教ですが、実はキリスト教の影響を受けたものなのです。経典はアラビア語で書かれているため、名称の発音は異なりますが、聖地も神の名前もキリスト教と同じものを指しています。

　ユダヤ教はヘブライ語で書かれた「タナハ」を聖典とし、聖地はエルサレム、

深掘り！解説　キリスト教の宗派と神の名前

　　キリスト教には様々な宗派があり、歴史においても様々な名前で登場してきます。教科書に出てくる有名なものとしては、荘厳華麗なステンドグラスの教会を持つカトリック、聖書に書かれていることのみに忠実なプロテスタント、沢辺琢磨（さわべたくま）が所属した正教会が挙げられます。ザビエルが所属していたイエズス会はカトリックの修道会の一つです。

　また、キリスト教の神はゼウスだと思っている人も多いのですが、**ゼウスはギリシャ神話に登場する神様**です。キリスト教はあくまで一神教であり、その神はヤハウェです。ところが、実は旧約聖書はヘブライ語で書かれており、発音がわからなかったため、推測して読んだものです。そのため、宗派や国によって発音が異なり、日本ではそれをさらにカタカナ表記にしたため、世界中で神の名前が混在しているのです。なお、戦国時代にザビエルが日本で布教した際の神の名前は「デウス」となっています。

神の名前をヤハウェとする宗教です。よくキリスト教の聖典を「新約聖書」、ユダヤ教の経典を「旧約聖書」と呼ぶことがありますが、これはキリスト教側から見た時に、「私たちの聖典は、キリストが作った新しい約束だから、新約聖書としよう」と勝手に決めたものです。よってユダヤ教の人々が、自ら「旧約聖書」と言っているわけではありません。なお、聖書は「神と人間が交わした約束」と解釈していることから、「約」の字が使われています。

● 中東問題の発端——キリスト教、イスラム教、ユダヤ教は同じ宗教？

　すでに述べた宗教の説明を読んで、もう中東問題の原因がわかった方もいらっしゃるでしょう。イスラム教とキリスト教の原点はユダヤ教。言葉や解釈は違っても、**この３つの宗教は同じ神を信仰の対象としている**ため、対立が起きているのです。特に聖地に関しては、第二次世界大戦前後のごたごたで、イスラム教の国（アラブ人）が支配していた土地に、「ユダヤ教の国を作っていいよ」とキリスト教の国が勝手に許可してしまったものだから、さあ大変！個人の問題も国の問題も超えて、数千年にわたる宗教のプライドの戦いに発展してしまったのです。そのため、いまだに解決できず、対立が続いているのです。

2

旧石器時代・
縄文時代

旧石器時代・縄文時代
流れをザっとおさらい

約 300 万年前	日本列島が大陸から切り離される
約 200 万年前	**旧石器時代の始まり** 原人ホモ・エレクトスの出現
約 20 万年前	ナウマンゾウが生息 新人ホモ・サピエンスの出現
約 13 万年前	**地球の気温が下がり始める**
約 4 万年前	野尻湖遺跡
約 3 万年前	岩宿遺跡
約 2 万年前	**氷河時代のピーク**
約 1 万年前	日本列島がほぼ現在の形になる **日本の縄文時代が始まる**
約 7000 年前	メソポタミア文明、中国文明が繁栄
約 5000 年前	三内丸山遺跡、エジプト文明、インダス文明が繁栄

上記年代は諸説あり

旧石器時代の期間は、ハッキリとしたことがわかっていないため、おおよその年数や幅を持たせて書いてあることが一般的です。歴史の勉強において大切なのは正確な年数の把握ではなく、流れや前後関係です。そのためここでも大まかな年数で表記しています。

「年紀」は 1000 年ごとに区切った表記で、「前 1000 年紀」は、「紀元前 1000 年から 1000 年間」を意味します。つまり、紀元で言うと、「紀元前 1000 ～ 1 年」を指し、「現在から 3000 ～ 2000 年前」を指します。これを年代で表すと、「0 年代」ということになります。

例えば前 5000 年紀なら、「**前 5000 年紀**」＝「紀元前 5000 年から 1000 年間」＝「**紀元前 5000 ～ 4000 年**」＝「**前 4000 年代**」＝「**現在から 7000 ～ 6000 年前**」となります。これらの表記は教科書や参考書によっくも異なるため、注意が必要です。

ちなみに 15 世紀なら、「**15 世紀**」＝「西暦 1401 年から 100 年間」＝「**西暦 1401 ～ 1500 年**」＝「**現在から約 600 ～ 500 年前**」となり、現在は 21 世紀（2001 ～ 2100 年）となります。世紀と西暦で数字がズレていてややこしいと感じる人も多いと思いますが、その原因は**西暦を定めたときには「0」という概念が存在しなかった**ためです。数え年の考え方も同じですね。0 が存在しなかったので、生まれた年が 1 歳になってしまうのです。とてもややこしくて苦労するところではありますが、学習するにあたって**大切なのは数字ではなく、流れや前後関係**なので、おおよそのイメージができれば、数字はそこまで重要ではありません。

青森県三内丸山遺跡

長野県野尻湖遺跡

群馬県岩宿遺跡

　長野県にある旧石器時代の野尻湖遺跡では、氷河時代にいたとされるナウマンゾウの化石とともに、象牙を加工した道具や石器が発見されています。その後、**ナウマンゾウの化石は日本各地で発見**されていることから、**広範囲にわたって生息していた**ことがわかってきました。ナウマンゾウを狩猟していたことから考えれば、**日本人の祖先もこの時代には全国へ広がっていた**ことが推測できます。

　青森県にある縄文時代の三内丸山遺跡からは、新潟県から運ばれたヒスイ、北海道や長野県から運ばれた黒曜石、岩手県から運ばれた琥珀などが出土しています。そのことから、ただ集落を形成していたわけではなく、**遠方の地域と**

交易をしていたこともわかります。

　なお、以前は日本列島が氷河時代に大陸とつながっていて、そこから日本人の祖先は歩いてきた、と教えられていましたが、現在は氷河時代であっても大陸とはつながっていなかった可能性が高いことが指摘されており、祖先がどのように日本列島へ渡ってきたのかは議論が分かれています。ナウマンゾウが生息していた時代ですら本州とユーラシア大陸は離れていたはずですからね。

旧石器時代の生活

● 日本にも旧石器時代が存在した！？

　まだ日本がユーラシア大陸と陸続きだった時代、人類は現在の日本の場所まで到達していないと考えられていました。なぜならこの時代は氷河期にあたり、食糧が不足していたと考えられていたからです。しかし戦後、群馬県で**岩宿遺跡**が発見されたことにより、世界中が驚かされました。この遺跡から、旧石器時代にあたる石器が発見され、少なくとも約３万年前には**日本列島に人類が来ていたことが明らかになった**からです。この発見により、日本にも旧石器時代が存在したことがわかり、これ以降多くの旧石器時代の遺跡が発見され、現在でも新たな発見が続いています。

● 旧石器時代の特徴

　旧石器時代は氷河期にあたるため、**ナウマンゾウ、オオツノジカ、マンモス**といった、大型で毛に覆われた、寒さに強い生き物が生息していました。氷河

期というと一面氷で覆われた世界を想像しがちですが、実はそこまで寒いわけではなく、岩宿遺跡近辺は現在よりも約7℃程低い、北海道の釧路のような気候だったと考えられています。氷の上を歩いている印象が強く、北海道より北でしか発見されていないマンモスですが、北海道でも一年中氷に覆われていたわけではないため、マンモスは草原も歩いていたことになります。そして人類はこれらの大型の生き物を追って、日本列島に入ってきたと考えられています（諸説あり）。

このような大型の動物を狩るために考えられたのが**打製石器**です。石を石で叩いて割ることにより、鋭くとがらせた、ナイフのような石を作り出しました。中でも**黒曜石**と呼ばれる石は、丈夫で割れたときに鋭くとがるため、槍や刀、包丁として多く用いられていました。これが旧石器時代という名前の由来となっています。人類はこの石器を用いて動物を狩り、木の実を採取して、**食べ物がなくなったら移動する**という生活をしていたと考えられています。

● 日本の旧石器時代の凄さ

旧石器時代を代表する遺跡として、群馬県の**岩宿遺跡**、長野県の**野尻湖遺跡**があります。岩宿遺跡では多数の石器が発見されていますが、興味深いのが、**磨製石器**があったということです。世界中で同年代の石器は多数発見されていますが、この時代に磨き上げられた石器は発見されていません。

また、野尻湖遺跡は湖底で風化を免れていたこともあり、発掘物から**動物の骨や木も加工して、道具にしていた**ことがわかりました。さらに、この道具の形状が、同時代の**日本各地の石器と似ている特徴を有している**こともわかりました。石器に使われた岩石も、その地域のものではないものが発見されたことから、旧石器時代には**すでに広範囲にわたって人の移動や交流があった**のではないかと考えられています。

新石器時代がない理由

　　世界標準の時代区分では、旧石器時代は打製石器の製作や狩猟・採取の時代となっており、磨製石器の製作は新石器時代という区分になります。しかし**日本では農耕や牧畜の前に磨製石器を使い出した**ことがわかっており、世界標準の旧石器時代の区分には当てはまりません。そのため日本の教科書では、**石器を使用して移住していた時代を旧石器時代、土器を使用して定住していた時代を縄文時代**として、世界標準（新石器時代）とは区別しています。

●時代区分の考え方

【世界】旧石器時代→新石器時代

・旧石器時代：**打製石器の製作**

・新石器時代：**磨製石器の製作、農耕・牧畜の開始**

【日本】旧石器時代→縄文時代

・旧石器時代：**石器を使用**

・縄文時代：**土器を使用**

縄文時代の生活と文化

● 世界最古級の日本の土器

　今から約1万年前、日本列島がほぼ現在の形になった時代が**縄文時代**です。この時代は名称の由来となった縄文土器が使われ、**定住を始めた**と考えられています。縄文土器の研究は、東京大学に教授として招かれ明治10年に来日した**モース**が、横浜駅から新橋駅へ向かう汽車の窓から**大森貝塚**を発見したことにより盛んになりました。当時日本ではそのような遺跡を発掘、研究するという概念がありませんでしたが、この発見以降、様々な場所で発掘調査が行われ、日本の縄文時代の生活の様子がわかるようになっていきました。中でも土器は

日本各地で多数発見されたものの、世界では同時代の土器発見例がほとんどなく、日本の縄文時代を代表する遺物となりました。「人類が初めて化学的に合成して作った道具は土器である」と述べる研究者もおり、この土器の発明と利用がいかに凄いことだったのかがわかります。なお、土器の作り方をどのように知ったのか、それがどのように広まって行ったのかについてはいまだにわからないことが多く、研究が続いています。

● 縄文時代の生活

　氷河期が終わると、気候も温かくなってきたため、木の実が増え、大型動物も消えていきました。そのため、命がけで狩猟を行う必要もなくなり、肉よりも保存がききやすい植物（ドングリやトチの実）を調理して食べるようになりました。移住の必要もなくなり、定住へと変化していったことで、住居も地面に穴を掘り、その上に屋根をつけた竪穴住居が普及していきました。この住居の屋根は、雨は入れずに空気は外へ逃がす構造になっています。そのおかげで、中で火を使って調理をしても、その煙は外へ出るようになっていました。

> 深掘り！
> 解説
>
> ### 穴を掘った理由
>
> 　「竪穴」の意味は、石器時代に住んでいた「横穴」に対して、縦に地面に穴を掘って作られたことに由来します。縦と横なら「縦穴」じゃないの？と思うかもしれませんが、「竪」にも「垂直にする」という意味があるのです。
>
> 　また「なぜわざわざ掘ったの？」とよく質問されますが、竪穴住居に関してはわかっていないことが多いのです。実はこの形の住居は世界中あちこちで発見されていますが、その構造は地域ごとに異なっており、穴を掘らずに屋根を被せただけ、というものもあります。そのため、その時代の技術力では屋根を作るのが精一杯で、壁や柱、梁を使って屋根を支える技術はないけれど生活空間は広げたい、という意図から穴を掘ったのではないかと考えられています。歴史は暗記科目と思われがちですが、どうしてそうしたのかを考えていくと、実は暗記よりも思考の要素が強く、想像して楽しむことができる科目になりますね。

深掘り！解説　貝塚の役割
　貝塚というと、以前の教科書ではゴミ捨て場というイメージが強いのですが、最近は**ただのゴミ捨て場ではなく**、**神聖な場所として扱っていた**のではないかと考えられています。貝殻だけではなく、魚の骨やイノシシやシカといった動物の骨、焼いたクリやクルミ、当時は貴重だったヒスイで作られたアクセサリーや道具、さらに犬や人の骨も発見されているのです。犬は縄文時代にはすでに人と一緒に暮らしていたと考えられており、人骨も発見されていることから、捨てたというより、大切なものに敬意を表して埋葬していたと考えられる、というわけです。

　このことから、ただ寝る場所や保存する場所、身を隠す場所としてではなく、**生活の拠点として住居を活用していた**ことがわかります。

　縄文時代を代表する遺跡として、青森県の**三内丸山遺跡**があります。この遺跡には大規模集落としての機能があり、住居地区とお墓が分かれ、大型の建物やゴミ捨て場、道路があったこと、クリを栽培していたこともわかっています。また、この地域にはない石が多数発見されたことから、**遠方の地域とも交易をしていた**ことがわかっています。

　この時代の有名な貝塚として、先程紹介した東京都の**大森貝塚**、日本最大級の規模を誇る千葉県の**加曽利貝塚**があり、少し調べてみるとそれ以外にも大小様々な貝塚が日本各地にあることがわかります。ちなみに貝塚は世界中で見つかっていますが、これだけ大規模かつ密集して発見されている例はあまりありません。

● 壊して使う？　土偶の秘密

　土偶というと、遮光器土偶をはじめとする人型のものを思い浮かべる人も多いでしょう。このような土製品は四大文明やヨーロッパでも作られていますが、面白いのはどこの地域でも変な形をしているところです。そして完全体よりも、どこかしら壊れた、もしくは欠けたような形になっているものや、**女性の特徴**

を強調した土偶が多いのです。これは**おまじないに使われたため**と考えられています。例えば安産祈願として用いられたり、足がよくなることを願って土偶の足を壊したりしていたからだろうということです。

　土偶がいつ、どこで、どのように発明されたかはわかっていませんが、どこの地域でも似たような形で、似たようなつくりをしているということは、土偶の文化が何らかの方法で世界へ広がり、浸透していたと考えるのが自然です。電話もなく、移動手段も徒歩しかないこの時代に、どうやって世界中へ広がっていったのか考えると、ちょっと面白いですね。

弥生時代

	国外の出来事	日本国内の出来事
B.C.1600 年頃	**殷**王朝の成立	
B.C.1000 年頃	**周**王朝	
B.C.770 年頃	**春秋戦国**時代	
B.C.500 年頃	仏教の誕生	**弥生時代**の始まり
		稲作が大陸より伝来
		吉野ヶ里遺跡
B.C.221 年	**秦**王朝（始皇帝）	
B.C.202 年	**漢**王朝	
1 年頃		登呂遺跡
57 年		「漢委奴国王」の金印を授かる
220 年	**三国時代**（魏・蜀・呉）	
239 年		卑弥呼が「親魏倭王」の金印と銅鏡を授かる
250 年頃		**古墳時代**の始まり
265 年	**晋**王朝	
439 年	**南北朝**時代	
581 年	**隋**王朝	
592 年		**飛鳥時代**の始まり
593 年		聖徳太子が推古天皇の摂政になる

　弥生時代は、狩猟から稲作へと転換し、日本国内には多くの国ができて、争いも起き始めた時代です。日本には当時の記録は残っていませんが、中国の歴史書に書かれた日本の様子と、実際に日本から出土したものを照らし合わせることで、当時の日本の様子を知ることができます。しかし中国の歴史書に書かれた日本の様子はそれほど多いわけではなく、その確証となるものも少ないことから、まだまだわからないことが多い時代でもあります。

　日本史というと、ついつい日本の出来事のみに注目してしまいがちですが、歴史が始まった時点で海外との関係も影響しています。特に中国と朝鮮からは多くの影響を受けてきているため、**国外との関連も考えながら見ていく**ことで、流れが理解しやすくなってきます。

教科書では弥生時代を代表する遺跡として佐賀県の吉野ヶ里遺跡と、静岡県の登呂遺跡の２つしか出てきませんが、弥生時代の遺跡は、日本各地で発見されています。これらの集落には、その地域にはあるはずのないものが出土されていることから、**交易が活発に行われていた**ことがわかっています。さらに交易は、日本国内にとどまらず、朝鮮半島を経由して、中国とも行われていたことがわかっています。

弥生時代の生活

● 道具の発展と国の成り立ち

　紀元前 400 年（紀元前 4 世紀）頃に九州へ稲作が伝わり、日本でも農耕が始まりました。土器も武骨で大きな縄文土器から、薄くて丈夫な弥生土器へと変化していきました。この時代を弥生土器から名称を取り、弥生時代と呼んでいます。紀元前 400 年頃というと、中国では戦国時代の真っ最中で、インドでは仏教が広まり始めた頃、ヨーロッパではアテナイのアクロポリスにパルテノン神殿が建てられた頃です。

　鍬や田下駄、石包丁などの農具も伝わり、鉄や銅の金属の加工技術も入ってきました。またネズミや湿気を防ぐことができる高床倉庫がつくられるようになり、狩猟採集の時代よりも安定的に食糧を確保できたため、村の規模は大きくなっていきました。そして食糧によって生じた貧富の差から、争いも起こるようになりました。これが後にクニの成立へとつながっていきます。

　ここで重要なのは、**なぜ食糧で貧富の差が生じ、争いにまで発展するのか**、という点です。当時の人々にとっても、食糧は生命を維持するため欠かせないものでした。食糧にありつけなければ死んでしまうかもしれません。そのため、安定的な食糧の確保は人類にとって長年の望みだったのです。それが稲作や栽培によって可能となりました。しかしその栽培も、どこでもできるわけではありませんでした。水の確保、土地の確保、人の確保、道具の確保、と様々な条件が整わなければなりません。そのような条件が整っている場所があるとわかれば、奪いたくなりますよね。こうして人類は争うこと、団結すること、新しい武器や道具を開発することを覚えていったのです。

41

● 吉野ヶ里遺跡と登呂遺跡の凄さ

　弥生時代を代表する遺跡として、佐賀県の吉野ヶ里遺跡、静岡県の登呂遺跡があります。**吉野ヶ里遺跡**は日本最大の遺跡で、その広さはディズニーランドとディズニーシーを合わせた面積よりも広く、周囲は環濠（かんごう）で囲まれていました。環濠というのは周りを囲むように掘った深い堀で、**クニ同士の争い**があったことを意味します。争いがなければお堀を掘って守る必要はありませんからね。吉野ヶ里遺跡に関しては、この環濠が二重になっていたことがわかっており、それだけ大規模な争いがあったと考えられています。また、物見やぐらと思われる高い建造物があったこともわかっています。現在の工事現場の時に使われる足場のような簡素な構造ですが、当時は石の斧（おの）、麻で手作りした紐しかありませんから、それで高い建造物をつくるのはなかなか大変だったはずです。しかも吉野ヶ里遺跡には 500 年で 1 万 5 千基以上もお墓がつくられたと考えられています。文字や写真もない時代で、これだけ長い間を守り抜いて維持し、少しずつ技術力を高めてきたことを考えると、その凄さが実感できるでしょう。

　登呂遺跡では**大規模な水田跡**が発見されており、水路は粘土や焼き土を用いて防水加工をしていたこともわかっています。この水田跡は、実は吉野ケ里遺跡では発見されていません。あちこち探したようですが見つからず、農具だけが発見されているそうです。このことから、吉野ヶ里遺跡では恒常的な農業は行われていなかったと考えられています。登呂遺跡にはそれがしっかり残って

深掘り！解説

弥生土器

　　弥生土器の名称は、この土器が発見された貝塚がある、東京都文京区弥生という地名に由来しています。縄文土器は火の中に入れ、低温で焼き上げていたのに対し、弥生土器は窯（かま）を使って高温で焼き上げていました。これにより、縄文土器よりも薄くて丈夫な土器を作ることができたのです。また、縄文時代とは異なり、信仰的な意味合いを持った装飾はなくなり、シンプルな形になっていきました。

おり、**弥生時代の農業の技術や生活の様子がよくわかる**ことから、学術的に価値が高い遺跡となっています。

中国の歴史書から見た「倭」

● 記録が残っていない日本の歴史

　3世紀に入ると、中国の歴史書に日本に関する記述が出てきます。中国ではすでに文字があり、記録が残っていますが、**日本には当時文字がなく、文字史料は存在しません**。そのため、中国の歴史書から日本に関する記述を見つけて、それに該当する証拠を日本で探して、歴史を明らかにしています。

　教科書にまず最初に登場してくるのは、1世紀頃に書かれた『漢書』地理志という歴史書です。この中には「海の向こうには倭人がいて、100余りの小国に分かれている。彼らは貢ぎ物を持って挨拶にくる」と書かれています。日本は当時、**倭**と呼ばれていたんですね。

● 金印は1つじゃない！

　次に『後漢書』東夷伝の中に、「57年に光武帝が倭国の使者に金印を授けた」とあります。この時の金印が、福岡県志賀島で発見された「**漢委奴国王**」の印影がある金印ではないかと考えられています。そしてこの**奴国**というのが倭人のクニの一つ、つまり日本に存在したと考えられるクニの一つと考えられています。奴国は日本の歴史で最初に出てくる名前のため、今のところ日本史上、最古の国家ということになっています。

『三国志』魏志倭人伝の中には、「倭には魏などと外交している国が 30 余りあり、80 年くらい争っていたが、邪馬台国の卑弥呼という女王がこれを治めた。239 年に卑弥呼は魏の皇帝に使いを送り、魏の皇帝は「親魏倭王」と刻まれた金印と、銅鏡 100 枚を与えた」とあります。

さて、教科書に写真が出てくる金印ですが、発見されているのは「漢委奴国王」のほうだけです。卑弥呼が授かったとされる 親魏倭王 はまだ発見されていないんですね。そのため、邪馬台国が日本のどこにあったのか、いまだにわかっていません。実は魏志倭人伝には邪馬台国への行き方も書いてあったのですが、その通り行っても海に出てしまうのです。これがまるで暗号のような感じで、様々な憶測を呼び、邪馬台国は歴史ミステリーの一つとなっています。

● 文字はなくても言葉はあった

この時代、日本には文字がなかったので記録が残っていませんが、言語はありました。その証拠として現在も残っているのが、**漢字の音読みと訓読み**です。日本はその後、中国の漢字を持ち込み、話し言葉は日本語、書き言葉は中国語という使い分けをしていきます。しかしそれでは何かと不便なので、漢字をそのまま日本語として使うことを思いつきます。それが音読みと訓読みです。

例えば、「山」という漢字は音読みでは「サン」ですが、訓読みでは「やま」と読みます。音読みというのが中国語の読み方、中国語での発音ですね。そして訓読みが日本語。つまり、**日本にはすでに「やま」という言葉があったので、中国語で「やま」にあたる漢字「山」をそのまま「やま」と読むようにした**というわけです。なお、当時の日本語は今の日本語とはかなり異なっていて、発音も複雑だったと考えられています。その名残が、「てふてふ」と書いて「ちょうちょう」と読むような、古語に残っているのです。

これがわかると、なぜ中国が海の向こう側の国を「倭」として分けて考えて

いたのかもわかってきますね。海を渡って向こう側の国は中国語が通じなかったのです。そのため、自分たちとは違う国として、明確に意識することができたのでしょう。もし日本語が存在しなければ、中国の圧倒的な文明を前に、日本は中国に取り込まれていたかもしれません。日本列島がユーラシア大陸と分かれたその時から、日本人は固有のアイデンティティを持ち始めたとも考えられますね。これが以降の日本を作り上げていく基礎にもなっており、歴史にも大きな影響を及ぼすことになります。

● ヤマト政権はどうやって勢力を拡大させていったのか

　弥生時代に生まれたムラは、徐々に周辺のムラと統合しながら、クニとなっていきました。そして**鉄器の普及により道具が進化**したため、作業の効率が上がり、米の収穫量も増えていきました。また、**武器も進化**し、有利に戦うことができるようになっていきます。こうして勢力が拡大していったクニでは、**権力を誇示するために大きな古墳がつくられる**ようになっていきました。古墳は日本全国に多数存在しますが、中でも大阪には大きな古墳が多く、**百舌鳥・古市古墳群**は世界遺産に登録されています。その中でも有名なのは、前方後円墳である**大仙陵古墳**です。

　日本各地にクニがつくられていった西暦200年頃から、大和盆地（現在の奈良盆地）周辺で、勢力を拡大していた政治権力がありました。それを**ヤマト政権**（ヤマト王権）と言います。ヤマト政権は畿内を中心に徐々に勢力を拡大しながら、大王を頂点とした国家づくりをしていきました。400年代後半頃になると、**ワカタケル大王**として有名な**雄略天皇**が登場します。埼玉県の**稲荷山古墳**では「獲加多支鹵大王（ワカタケル大王）」と刻まれた鉄剣が出土し、熊本県の**江田船山古墳**でも、途中が読めなくなっているものの「ワカタケル大王」と刻まれていると思われる鉄刀が出土していることから、ヤマト政権の勢力は九州から関東に至るまで広がっていたと考えられています。なお以前の教科書では大和朝廷と書かれていましたが、朝廷と言えるほどの中央集権的な権力を持っていなかったのではないかとされ、現在はヤマト政権という言葉が用

いられています。

　ではヤマト政権はどのように地方豪族を支配していたのでしょうか。まずは血縁を中心とした同族集団を「氏」で表し、豪族の身分を「姓」で表す氏姓制度を作り、身分と役割をハッキリさせました。このときに政治の中枢を担う役職に与えられた姓が「臣」や「連」です。臣は中央の豪族に与え、職業や職能により大王に仕えていた豪族を伴造といいますが、連は伴造の中でも以前から大王に仕えていた豪族に与えられました。品部も伴造が率いる豪族に与えられ、その豪族が率いていた民を部民といいました。そして地方を治める豪族は国造に任命し、地方の支配権を認める代わりに大王に奉仕してもらうことによって、支配していきました。つまり、ヤマト政権では、大王は一つの国家として治めていたわけではなく、豪族集団のリーダー的な存在だったと考えられるということです。この氏姓制度を用いた支配において、氏の有名な例を挙げると、臣には蘇我氏、紀氏、葛城氏、安部氏などがいて、連には中臣氏、大伴氏、物部氏などがいます。

　さて、およそ350年続いた古墳時代は、大王を中心とする中央集権化が進むにつれ、氏姓制度によって古墳の大きさで権力を示す必要がなくなったため、徐々に衰退していきます。そして聖徳太子がより現代に近い中央集権化を進めたことで、古墳は飛鳥時代以降、ほとんどつくられなくなっていきました。こうして古墳時代は終わり、飛鳥時代へと移行していきます。ちなみに天皇のお墓（天皇陵）は初代神武天皇のお墓から第124代昭和天皇まで全て存在しており、宮内庁のHPで公開されています。しかしその全てを宮内庁が管理しており、公開や調査が厳しく制限されています。そのため、天皇陵となっていても、本当は誰のお墓なのかわからないところが多々あるのです。世界遺産に登録されている大仙陵古墳も仁徳天皇陵として有名ですが、実は本当に仁徳天皇のお墓なのかはわかっていません。宮内庁も徐々に学術調査を認めるようになってきたため、新たな発見から歴史が変わるかもしれません。

飛鳥時代

飛鳥時代
流れをザっとおさらい

593年	**聖徳太子**が推古天皇の摂政になる
603年	冠位十二階の制
604年	十七条の憲法
607年	法隆寺の建立／遣隋使の派遣
618年	隋が滅亡して唐が成立
630年	遣唐使の派遣
643年	山背大兄王が蘇我入鹿に攻撃され自殺
645年	**乙巳の変**で蘇我氏滅亡／**大化の改新**始まる
660年	唐・新羅連合軍が高句麗・百済を攻撃
661年	斉明天皇が崩御
663年	**白村江の戦い**
668年	天智天皇が即位
669年	臨終に際し、中臣鎌足が藤原姓を賜る
672年	**壬申の乱**
673年	**天武天皇**が即位
701年	大宝律令

593年に聖徳太子（厩戸皇子）が推古天皇の摂政になると、冠位十二階の制、十七条の憲法、法隆寺の建立と次々と改革を行っていきました。特に外交では遣隋使として小野妹子を派遣し、隋と対等な関係を築くことに成功します。この関係は唐の時代になっても受け継がれていきました。

聖徳太子の時代に繁栄した蘇我氏は、聖徳太子の死後、蘇我入鹿が山背大兄王を殺害したため、中大兄皇子と中臣鎌足が手を組み、滅亡させられました（大化の改新の始まり）。663年、白村江の戦いに出兵したものの敗退。その後、中大兄皇子は天智天皇となり、日本を唐のように強い国にするべく、律令国家の基礎を築きました。中臣鎌足は臨終に際して藤原姓を賜り藤原鎌足となり、後に繁栄する藤原氏の祖となりました。

天智天皇の死後は壬申の乱が起こり、大海人皇子が勝利し、即位して天武天皇になりました。天武天皇は古事記や日本書紀の作成を指示し、後の大宝律令につながる律令国家の強化を行っていきます。

教科書では一見バラバラに見える時代ですが、少し深掘りしてみると、**それぞれがちゃんと関連している**ことがわかります。歴史は**流れを意識**すると、何が起きたのか、どうしてそうなったのかが見えてきます。

推古天皇の時代から持統天皇が藤原京へ遷都するまで都となっていた場所を飛鳥と呼び、現在は奈良県高市郡明日香村となっています。この飛鳥を中心に栄えた時代を飛鳥時代と言い、壁画で有名なキトラ古墳や高松塚古墳も飛鳥にあります。

朝廷の勢力範囲は、南は鹿児島から、北は福島、新潟辺りまで及んでいたと考えられています。飛鳥はちょうどこの中央に位置し、遣隋使は瀬戸内海、福岡（大宰府）、対馬を通って、朝鮮へと渡っています。この**大宰府**と対馬を利用したルートは、江戸時代でも用いられた重要なルートの一つとなっており、

大宰府は**外交や貿易の役割**を担うようになりました。また、白村江の戦いで負けてからは、**中国、朝鮮からの侵略を防ぐ防衛拠点**となっていきました。

聖徳太子の政策

● 聖徳太子は蘇我氏と親戚 !?

6世紀後半に**聖徳太子**が誕生し、593年に**推古天皇**の摂政になります。聖徳太子は昭和時代にお札の肖像画（右図）にも用いられており、1984年に福沢諭吉へ変わるまで使われていたため、今の親世代、祖父母世代の中には懐かしいと感じる人もいるでしょう。何人もの話を同時に聞き分けたという逸話をはじめとする様々な伝説が今日まで伝わっていますが、この聖徳太子という名前は死後につけられた尊称で、本名は厩戸皇子と言います。以前の教科書では聖徳太子と記載されていましたが、現在の教科書では併記、もしくは厩戸皇子と書くようになりました。

聖徳太子

さて、教科書では聖徳太子の名前が登場したら、すぐに推古天皇の摂政となった話、遣隋使や政治の話になりますが、実は**大化の改新でお馴染みの蘇我氏ともこの時点で関わりがあります**。推古天皇は聖徳太子の叔母（父の妹）にあたり、その推古天皇の母は**蘇我稲目**の娘です。つまり聖徳太子、推古天皇、蘇我氏は血縁関係にあるのです。そして蘇我稲目の子には蘇我馬子がいて、後に滅ぼされる**蘇我蝦夷**、**入鹿**と続いていきます。豪族だった蘇我氏は、このよう

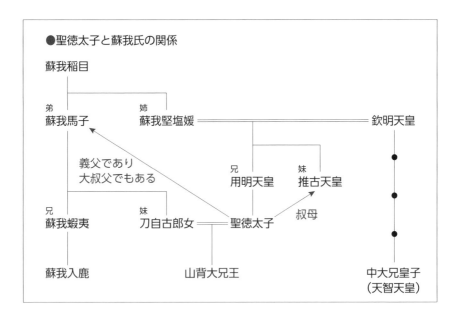

●聖徳太子と蘇我氏の関係

蘇我稲目

弟　　　　　　姉
蘇我馬子　　蘇我堅塩媛 ━━━━━━━━━━━━━━━━━ 欽明天皇

義父であり
大叔父でもある

兄　　　　　　妹
用明天皇　　推古天皇

兄　　　　　　妹　　　　　　　　　　　　　　叔母
蘇我蝦夷　　刀自古郎女 ━ 聖徳太子

蘇我入鹿　　　　　　山背大兄王　　　　　　　　中大兄皇子
　　　　　　　　　　　　　　　　　　　　　　　（天智天皇）

に娘を天皇に嫁がせることで勢力を拡大していったのです。

　ところがこの蘇我氏と天皇との関係は、**蘇我入鹿が聖徳太子の子である
山背大兄王を攻撃して自殺させる**ことで急変します。実は聖徳太子自身も蘇
我馬子の娘（刀自古郎女）と結婚しているため、山背大兄王は入鹿にとっていと
こ（父の妹の子）だったのです。そんな親族をも殺害する傍若無人な入鹿を
天皇家は問題視し、**中臣鎌足**と**中大兄皇子**が手を結んで**蘇我入鹿を殺害**します。
これを乙巳の変と言います。ここから2人の政治改革、いわゆる**大化の改新**
が始まっていくことになるのです。

　さてここで突然出てくる中臣鎌足は、後に繁栄する藤原家の祖、**藤原鎌足**と
なりますが、どのようにして頭角を現してきたのでしょうか。実は聖徳太子が
行った政策が関係してくるのです。

⬤ なぜ冠位十二階の制と十七条の憲法は重要なのか
　聖徳太子は607年に**小野妹子**を**遣隋使**として派遣した、と教科書には載っ

ていますが、実はこれは**2回目の派遣**で、600年にも一度派遣しているのです。それ以前に中国の王朝と交流したのは100年以上前のことだったため、倭（現在の日本）の様子について記したものを隋に送り、今後の関係を期待したのですが、隋には相手にされませんでした。これを恥だと思ったためか、この1回目の遣隋使については日本の歴史書には記録が残っていないのです。そのため、教科書には2回目という中途半端なところから小野妹子が登場してくることになります。

さて、この1回目の遣隋使の派遣が空振りだったことから、聖徳太子は「日本をもっとしっかりしたルールで作られた国にしないといけない」と考えました。そこで考え出されたのが、**冠位十二階の制**です。冠の色で地位を表し、優秀な人材は血縁にかかわらず登用するという制度ですね。この制度により**優秀な人材として認められた**のが、2回目の遣隋使となる**小野妹子**、そして後に大化の改新を行う**中臣鎌足**なのです。聖徳太子は、力が全てだった豪族の時代に、次の時代のリーダーとなりうる人材を発掘するシステムを作り上げることに成功したのですね。

● 世界最古の王朝を作り上げた和の精神

優秀な人材を見つけることができる制度は整いましたが、国のルールが決まっていません。せっかく優秀な人材が集まっても、ルールがない場所ではそれも活かされません。そこで作られたのが**十七条の憲法**です。憲法というと法律のような感じがしますが、この十七条の憲法は**役人の心構えを記したもの**です。例えば、「和を貴び、人に逆らい背くことのないように心がけよ」、「真心を持つこと」、「失敗を怒るな」、「嫉妬心を持つな」、「みんなとよく話し合って決めなさい」というようなことが書かれています。つまり争いは喧嘩や暴力ではなく、話し合いで仲良く解決しなさい、と定められていたのです。なぜこのようなことを入れたのでしょうか。それは冠位十二階の制で登用した人には豪族出身の人が多かったためです。「豪族」は古墳時代までに力の強い者が国を治める世界で形成されました。そんな人たちを登用したらどうなってしまうで

しょうか。下手をすれば天皇家が力で潰されてしまうかもしれません。そこで聖徳太子は、ルールがないこの時代に、ルールの導入から入るのではなく、**ルールを守るために必要な道徳、心構えから入った**のです。これがなかったら、後の大宝律令で中国のルールを真似して決めたところで、守られずに破綻していたかもしれません。

　さらに十七条の憲法にはもう一つその後の国づくりに関わる重要な内容があります。それが「**天皇の 詔 を受けたら、必ず謹んでこれに従え**」というものです。天皇は地方の豪族を束ねている絶対的な存在ではあったものの、強いというウワサがあるから皆が従っていただけだったのです。つまり、天皇家を滅ぼしてしまえばそれでおしまい、という可能性もあったということです。それをルールとして「天皇をトップとして倭という国は成り立っている」と定めたことで、天皇を中心とする国家を作り上げることに成功し、これが日本という国が 1400 年以上続く基礎になったわけです。そのような大切な一文が、17条ある中の最初でも最後でもなく、3 番目にさらりと入れてあるあたりも、興味深いですね。

遣隋使

⬤ なぜ煬帝は 3 回目の遣隋使を受け入れたのか

　607 年に小野妹子を使者として**遣隋使**を派遣しました。この時、聖徳太子が持たせた国書、「日出づる処の天子、書を日没する処の天子に致す」（日が昇る東の国のリーダーから、日が沈む西の国のリーダーへ）で**隋の皇帝、煬帝を**

怒らせたのは有名な話ですね。これは聖徳太子が中国と対等な関係を築くために書いたと言われていますが、これで煬帝が怒ったのであれば、なぜ3回目の遣隋使が送られたのでしょうか。

ここで関係してくるのが、後に白村江の戦いで関係してくる高句麗です。隋と高句麗は隣り合った国で、この時代は大規模な争いがあったため、**煬帝としても余計な敵を増やしたくない、むしろ高句麗を挟み込める位置にある日本は味方にしておくほうが得**だと考えて、遣隋使を受け入れたと考えられています。

なお日本書紀によると、「天皇」という文字は、この3回目以降の国書で「東天皇敬白西皇帝」（東の天皇が敬う西の皇帝へ）として使われており、「あくまで『皇帝』は中国だけのものとして尊重していますよ」という意味で用いたのではないかと言われています。その後、隋は内乱により滅びて唐に代わりますが、「日本」という国は中国の領土や主従関係のある国の一つではなく、一国家として扱われるようになっていきます。今も存続している **「天皇」という言葉には、他の国の属国にはならない、という意思が表れている**とも取れますね。

● 蘇我入鹿と中臣鎌足は同窓生だった!?

受験参考書では、「遣隋使＝小野妹子」の印象がかなり強いですが、**遣隋使は小野妹子だけではありません**。日本から小野妹子以外の者も、留学生として連れて行き、隋で学んで帰ってきて、日本で先生をしています。その隋から帰ってきた先生に習っていた生徒の中に、乙巳の変の主役となる蘇我入

中大兄皇子と中臣鎌足

鹿と中臣鎌足がいました。そう、この2人は**同じ教室で勉強した間柄**だったんですね。この時に2人を教えていた先生は、2人が突出して優秀だったと話し

ていたそうです。

　なお、この頃から2人は対立関係だったようですが、蘇我氏が全盛期を迎えたこの頃に、入鹿は自分が天皇になったかのように傍若無人に振る舞い、挙句の果てに聖徳太子の子である山背大兄王を殺害してしまいました。これを見た中臣鎌足は、このままでは天皇の存続が危ういとして、**中大兄皇子**に進言して、蘇我入鹿を殺害します。これが大化の改新のスタートとなり、後に中大兄皇子は**天智天皇**に、中臣鎌足は**藤原鎌足**となり、2人で力を合わせて政治改革を行っていきます。なお、藤原鎌足は冠位制度の最高位となる大織冠を授かった唯一の人物とも言われていますが、臨終に際して藤原姓と一緒に賜ったものなので、本人は藤原になったことすら知らないんですね。

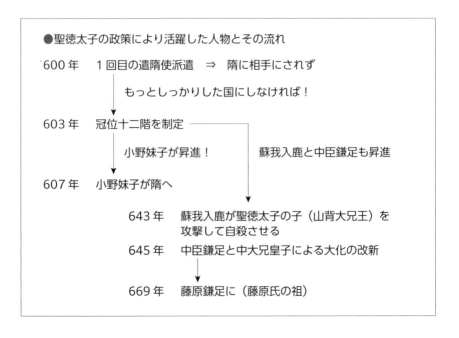

●聖徳太子の政策により活躍した人物とその流れ

600年　　1回目の遣隋使派遣　⇒　隋に相手にされず

　　　　　　　もっとしっかりした国にしなければ！

603年　　冠位十二階を制定

　　　　　　　小野妹子が昇進！　　　　　蘇我入鹿と中臣鎌足も昇進

607年　　小野妹子が隋へ

　　　　　　643年　　蘇我入鹿が聖徳太子の子（山背大兄王）を攻撃して自殺させる

　　　　　　645年　　中臣鎌足と中大兄皇子による大化の改新

　　　　　　669年　　藤原鎌足に（藤原氏の祖）

仏教の役割

● 世界遺産となった世界最古の木造建築の役割

　世界最古の木造建築として世界遺産にもなっている**法隆寺**は聖徳太子が建てたことで有名ですが、ただの趣味で建てたわけではありません。飛鳥時代からこのような建物が増えているように思うかもしれませんが、実は**この時代の一般的な住居はまだ竪穴住居**です。そう、縄文時代に出てきたあの家です。豪族クラスになると木造の建物になってきましたが、それでも平屋です。そんな中にドーンと大きな法隆寺、さらに高い**五重塔**が立ったら、人々はどう感じるでしょうか。現代に例えるなら、東京タワーやスカイツリーみたいなものですね。みんな高い所に登ってみたくなりますよね。それと同じで注目を集めたのです。もちろん現在の高層建築には権力的な意味合いは含まれていませんが、当時は**天皇の力を見せつける象徴**でもあったのです。

　また、同時に建築技術の PR にもなりました。もし縄文時代に等しい竪穴住居だらけの光景を、すでに大規模な建築物が存在している隋から来た人が見たらどう思うでしょう。きっと「文明が遅れている国だ」と感じるでしょう。しかし法隆寺や五重塔があることにより、これだけのものを建てられるという**技術力のアピール**にもなったのです。

　なお法隆寺に用いられた心柱という、揺れても倒れないようにする建築技術は、現在のスカイツリーにも応用されています。「どうせ中国から伝わったものでしょ？」という声が聞こえてきそうですが、実は中国でも朝鮮でも、法隆寺のような心柱の構造は発見されていません。似たようなものはあったと言われていますが、**ここまで大規模に建物の真ん中を貫いた心柱は、法隆寺の五**

重塔でしか発見されていないのです。もちろん発見されていないだけで、実は中国や朝鮮にも存在したのかもしれませんが、この地震大国日本で現存できているということだけ見ても、当時の技術力の高さが窺えますね。

● 聖徳太子はどうして仏教を取り入れたのか

聖徳太子は制度やルール、都や建築技術と様々な文化を日本に持ち込み、アレンジしましたが、実は**仏教もアレンジ**しているのです。まずそもそもなぜ仏教を日本に導入しようとしたのでしょうか。当時の日本では大王という存在はあったものの、それぞれの地域にそれぞれの豪族がいて、それぞれが自治を行っている状態でした。そのため、**中央集権国家という考え方が全くなかった**のです。さらに役割はあったものの、身分制度もなかったため、見たことも会ったこともない人に治められる国というものが想像もできなかったのです。そこで目をつけたのが、**身分制度を持つ仏教**という宗教です。

ところがここで問題が一つ浮上しました。日本にはすでに土着宗教である神社（神道）があったのです。そしてこの**神道こそが天皇が神の子孫である根拠**でもありました。そのため仏教を取り入れることで、神道を廃することにならないかという問題が生じたのです。実際にこの問題は、仏教派の**蘇我氏**と神道派の**物部氏**の対立を引き起こしています。

しかし聖徳太子はこれを見事に解決してしまいます。それが**十七条の憲法**の一番目と二番目の「和を貴び、人に逆らい背くことのないように心がけよ」と「篤く三宝を敬え。三宝とは仏と法（仏の教え）と僧である」に表れています。例えば「令和」や「和製」「和菓子」のように、いかにも日本っぽい印象の「和」の考え方を作り出したのも聖徳太子だと言われています。つまり、「三宝を敬え」と言いつつも、それは**仏教のみを教えとするのではなく、「和」により取り込むという解釈**をしたのです。

この取り込んで改良するという考え方は、その後の日本においても一つの文

化として根付いていきます。多種多様な宗派が誕生した仏教はもちろん、神社とも融合、漢字からひらがな、カタカナが誕生し、和紙も日本が改良して誕生しました。さらに織田信長の鉄砲生産、明治時代の文明開化、戦後の加工貿易と、**取り込んで改良することで、日本という国は発展して**います。このような形で聖徳太子の考え方は現在まで影響しているのです。

白村江の戦いと壬申の乱

● 負けて終わりじゃない。日本を守り抜いた防人の由来

　話は聖徳太子の国書が**隋**の煬帝を怒らせた頃に戻ります。隋は隣の**高句麗**（コクリョ）と争っていました。しかしなかなか高句麗を攻め落とせません。それどころか内乱が勃発してしまい、隋は滅びて**唐**へと代わりました。唐になった中国は、高句麗の南に位置する**新羅**（シルラ）と手を結び、挟み撃ちにしようと考えました。しかし新羅の南西には、小国とはいえ**百済**（ペクチェ）という国があったのです。この百済が先手を打って高句麗と手を結び、新羅を挟み撃ちにしてしまいました。新羅の救援要請を受けた唐はすぐさま出兵して百済を挟み撃ちにし、滅ぼすことに成功します。

　ところが**滅ぼされた百済は対岸の倭（日本）に助けを求めてきました**。日本と百済は対馬を挟んでお隣の国で、以前から仲良くしていた国でした。しかし敵は大国の唐です。強い唐との仲を取るか、昔からの友人を取るか。そんな選択を迫られた中大兄皇子（後の天智天皇）は、**昔からの友人（百済）を助けるため、出兵**を決意します。これが日本初の対外戦争となった**白村江の戦い**です。

この戦いは守りではなく、すでに占領されてしまった百済を取り返す戦いとなったため、倭にとっては非常に不利な戦いとなりました。さらに**日本の歴史上、初めての海を渡っての戦争**です。その慣れていない戦いから、散々にやられて敗退することになります。教科書ではここで話が終わっていますが、**敗退したということは、そのまま唐・新羅連合軍が日本まで攻めてくる可能性がある**ということです。中大兄皇子もそれを恐れ、防衛線として九州地方の守りを固めました。その一つがこの後の律令制で出てくる兵役の**防人**や**衛士**となるのです。

　なおこの後、唐と新羅の連合軍の戦略通り、高句麗は挟み撃ちにあい滅亡します。そして朝鮮半島は新羅が治めることになりました。日本は唐に、**遣唐使**を送ることでなんとか戦争にならずに済んでいます。

●白村江の戦いの構図

唐

高句麗

新羅

唐・新羅連合軍が
高句麗・百済を挟み撃ち！

百済

日本は滅亡させられた百済を
助けに朝鮮半島へ出兵するも敗退…

日本

● 壬申の乱と天皇の政策

　天智天皇が亡くなった場合、それまでのルール通りなら自動的に弟の**大海人皇子**が天皇になるはずでした。しかし、天智天皇は自分の子である**大友皇子**を天皇にしたいと考えていたため、大海人皇子は暗殺の危険を感じ、「天皇にはならない。出家する」といって吉野へひきこもります。その後、天智天皇が亡くなり、大友皇子が皇位を引き継ぐことになりましたが、すかさず**吉野で勢力を蓄えていた大海人皇子が大友皇子を攻撃**しました。これにより大友皇子は勝てないと悟り、自害します。こうして日本史上例がない、**反乱軍が勝利するという形で大海人皇子が即位**し、**天武天皇**となったのです。

　天武天皇はその後13年ほどで崩御することになりますが、天武天皇の**皇后が即位**して**持統天皇**となり、意思を引き継ぐ形で政策を行っています。その中でも教科書で最も重要な位置づけとなっているのが大宝律令です。「律令」というのは、今の時代でいうところの「刑法」や「行政法」、「民法」を定めたものです。これまでは唐のルールをただ真似していただけだったので、日本には合わずにうまく機能していないものも多かったのですが、天武天皇の指示により、試行錯誤を繰り返しながら日本ならではのルールを作り上げていきました。これにより**国を一つにまとめ、天皇の地位を高めていくことに成功**したのです。**「日本」という名称**が使われたのも、**この時が最初**と言われています。

　また奈良時代に登場する**古事記**も天武天皇が指示して作らせたものです。日本で初めてとなる本格的な都である**藤原京**を計画したのも天武天皇です。教科書には出てきませんが、動物保護の観点から**肉食に制限をかけた**のも天武天皇と言われており、菜食中心となった日本の食生活にも大きな影響を与えています。さらに伊勢神宮を中心に神道を活性化させ、日本の宗教として確立し、仏教も国が統制する形に整え、現在の日本の寺院のあり方に関する基本部分も作り上げています。飛鳥時代はとても大昔なように感じてしまいますが、古くからあるルールや文化の根本的な部分は、天武天皇により作られたものがわりと存在するのです。

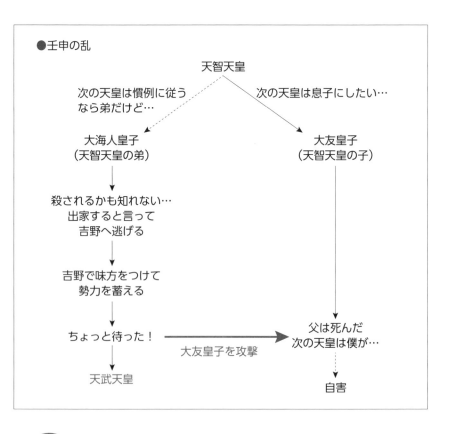

●壬申の乱

天智天皇

次の天皇は慣例に従う
なら弟だけど…

次の天皇は息子にしたい…

大海人皇子
（天智天皇の弟）

大友皇子
（天智天皇の子）

殺されるかも知れない…
出家すると言って
吉野へ逃げる

吉野で味方をつけて
勢力を蓄える

ちょっと待った！　　　大友皇子を攻撃　　→　父は死んだ
次の天皇は僕が…

天武天皇

自害

深掘り！解説

都の移り変わり

　　　推古天皇が都を明日香村に遷して以来、基本的にはこの地が都として機能していましたが、正確には天皇の住まい、いわゆる宮殿はコロコロと変わっていました。例えば天智天皇は、現在の滋賀県大津市にあたる近江宮（おうみのみや）にいたため、都もそちらへ遷っていました。だから壬申の乱も近江国で起きたのです。しかし天武天皇の時代になると、また飛鳥に戻ります。このように都が変わっていったのは、天皇が住む場所としての都ではなく、**天皇が住んでいる場所を都と考えていたため**です。

　ところが天武天皇が計画して、その皇后だった持統天皇が造営した**藤原京**は、中国の都を参考にした、初めて**城としての機能を有する碁盤目状の本格的な都**となりました。初めてつくったので、完璧と言えるものではありませんでしたが、これ以降、都のつくりは碁盤目状が基本となっていきます。

奈良時代

672 年	飛鳥浄御原宮に遷都
673 年	**天武天皇**が即位
690 年	**持統天皇**が即位
694 年	藤原京に遷都
697 年	**文武天皇**が即位
701 年	大宝律令の制定（班田収授法を含む）
707 年	元明天皇が即位
710 年	平城京に遷都
712 年	古事記が完成
715 年	**元正天皇**が即位
720 年	日本書紀が完成
723 年	三世一身法を制定
724 年	**聖武天皇**が即位
740 年	恭仁京に遷都
741 年	国分寺、国分尼寺建立の詔
743 年	墾田永年私財法を制定
744 年	難波京に遷都
745 年	紫香楽宮に遷都
	平城京に遷都
749 年	**孝謙天皇**が即位
752 年	東大寺の大仏完成
753 年	鑑真が来日
758 年	**淳仁天皇**が即位
764 年	**孝謙太上天皇が称徳天皇として重祚**
770 年頃	万葉集が成立

770 年	**光仁天皇**が即位
781 年	**桓武天皇**が即位
784 年	長岡京に遷都
794 年	平安京に遷都

　藤原京は持統天皇・文武天皇によってつくられましたが、次の元明天皇^{（げんめい）}の時に、都は**平城京**へと遷ります。なぜ平城京に遷したのか、実はハッキリとしたことはわかっていません。おそらく、出来栄えや占いが原因ではないかと考えられています。この後、長岡京に遷都するまでの間を奈良時代と言います。

　奈良時代は天皇を中心とした政治が確立してくる時期です。文字を使うようになり、文化も発展した時代でした。文字で記録できるようになったため、日本国内の歴史も以前より詳しく残るようになりました。人の名前や出来事も増えて複雑になってきますが、この時代の人々が**何をしようとしていたのか、を軸に考えると全体像が見えやすくなる**でしょう。

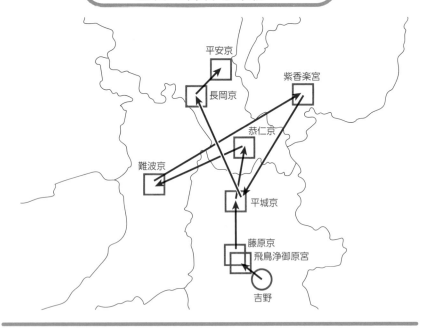

　藤原京は694年に中国の都を参考にしてつくられましたが、その中心となる宮殿は藤原京の中心、つまり碁盤目の真ん中に置かれていたのです。しかし当時の中国の考え方では、偉い人は北に立ち、南側を見渡せるように配置するのが常識だったため、「何となく真似してみました」というような完成度となりました。メールも写真もない時代ですから、遣唐使が見たり聞いたりしたことを頼りに、想像でつくり上げたからこのようになってしまったのでしょう。次の平城京では、長安をもとにしてつくられたので、一番北に平城宮が配置されました。

　710年に都は**平城京**へと遷ります。740年には**恭仁京**へと遷り、744年には**難波京**、745年には**紫香楽宮**へと遷ります。そして同年にはまた**平城京**へ戻り、784年に**長岡京**へと遷ります。こうして794年に桓武天皇が平安京へ遷都し、やっと落ち着きます。

藤原京の前に飛鳥時代の中心となった**飛鳥京**は、藤原京のすぐ南東に位置します。さらに、天皇がよく逃亡先として選ぶ吉野も飛鳥京の南東に位置します。これを地図で見ると、徐々に北へと移動していることがわかります。こうしてみると、大海人皇子（後の天武天皇）が壬申の乱の前に吉野へ逃れた理由、後醍醐天皇が吉野に逃げて南朝とした理由もなんとなく見えてきますね。

平城京での暮らしと文化

● 班田収授法の正体と現代に及ぼした影響

　藤原京は694年に持統天皇の指示でつくられた日本初の本格的な都ですが、元明天皇の時に都は平城京へ遷されます。この都は唐の都（長安）を参考にしてつくられ、国を運営する方法も、次々と取り入れていきました。**大宝律令**（たいほうりつりょう）と言われる制度もその一つで、飛鳥時代後期に天武天皇により日本に合わせた制度へと改良され、制定されました。

　この大宝律令の中の土地制度には、**班田収授法**（はんでんしゅうじゅほう）という仕組みがありました。これは6年ごとに6歳以上の男女に口分田を与えるというもので、死亡するとその土地は国家に返されるというものでした。まだ上流階級の中でしかお金が流通していなかった当時、物々交換が主流だったため、お米ができる田んぼを得るというのは生活の基盤としてとても重要なことだったのです。

　ところが、これには重要な制度がセットでついていました。それが**租**（そ）と言われるもので、収穫高の約3％を税として納めなさいというものでした。この税

が農民にとっては非常に重く、後に班田収授法の崩壊につながっていくことになります。今の税率から考えると３％ぐらいと思うかもしれませんが、当時の生産能力では、水田全部がしっかり実って収穫できたとしても、成人１人を養う１年分にもならなかったといいますから、条件が悪い水田や気候条件によっては、半年分にもならなかったでしょう。そこからさらに３％取られるわけですから、かなりひもじい生活を強いられるようなものだったのです。

　それほど大変なら、自分で勝手に田地を開拓してこっそり生産すればよいと思うかもしれません。しかしそうさせないように、田図という地図や戸籍を作って土地や税を管理していたのです。そのため、土地を捨てて逃げ出す者、戸籍を偽る者が現れ、次第にこの制度が機能しなくなっていきます。

　制度が機能しなくなってくると、税収が安定しなくなってきます。これでは国が成り立たないので、少しでも農民のやる気を出させようとして、新たに開墾した土地は、開墾した者とその孫の代まで私有を認めるという法律を出しました。これを三世一身法と言います。当時はどこに農地を作っても良さそうな気がしますが、実際にはちゃんと整備して水を引いてこなければ使い物にならないような状況でした。そのため、しっかり開墾しなければ、労力に見合う収穫が得られなかったのです。だから「孫の代まで所有を認めるから頑張って開墾しよう！」と呼びかけても、孫の代で返さなければならず、税収が上がるだけと思われてしまい、うまく機能しませんでした。

　そこで「もう開墾した土地は返さなくていいよ！子孫代々までその所有を認める！」という大盤振る舞いをしました。これを墾田永年私財法と言います。これにより、やっと「代々所有していいなら！」と開墾を頑張り出す人々が出てきました。ところが開墾が大変なことには変わりありません。今自分がやっている農業にプラスして開墾をしなければならないため、開墾したくてもそう簡単にはできません。そこでグループの力が発揮されました。**貴族や地方の豪族が人々をまとめ上げ、雇う形で開墾と農業を行っていった**のです。農民が１

人で開墾をしてもすぐには収入になりませんが、雇われるという形ならすぐに収入になります。貴族や豪族にとっても自分たちの土地、財産を増やすことができるのでお互いに都合が良かったのです。こうして拡大していった私有地は荘園（しょうえん）と呼ばれ、公地公民（こうちこうみん）の制度が崩壊するきっかけになりました。そしてどんどん私有地が拡大することで領地という考え方が生まれ、力を蓄積した有力者が新しい支配階級として台頭します。私有地を武力で守ろうとする社会になり、武家政権が誕生すると、守護（しゅご）・地頭（じとう）という官職が設置されました。室町時代には、守護の力が増大し、荘園や地域を支配する守護大名（しゅごだいみょう）が誕生します。例えば、守護大名の中でも有名な細川氏は戦国大名となり、現在までその名は引き継がれています。1993～94年に首相を務めた細川護熙（もりひろ）も、墾田永年私財法から勢力を拡大していった細川氏の傍流の子孫なんですね。今から1200年以上も前の制度ですが、このような形で現代にもハッキリとその痕跡を残しているのです。

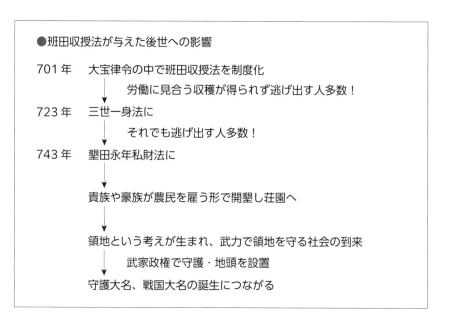

●班田収授法が与えた後世への影響

701年　大宝律令の中で班田収授法を制度化
　　　　　　　　労働に見合う収穫が得られず逃げ出す人多数！
723年　三世一身法に
　　　　　　　　それでも逃げ出す人多数！
743年　墾田永年私財法に

貴族や豪族が農民を雇う形で開墾し荘園へ

領地という考えが生まれ、武力で領地を守る社会の到来
　　　　　　武家政権で守護・地頭を設置
守護大名、戦国大名の誕生につながる

聖武天皇と仏教

　この時代は次第に制度が整ってきたとはいえ、農業や医療に関する技術は未発達だったため、人が都に集中したことにより、飢餓や伝染病が発生しました。この当時流行っていた伝染病は、ヨーロッパでも大流行して多数の死者を出した天然痘ウイルスだと言われています。このウイルスの撲滅に成功したのはその後 1000 年以上も後の 1980 年になってからなので、当時の医療では到底太刀打ちできませんでした。

聖武天皇

　聖武天皇はこれらの**飢餓や伝染病は、神の怒り**だと考え、**仏教の力で鎮めることはできないか**と考えました。そこでまず、大きな仏像をつくることにより、信仰心を形にしようとしました。こうしてつくられたのが**東大寺**と通称「奈良の大仏」で親しまれている**廬舎那仏像**で、それらの建造指揮を任されたのが**行基**というお坊さんです。しかしそれでも飢餓や疫病は治まらなかったため、**遣唐使**に唐から僧を連れてくるようにお願いしました。ところが残念ながら当時の船旅は命がけだったため、唐の僧は誰も行こうとしません。そこで高僧である**鑑真**が自ら日本へ行くことを決意しましたが、5 回も失敗し、失明してしまいました。当時の渡海失敗は、たった 1 回でも死を意味します。それを死なずに 5 回も経験し、それでも諦めなかった鑑真は、とうとう 6 回目で日本に上陸することができたのです。

　なお、この 6 回目の渡海は 4 隻の船で日本へ向かっています。そのうち 2 隻は漂流し、日本へ着いていません。この漂流した 2 隻のうち 1 隻には、百人一首「天の原　ふりさけみれば　春日なる　三笠の山に　出でし月かも」でお馴染みの**阿倍仲麻呂**が乗っていました。つまり、正確には 6 回目に成功はしたけれど、その確率も 2 分の 1 だったのです。もしこの時も失敗していたら……おそらくそれでも鑑真は、何度でも、命ある限り日本を目指したでしょう。

さて、日本に来た鑑真は唐招提寺を開き、そこで**本場の仏教を教えます**。聖武天皇は全国に**国分寺**と**国分尼寺**を建てることで、信仰心を形にしていきました。また、伝染病、自然災害に加えて、内乱も勃発したことから、都も5年間で5回も遷都します。なお、この遷都には諸説あり、ハッキリとした理由はわかっていません。さて、散々に人々を振り回した聖武天皇ですが、国を想う真剣な気持ちは強く、**神道のトップであるにもかかわらず出家**までしてしまいます。この熱心さが日本全国に仏教を広げることとなりました。現在、神社とお寺の違いがわからないという方が多いのも、こうして**神道と仏教が混ざっていった**ためなんですね。

深掘り！解説　天然痘ウイルス

　　　奈良時代に流行した天然痘は、天然痘ウイルスにより発病する病気で、発熱と発疹が特徴です。致死率が高く、2年程度で全国へ広まり、日本の人口の約30％が死亡したと言われています。ウイルスの存在なんて知らなかった当時の人々は、これを疱瘡神の仕業だと考え、祈ることで厄災を払おうとしたのです。この**疱瘡神は赤を嫌う**とされていたため、**おまじないには赤を用いる**ことが多くなりました。赤は古来から魔除けの色とされていて、鳥居にも使われていましたので、それが疱瘡神にも通用すると考えられたのかもしれません。この影響は現在でも見られ、赤飯、紅白、御朱印、だるま、さるぼぼ、赤べこ、とお祈りやお守りには赤が多く使われています。

● 天平文化と正倉院

　正倉院は聖武天皇がつくった、と覚えている方も多いのですが、実は誰がいつつくった建物なのかはわかっていません。わかっているのは、聖武天皇の妻であった光明皇后が**聖武天皇の遺品**を東大寺に献納し、それが**東大寺の敷地内にある正倉院に保管された**ということです。その遺品は600点を超え、その後も当時の宝物が保管されていったことから、現在では約9000点にもなっており、文化的な特徴も有していたので国宝や文化遺産にも登録されました。

正倉院の建物自体が校倉造と呼ばれる特徴があり、湿度が高くなると木が膨張して外気が入るのを防ぎ、乾燥すると木が収縮して換気される、と以前は教えられていましたが、**現在この効果は否定**されていて、教科書にも書かれていません。ただ、納めた箱を含め、木が使われていたことは、保存状態が良いことに一役買っていたと考えられています。いずれにせよこの建物自体が特徴的で、現存する奈良時代の倉庫としては最大です。

この中に保管されていたものの中にはペルシアやインド、さらに遠いギリシアやローマの影響を受けた物も見られます。これは**シルクロード**という東西の交易ルートを通じて世界各地の物が行き来していた証拠で、日本を含め、交易が盛んだったことを示しています。代表的なものとして、琵琶やペルシアの瑠璃の坏、白瑠璃碗、漆胡瓶と呼ばれる水がめなどがあります。**砂糖**を日本にもたらしたのも遣唐使で、正倉院の宝物の中にある薬に関する目録にも記載があります。また、**箸**が日本に入ってきたのもこの時代で、日本の食生活にも大きな影響を及ぼしています。なお、聖武天皇は**天武天皇が出した肉食禁止をさらに厳しく徹底**し、戦国時代にキリスト教徒が肉食を持ち込むまで続いたため、**和食は菜食が中心に**なっていきました。とはいえ、とんちで言い訳をして食べていた人がいたことから、「さくら」や「ぼたん」といった肉の呼び方や、ウサギを「一羽二羽」と数える文化が誕生しています。

● 文字の活用──古事記と日本書紀は何が違う？

奈良時代になると、まだ中国語の漢文をそのまま使っていたとはいえ、文字の文化が入ってきたことから書物が作られるようになりました。中でも古事記と呼ばれる書物は日本最古の歴史書と言われ、非常に文化的な価値が高いので、簡単に紹介しましょう。

『古事記』は壬申の乱で勝利した**天武天皇**が編纂を指示したもので、元明天皇の時に完成したと言われているものです。実は推古天皇の時にはすでに出来事を記録しているものがあったのですが、乙巳の変の時の火事でほとんど焼け

てしまったと言います。そのため、天武天皇がもう一度まとめ直すように指示したんですね。

　さてこの古事記には、歴史を記録する以外に重要な役割がありました。それが、**天皇の正統性を裏付けるための書物であること**です。聖武天皇は 45 代天皇なので、すでに天皇制が浸透しつつある状況にはあったと考えられますが、それでもそれは都とその周辺地域での話であり、日本各地までくまなく天皇制が理解されている状況ではありませんでした。そこで考えられたのが、**血筋の正統性を示すこと**です。天皇というのは代々日本を治めてきた人物であり、さらにその先祖は日本を大地から作り上げた神である、という神話的な要素を持たせた物語として伝えていくことにより、新たな天皇でもその威厳にあやかって政治を行えるようにしたのです。そのため、古事記の冒頭は神話からスタートし、初代天皇の神武天皇へとつながっていきます。まだ文字がなかった時代なので、これらは天皇の血筋に信ぴょう性を持たせるための創作なのではない

深掘り！解説　実在の天皇

　初代神武天皇（じんむ）から 9 代の開化天皇（かいか）までは、実在していない空想上の人物だと考えられています。10 代の崇神天皇（すじん）からは実在した可能性が高いと考えられていますが、邪馬台国あたりの時代となるため、確実な証拠が残っているわけではありません。実は教科書には必ず載っており、世界遺産にも登録された前方後円墳（大仙陵古墳）でお馴染みの仁徳天皇でさえ、実在が確認されていないのです。では実在が確認された天皇はどの代からでしょうか。現在では 21 代の雄略天皇（ゆうりゃく）と考えられています。雄略天皇はワカタケル大王（おおきみ）と呼ばれており、この名が埼玉県の稲荷山古墳（いなりやま）から出土した鉄剣に刻まれているのが発見されました。また、中国の歴史書である宋書倭国伝（そうじょわこくでん）に登場する「倭王武」が雄略天皇ではないかと考えられています。しかし、この天皇の血筋が途絶えてしまうのです。そこで雄略天皇の血筋を 3 代前までさかのぼり、その子孫にあたる継体天皇（けいたい）が天皇家を継ぐことになりました。そのため、実在が有力視されている一番古い現在の天皇の先祖は 26 代の継体天皇だと考えられています。

かと考えられています。こうして2代、3代と歴代天皇について触れられ、推古天皇で終わっています。

古事記が書かれた少し後に、『日本書紀』という史書も作られました。こちらも古事記と同じように日本の歴史が綴られた書物でしたが、古事記とは異なり、歴史の記録としての意味合いが強いものでした。これまで日本には文字文化がなく、言い伝えでしか歴史は残されてきませんでしたが、中国では文字を使い、歴史を記録していました。そこで、日本も歴史を文字で残し、外国に日本という国を説明する必要があると考え、日本ができるまでの**神話部分を減らし、年月と出来事に重点を置いた記録**を完成させました。そのため、古事記と日本書紀では「き」の漢字が異なるのです。「記」は「印象」「書き留めたもの」という意味合いがあり、「言い伝えを書き留めたもの」と解釈できます。一方「紀」には「順序だてて説明する」という意味があり、「現在に至るまでの流れを説明したもの」と解釈できます。なお、編纂は**舎人親王**が行ったと考えられており、持統天皇の時代までが書かれています。

また、**大伴家持**によって、『万葉集』という全20巻からなる日本最古の歌集も作られました。天皇から農民まで幅広い立場の人々の歌を集めたため、この時代の生活や考え方が非常によくわかるものとなっています。この時代の文字はまだ漢字でしたが、**日本語の発音に合わせて漢字をあてる**という方式が取られており、漢字文化を日本語として取り込む過程を見ることができます。この文字を**万葉仮名**と言います。

諸国の地理や由来、伝説、特産物といったものをまとめた『風土記』というものも作られました。これは全国の状況を知るための資料とされたものですが、残念ながら現存するものはほとんどなく、後に書かれた別の書物に各地の風土記の名前が出てきたことから、その存在を知ることができたという状況です。

深掘り！解説 **ヨーロッパの紙と日本の紙の違い**

　　　紙の歴史は古く、中国で**漢**の時代の頃に誕生したと考えられています。しかし文字文化がなかった日本では紙を使っておらず、紙は漢字と同時期に入ってきたと考えられています。奈良時代には日本でも紙をつくるようになり、独自の進化をして和紙が誕生します。同じ頃に紙はヨーロッパにも伝わります。しかし当時ヨーロッパで使われていた筆記用具は羽ペンです。もともと粘土板を削っていたところから文字と筆記用具が進化した**ヨーロッパでは、硬いペン先**が用いられていたのです。そのため、柔らかい紙には書くことができず、**硬くてゴワゴワした紙へと進化**していったのです。一方日本で文字文化が入ってきた時の筆記用具は**筆**だったため、いかに**薄く、墨汁がよく染み込み、でもにじまず、破れにくいか**が重要になり、**和紙**が誕生しました。ちなみに紙（ペイパー）の語源となったパピルスは、エジプトの草の名前からきたもので、この植物をスライスして圧着して乾燥させたものであり、厳密には溶かして繊維を絡めた紙の構造とは異なります。紙一つとってもその地域の特徴や歴史が表れているのは興味深いですね。

平安時代

781 年	桓武天皇が即位
784 年	長岡京に遷都
794 年	平安京に遷都
797 年	坂上田村麻呂が征夷大将軍に
801 年	**蝦夷征伐**
804 年	最澄と空海が唐へ
805 年	最澄が延暦寺で天台宗を開く
816 年	空海が金剛峰寺で真言宗を開く
858 年	清和天皇が即位
866 年	**応天門の変** 藤原良房が摂政に
887 年	藤原基経が関白に
894 年	遣唐使を廃止
905 年	古今和歌集が完成
935 年	**平将門の乱**（1 回目）
939 年	**平将門の乱**（2 回目） **藤原純友の乱**
988 年	尾張国郡司百姓等解文
1000 年	藤原道長の栄華が始まる
1016 年	藤原道長が摂政に
1051 年	前九年合戦
1083 年	後三年合戦
1086 年	白河上皇による院政開始

1156 年	保元の乱
1159 年	平治の乱
1167 年	平清盛が太政大臣に

　平安時代になると武士が登場し、**政治と戦**がセットになってきます。また、天皇と藤原氏との勢力争いも起こります。つまり、天皇や藤原氏による政策とそれに対する武士の反抗がセットになってくる時代とも言えます。天皇や武士の組織が大きくなっていったことから、次第に長期的な確執と争いへと変化して因果関係が見えにくくなっていきます。しかし、**さかのぼってひも解いていく**ことにより、「あの時のあれが原因だったんだよね」という形で芋づる式に理解できるようになります。特に教科書に書かれていない部分をつなげていくことで理解しやすくなるでしょう。

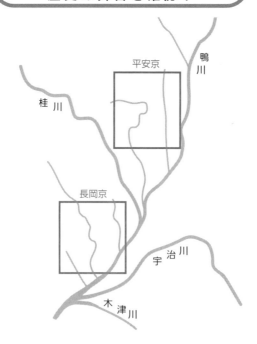

長岡京は平城京から北へ40kmの、桂川、宇治川、木津川という3本の大きな川が合流して淀川となる地点にありました。水流が多かったことに加え、都の中にも川が流れていたため、**水害が絶えませんでした。**

平安京は長岡京から北東へ約13kmのところにあります。こちらも桂川と鴨川という大きな川に挟まれていましたが、長岡京よりも上流に位置するため水流も少なく、都の中を流れる川も長岡京ほど大きくなかったので、何度か水害に見舞われているとはいえ、その都度復興し、長く存続しました。

なお、平安京の内裏は、現在の二条城がある場所の北西、千本通の地点に位置していました。その後、火災や京都の街並みの広がりとともに移動し、室町時代には現在の京都御苑の場所を御所としていました。

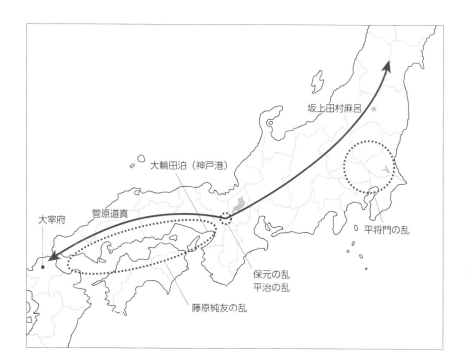

平安時代には、京都を中心として東は現在の秋田県と岩手県まで、西は鹿児島県まで支配が及んでいました。坂上田村麻呂は青森までは行っていないため、この時点で青森はまだ蝦夷が暮らす土地でした。福岡県は朝鮮半島に近く、対馬を経由して交易が行われていたため、大宰府が置かれていました。その大宰府と都の間にある**瀬戸内海は重要な交通の要所**だったので、この地域は**港や海運が発達した**ことがわかります。

平城京から平安京へ

● コロコロ変わり続けた都から、安定した都へ

聖武天皇は都を二転三転しましたが、結果的にまた平城京へ戻ってきました。しかし平城京の**水不足という地理的な弱点**は克服できていませんでした。平城京の周辺には大きな川がなく、慢性的な水不足に陥っていたのです。そこで桓武天皇は平城京から北へ40kmほどのところへ長岡京をつくりました。そこは3本の川の合流地点となっており、水路も使うことができました。また、汚物や汚水は川に流すことができた

桓武天皇

ため、衛生的な環境になると見込んでいたのです。ところが、実際は川が氾濫して2度も大洪水に見舞われ、さらに飢餓や疫病が大流行するという事態になってしまいました。

そこで桓武天皇は**平安京**をつくり、すぐに遷都を決定しました。さてこの平安京の後、教科書では遷都の話が出てきません。いったい次はどこへ遷都したのでしょうか。実は**平安京はその後も都としてありつづけ、明治時代に首都が東京へ移されるまでずっと首都機能を有していました**。つまり、平安京になってからは1000年以上も安定した都となっていたのです。そしてこの場所は現在も京都市の街並みとして姿を残し、御所も1800年代に再建されたものではありますが、京都御苑内に残っています。まさに文字通り平安な都だったということですね。

なお、京都には寺院がたくさんあるというイメージがあると思いますが、**京都駅から見て北西の地域だけは寺院の数が異様に少ない**のです。全くないわけではありませんが、いわゆる教科書に載るような歴史ある寺院はなく、小さな寺院がぽつぽつとあるだけです。実はこのエリアはもともと平安京だったところで、桓武天皇が平安京をつくるときに、**仏教勢力を避けるために寺院の建立を認めなかった**ことから、今でも寺院が少ないのです。今ある寺院は、後の時代に拡張と同時につくられたものなんですね。なお、世界遺産にもなった東寺（とうじ）は、現在では京都駅の西に位置するためややこしいですが、**平安京の中心から見て東側**だったので、東寺と呼ばれており、ちゃんと正反対の位置に西寺（さいじ）があったのです。

● 征夷大将軍の正体

　当時の日本の支配地域は、現在の関東付近までで、東北地方は蝦夷（えみし）と呼ばれる人々が支配しており、天皇制の日本と蝦夷は度々争いをしていました。桓武天皇の時代にも争いが起き、蝦夷討伐を3回行っています。1回目の討伐は紀（きの）

深掘り！解説　**桓武天皇が仏教を避けた理由**

　小中学校の教科書には出てきませんが、高校の教科書には出てくる道鏡（どうきょう）と孝謙（こうけん）天皇について簡単にお話ししましょう。聖武天皇の次に天皇となったのが女性の**孝謙天皇**だったのですが、彼女は母を失った悲しみから精神的に病んでしまい、**道鏡**という僧が献身的な介護をしていました。道鏡はその立場から孝謙天皇の心の隙につけ入り、寵愛（ちょうあい）され、「次の天皇は道鏡にする」とまで言わせるぐらいに洗脳してしまいました。こうして裏の権力者となった道鏡をそのままにしていては天皇制そのものが崩壊しかねないと思い、藤原仲麻呂がクーデターを起こすも失敗してしまいます。その後6年間は**称徳天皇**（しょうとく）として名前を変えて再度即位した称徳天皇と道鏡による政治が行われました。しかしその後天皇は病に伏して崩御。道鏡もそのまま権力を失い、左遷させられました。これにより一連の騒動は幕を閉じたのですが、**仏教の勢力が政治に圧力をかけてくる**現状は変わらず、**桓武天皇は仏教勢力を政治から切り離すことにした**のです。

古佐美を征東大使として向かうも惨敗。2回目は大伴弟麻呂を征夷大将軍として遠征し、蝦夷に勝利しました。そして3回目の遠征で征夷大将軍に抜擢されたのが、教科書でもお馴染みの坂上田村麻呂です。これだけ見ると、教科書に取り上げるなら、坂上田村麻呂よりも、大伴弟麻呂のほうが重要な気がしますが、なぜ坂上田村麻呂でなければならなかったのでしょうか。実は第2回の遠征の時、大伴弟麻呂は60歳を超えており、実質的な指揮を執っていたのは副大将の坂上田村麻呂だったのです。つまり3回目の遠征で名実ともにリーダーとなり、征夷大将軍となったので、教科書では坂上田村麻呂を重視しているのです。

さて、征夷大将軍は、その名の通り蝦夷を征討する大将という意味です。それ以前にもいくつか名称がありましたが、征夷大将軍という名称で登場するのは、大伴弟麻呂が最初となります。つまり、今まで軍事全般のリーダーという感じでしたが、「蝦夷を討伐するための軍」と名称をつけて、目的をはっきりさせたのです。このことからも、桓武天皇の蝦夷討伐への力の入れ具合が見て取れますね。そしてこの征夷大将軍という位は、東北地方を治めたその後も残り、軍事トップの代名詞となり、歴代将軍の称号となっていきます。

● 坂上田村麻呂の戦い方

話を戻して、坂上田村麻呂の蝦夷討伐について少しお話ししましょう。彼は蝦夷を討伐したにもかかわらず、東北地方では絶大な人気を誇っていました。その名残が現在の東北地方にはあり、坂上田村麻呂を神として神格化した神社が多数残されているのです。

坂上田村麻呂の戦い方は、当時としては非常に珍しいもので、まず説得から入るものだったと言います。極力戦いを避けて、ダメなら戦うというスタンスだったんですね。その戦いの後も、相手を気遣い、決して虐げることも、服従させることもなかったと言います。それどころか、農業のやり方を教え、村の発展に貢献し、常にその地域の民のことを考えて行動していたと言います。こ

うした戦い方に心を打たれ、戦に負けても坂上田村麻呂を尊敬する人々が増えていきました。そしてとうとうその噂は蝦夷のリーダーである**アテルイ**（阿弖流為）にまで届きます。自分たちよりはるかに前の時代から、長い年月争ってきた蝦夷と天皇軍でしたが、とうとうアテルイは降伏し、話し合いに応じます。

　天皇からアテルイを殺せという命令を受けていた坂上田村麻呂でしたが、もちろんそんなことはしません。「日本という国に加わろう」としっかり説得し、京都へ一緒に帰ってきました。通常負けた軍のリーダーを連れてくる時、捕らえて来るのが一般的ですが、そのような扱いはしていなかったと言われています。田村麻呂は「アテルイを殺すのは得策ではない。日本の制度を知ってもらった上で、東北地方をそのまま治めてもらうほうがいい」と主張しました。

　ところが、その願いは聞き入れられることなく、坂上田村麻呂がいないところで処刑されてしまいました。坂上田村麻呂は非常に悲しみ、自身が建立した清水寺にアテルイの墓を作り、葬ったと言います。修学旅行の観光スポットや「清水の舞台から飛び降りる」で有名な京都の清水寺は、この坂上田村麻呂が建立したお寺です。アテルイの墓（阿弖流為　母禮之碑）は現在も清水寺の目の前にあります。

　なお、彼の戦いや考え方は伝説として後世まで数多く残されており、その後の武士のあり方にも大きな影響を与えています。日本独特の**武士道という考え方は、彼に由来する**といっても過言ではないでしょう。おそらくほとんどの人が気にも留めていないであろう碑と清水寺にはそんな歴史があったのです。もし清水寺に行く機会があれば、ぜひこの2人に思いをはせてみて下さい。

● 最澄と空海の考え方の違い

　いよいよ日本の仏教の転機となった人物、最澄と空海が登場します。最澄と空海はともに遣唐使に従って唐へ渡った留学僧でしたが、**非常に仲が悪かった**と言います。その発端となったのが仏教に対する考え方の違いでした。

ある日、経典を忘れた最澄が、空海に「ごめん、経典持ってない。ちょっと貸してくれない？」と言いました。経典というのは神の教えが書かれているもので、宗教では命の次に大切なものと考えられているものです。仏教においてもそれは同じで、経典は修行には欠かせない、とても大切なものでした。空海もその経典をとても大切にし、何度も読み、仏教を勉強していました。ところがそれを軽々しく「貸して」と言ってきたのです。

　空海は激怒しました。「経典を持ってないってどういうこと!?　しかもそれを貸せだって？　ふざけるな！　そんな心構えで仏教を学べるか！　文字が同じだからどれでも同じだと思ったら大間違いだぞ！　大切なのは書いてあることじゃない！　それをどう解釈するかだろ！　貸したところでお前に仏教の真髄なんて理解できるか！　仏教なめるな！」とめちゃくちゃキレたそうです。今でいうところの「他人の教科書を使って勉強するようなやつは、成績が上がらない」と言っているのと同じですね。

　この２人の考え方の違いが、日本独自の宗派を生み出しました。「経典を貸して」と言った**最澄**は、「仏教なんて難しくないよ。経典を読めば誰でも救われるから、みんなでやろうよ！」と言って、比叡山延暦寺を建てて、天台宗を開きました。この天台宗は、その親しみやすさから仏教を一気に広めていき、後に時代に合わせて数々の宗派を誕生させました。それが**鎌倉仏教**と呼ばれるものです。

　一方、教えを厳格に受け止め、自身にも厳しかった**空海**は、高野山金剛峰寺を建て、**真言宗**を開きました。空海は「経典を見るだけじゃ仏教の本質は学べない。しっかり見て、聞いて、感じて学べ」と言って、師弟関係と修行を重視しました。このような宗教を密教と言います。その厳しさゆえ人数は限られたものとなりましたが、後に山にこもって厳しい修行を行う**修験道**と呼ばれる日本独自の修行の文化にも影響を及ぼしています。

藤原氏の摂関政治

● 菅原道真はなぜ遣唐使を廃止したのか

　日本の仏教に大きな影響を及ぼした最澄と空海を送り出した遣唐使は、894年に菅原　道真の進言により廃止されてしまいます。教科書に突如として登場する菅原道真は、実際の歴史上でも突如として出てきた人物でした。菅原姓は、彼の祖父である土師宿禰古人が、出身地である菅原邑にちなんで、菅原への改名を申し出たのが始まり

菅原道真

と考えられています。土師の名前から何となく予想できる通り、平城京の西に位置する場所で、古墳時代より埴輪を作って古墳造営を行ってきた豪族の子孫になります。そんな家系に生まれた土師宿禰古人は学者で、**桓武天皇の教師**も務めていた人物でした。その孫にあたる菅原道真も優秀で、官吏試験に合格し、太政官のナンバー2である**右大臣にまで上り詰めました**。現代に当てはめるなら、副総理にあたる地位ですね。

　菅原道真は894年に**遣唐大使**に任命されましたが、その1ヶ月後には**遣唐使の廃止**を申し出ました。この当時の中国（唐）は、国が広くなったことから統制がきかなくなってきており、反乱が起きるようになっていました。そのため、道真は不安定な唐と仲良くしていると、**唐が滅亡した後の国に目を付けられかねない**として、天皇に廃止を進言したのでした。

ところが、実は**遣唐使が廃止されると困る人々**がいました。それが藤原氏をはじめとする貴族たちです。遣唐使は確かに命の危険が高いものでしたが、同時にお金をザクザクと生み出すドル箱でもあったのです。行くときに日本のものを持っていけば、それが中国で高値で売れ、さらにそのお金で中国のものを手に入れて日本に持ち帰れば、日本国内でも高く売れる。そうしたやり方でお金と権力を増大していった代表が藤原氏です。そのため、道真が遣唐使を廃止すると言い出して大慌て、廃止に反対しましたが全く聞き入れません。宇多天皇も道真をとても可愛がっていたため、道真の廃止案を承認してしまいました。

　これを面白くないと思った藤原氏は、道真を陥れて**大宰府**に左遷させてしまいます。その２年後に道真は死去し、さらにその４年後には、道真の予言通り唐が滅びました。その頃、京では貴族が次々に病にかかって死去したため、道真の呪いに違いないと恐れられるようになりました。そのため、天神様として祀ることにしたのです。これが次第に天満宮として広まり、道真が学問に長けていたことから、学問の神様としてあがめられるようになりました。つまり、現在、天満宮と名の付いているところは菅原道真を祀った神社であり、学問の神様としてのご利益があるということになります。

深掘り！解説

国風文化

　国風文化は貴族の中で広まっていった文化で、代表的なものに、**ひらがなや十二単、寝殿造**があります。これらは時代が進むにつれて、武士、町人、庶民へと形を変えながら浸透し、さらに日本の文化を生み出していきました。例えばひらがなに続きカタカナが生まれ、現在でも使われています。十二単は華やかな生地やデザインへ進化していき、着物や浴衣の華やかさにも影響を及ぼしています。そして寝殿造は武士に取り入れられた頃に書院造へと変化し、茶室、数寄屋造と時代に合わせて変化していき、現在の和室へとつながっていきます。文化は教科書でも度々登場しますが、その文化が誕生する背景には、必ず歴史の流れとその時の状況が影響してきます。丸暗記ではなく、**どうしてそういう文化が誕生したのか、それが現在にどう影響を及ぼしたのか**という視点で見てみると、歴史が身近に感じられるでしょう。

なお、菅原道真は歌人としても有名で、百人一首にも登場してきます。「このたびは　幣もとりあえず手向山　紅葉の錦　神のまにまに」という歌は教科書にも載っているので、聞いたことがある人も多いでしょう。

　遣唐使の廃止により、中国の影響が少なくなったことから、日本独自の文化が発展していくきっかけになりました。例えば、かな文字や文学、宗教、建築はこの時を境に日本ならではのものとして進化しています。これらの文化を**国風文化**と言います。

● 藤原氏の摂関政治は何が凄いのか

　遣唐使による資金流入もあり、急速に勢力を拡大した藤原氏は、競合となりうる他の貴族を次々と退けていきました。さらに**娘を天皇の后とする**ことで、産まれた男の子を天皇にし、天皇が幼いうちは**摂政**として、成人したら**関白**として政治の実権を握っていきました。この時代の代表的な人物が、「この世をば　わが世とぞ思ふ　望月の　欠けたることも　なしと思へば」の歌で有名な**藤原道長**です。「私の思うようにならないことなどない」と詠んでいるところに、藤原氏が全盛期だったことが窺えます。

　さて、摂政と言えば推古天皇の摂政となった聖徳太子が有名ですが、基本的には**天皇が幼かったり病弱だったりして、正しい政治判断ができないと考えられる時に設置される役職**です。それに対して関白は、成人の天皇を補佐するための役職です。あくまで補佐なので、最終的な決定は天皇自身が行っていました。しかし、実質的な最高権力は、摂政と関白という役職にあります。**中臣鎌足**に始まった藤原氏は、**不比等**、**房前**、**冬嗣**と続き、**良房**が初めて摂政となり、続く**基経**が初めての関白に、さらに**忠平**が摂政と関白の両方に就くことで、摂関政治を確立していきました。そして**師輔**、**兼家**と続き、**道長**、**頼通**の時代に全盛期を迎えることになります。いわゆる政略結婚によって天皇家と血縁を深めていったわけですが、権力と結婚するという考え方自体は現代でも存在

します。つまり、その道徳性や倫理観はともかく、有効性が高いのは間違いないということです。

　藤原氏はこうして天皇と血縁になり、遣唐使で資産を増大させましたが、実はそれだけではありません。奈良時代に制定された墾田永年私財法により荘園が増えたのですが、規模が大きくなればなるほど、収穫量も多くなるため、税も多くなっていきます。荘園の拡大と維持にはさらに大きな経費がかかるため、次第に採算が合わなくなってしまいました。そこで何とか税から逃れる方法はないかと考え、荘園の領主である貴族や寺院に**土地や収穫物を寄贈してしまう**という方法を生み出しました。寄贈してしまえば自分のものではないので、税は払わなくてもいいよね、という寸法です。では代わりに貴族や寺院が税を納めなければならないのではないか、と思うかもしれませんが、そこはさすが藤原氏、**不輸の権**という特権を作ってしまいます。これは**税を一切払わなくていい**という権利です。つまり、藤原氏をはじめとする貴族に土地や収穫物を寄贈した荘園は、不輸の権を与えられ、税を支払う必要がなくなったのです。こうなるとみんな不輸の権欲しさに藤原氏に寄贈していきます。こうして藤原氏は、**本来天皇に入るはずの税収を横流しさせて自分のものにしてしまっていた**のです。

　その横流しを確実なものにするために、もう一つ仕掛けを施します。墾田永年私財法には、「新たに開拓した土地は、必ず検田使という国の役人がチェックする」という決まりがありました。しかしこれをやられてしまうと、どれだけの土地が藤原氏に集まっているのかがバレてしまいます。そこで**不入の権**という**国の役人が一切立ち入ることができない**特権も与えてしまいました。こうしてチェックも税も免れることで、藤原氏は土地と税収を爆発的に増やしていったのです。

　このように権力を手に入れ、税収と土地まで掌握していった藤原氏は、日本全体にまで勢力を拡大していきます。そして誕生するのが、「藤」の字が入っ

た名字です。斉藤、佐藤、伊藤、内藤、近藤、工藤、加藤という名字は、藤原氏をルーツとしています。また、「藤」の字が入っていなくても、上杉、伊達、足利、直江、長谷川といった名字は藤原氏がルーツになっています。このように現代でも藤原氏の勢力を見られるまでに発展させた、その基盤がこの時代に作られていたのです。

●藤原氏繁栄の秘密

藤原鎌足　藤原氏の祖

不比等（ふ　ひ　と）　蘇我連子（むらじこ）（馬子の孫）を妻とし蘇我氏の権力を引き継ぐ

　　　　　　遣唐使により藤原氏の経済力増大

房前（ふささき）　藤原北家の祖。奥州藤原氏の先祖

冬嗣（ふゆつぐ）　嵯峨天皇の信頼を得て出世し、藤原北家発展の原動力に

良房（よしふさ）　藤原氏初の摂政　　　　この頃から
　　　　　　　　　　　　　　　　　　　　不輸の権により税収が藤原氏へ

基経（もとつね）　藤原氏初の関白

忠平（ただひら）　摂関政治

師輔（もろすけ）　娘が皇后に

兼家（かねいえ）　摂政のポジションを格上げ

　　　　　（摂政は大臣の兼職という慣例　　この頃から
　　　　　　を破り、独立した強い力を持　　不入の権により荘園が領地化
　　　　　　つことになった）

道長（みちなが）　3人の娘を皇后に

頼通（よりみち）　娘を皇后に

武士の成長

● 源氏と平氏の誕生

　荘園の拡大により、各地で土地をめぐる争いが起きたことから、武芸に優れた者が国司に仕えて**役所の警備**をするようになりました。これが次第に勢力を増し、**武士団を結成**し、職業としての武士が誕生していきました。この武士団の中でも特に勢力が大きかったのが、**源氏**と**平氏**です。源氏と平氏のルーツは平安京をつくった**桓武天皇**にあります。

　第50代の桓武天皇には子どもがたくさんいました。その数なんと35人と言われています。天皇は世襲制ですが、さすがに35人もいると、皇位継承者にもなれず、官職にも就けない者が続出し、財政も圧迫してしまいます。そこで、天皇家出身ということがわかるように氏（名字）をつけ、皇室から離脱させる（臣籍降下）ことにしました。その中の4人に**平安京の「平」の字が与えられ**、平となりました。これが平氏の始まりです。中でも**葛原親王**は、後に出てくる平氏の祖先となっています。なお、平氏には後の天皇から平の姓をもらった平氏もいることから、区別するために桓武天皇によって誕生した平氏を**桓武平氏**と呼んでいます。

　さて、この頃の天皇は非常に子だくさんだったようで、第52代の嵯峨天皇、第54代仁明天皇、第55代の文徳天皇、第56代の清和天皇も子どもに姓を与えて送り出しました。その中でも**「天皇家を源流とする」という意味から「源」の姓を与えられた**のが、源氏となります。この源氏の中でも有名なのが、鎌倉幕府を作った**清和源氏**です。

●源氏と平氏のルーツ

50代　桓武天皇 ········· 子が35人！ ──────────→ 桓武平氏に

財政圧迫を避けるため
姓を与えて臣籍降下

56代　清和天皇 ········· 子が19人！ ──────────→ 清和源氏に

🌑 いじめられっ子だった平将門

　電話もメールもないこの時代、京から遠く
なれば遠くなるほど支配が行き届かなくなる
ため、**天皇の血縁者を高官として送り込むこ
とで、地方の支配力を強めていました**。その
中でも 平 将門の父である良将は現在の千葉
県北部にあたる下総国を治め、鎮守府将軍
を任されていました。**良将の兄**である**国香**は、
現在の茨城県にあたる常陸国を治めていました。

平将門

　ところが、良将が亡くなってしまい、当時京都で勉強していた将門は急遽下
総国へ戻り、莫大な遺産とともに、父の後を引き継ぐことになりました。一方、
この遺産を巡り、関東各地にいた**伯父たちがなんとか奪ってやろうと意地悪**を
し、さらには連合軍を組んで攻撃を仕掛けてきました。**将門はこれに仕方なく
応戦したところ勝利**し、さらに伯父である国香の命を奪ってしまいました。こ
れに対し、国香の子どもであり、将門のいとこにあたる**貞盛**は、将門へ「将門
は悪くない。気にするな」という手紙を出したそうです。

　しかし将門を気に食わない伯父たちは、「父親を殺されて黙っているなんて
情けない！」といって煽り立て、朝廷に訴えを起こす騒ぎになってしまったた
め、将門は朝廷に呼び出されてしまいました。ところが将門のことを知ってい

る天皇は、**将門の話を聞いてその言い分を認め、軽い罪で済ませることにした**のです。これに納得しなかった伯父たちは、将門を執拗に攻撃してきたため、今度は将門がしびれを切らして伯父たちのことを朝廷に訴えました。事情を知っている朝廷はこれを認め、**追捕官符**を出しました。これは今でいうところの逮捕状にあたります。**朝廷の後ろ盾を得た将門は、攻撃してくる伯父たちを次々と撃破**していきました。そしてこれが大きな誤解を生んでしまいました。この様子を見た周りの国々が、「将門が謀反を起こしている！」と訴えてしまったのです。

　これに対して事情を知っている朝廷は、「将門がそんなことを企むわけがない」とわかっていました。しかし周辺諸国から訴えられた以上、呼び出して話を聞かないわけにはいきません。そこで朝廷は、将門に一度京都へ来るように呼びかけたのですが、こんなことになるとは思ってもいなかった将門は、**処罰されるのではないかと感じ、自暴自棄に**なってしまいました。呼び出しを無視しただけではなく、伯父たちの仲間についた国府を次々と攻撃し、とうとう**関東8カ国を掌握**してしまいました。国府というのは国の役所がある場所で、本来なら武士はそれを守る役割だったはずですが、そこを攻撃してしまったのです。これはもはや天皇を攻撃したに等しい行為だったため、引くに引けなくなった将門は、**新皇を名乗る暴挙**に出てしまいました。

　さすがにこれはまずいと焦った朝廷は、懸賞金をかける形で各地の武士に将門追討の令を出し、あっという間に将門は殺されてしまいました。この一連の騒動を**平将門の乱**と言います。教科書ではいきなり平将門が登場して関東一円を治めてしまうような書かれ方になっていますが、少し掘り下げてみると、将門がいかに不遇だったかがわかり、むしろ可哀そうな気すらしてきますね。

　さて、この時に討伐に成功して懸賞金を手にしたのが、事の発端を引き起こした国香の息子である**平貞盛**という人物で、彼はこの時に手にした懸賞金と権力から勢力を拡大し、その子孫に、後に平氏の世を作る平清盛が誕生するこ

とになります。父親が引き金を引いた争いで、仲が良かったいとこを討伐することになった平貞盛も、将門と同じく心苦しい思いをしたのかもしれません。

●斬新すぎて認められなかった藤原純友

　平将門の乱とちょうど同じ頃、瀬戸内海でも**藤原純友**を中心とする乱が起きていました。純友の家系は貴族ではあったものの中流階級へ没落した貴族で、地方の役人をしていました。純友も同様で、瀬戸内海の海賊を取り締まる仕事を任されました。遣唐使が行われていた頃は、航路である瀬戸内海は栄えていましたが、**遣唐使が廃止されたことにより**、海運業の仕事も一気に減り、過酷な税だけが残って生活ができなくなったため、**海賊が増えていたのです**。そのような海賊に対して、純友自身も没落した貴族だったためか、海賊の話を聞いて信頼関係を築き、なんと**海賊の首領にまで上り詰めて**しまいました。そして純友が海賊行為をしなくても生活できるようにサポートしたところ、海賊は次第に減少していきました。

　ところが朝廷と上流貴族はこれを良く思わず、**恩賞を与えませんでした**。これに対して怒ったのが海賊たちです。「俺たちのために頑張ってくれた純友さんに対して、その仕打ちはないだろ！朝廷は何もしないで搾取していただけじゃないか！」と言って朝廷を攻撃しようとします。しかし純友は、「しょうがないよ。そんなに怒ることじゃない」と言ってなだめましたが、朝廷と上流階級側のいじめはエスカレートしていきました。海賊もしびれを切らして、今にも朝廷を攻撃しそうな勢いにまで発展してしまったため、海賊たちに罪をかぶらせまいとして純友自ら指揮を取って**讃岐国の国府を攻め落としてしまいました**。

　国府への攻撃は、国家への攻撃とみなされるため、本来なら重罪ですが、同じ頃に平将門が関東で乱を起こしていたため、純友の乱の鎮圧に兵を割くことができませんでした。そのため、朝廷はお金と土地をちらつかせて純友の懐柔を試みます。純友はこれで海賊の暮らしが豊かになるなら、と承諾しましたが、

平将門の乱は 2 ヶ月であっさりと鎮圧できてしまったため、朝廷は手のひらを返して海賊討伐を宣言し、本格的な戦いへと突入していきました。この一連の乱を**藤原純友の乱**と言います。教科書では乱を起こして鎮圧されたとしか書かれていませんが、このように流れを掘り起こしてみると、果たして誰が悪いのか、考えさせられますね。なお、平将門の乱と全く同時期に起きていたため、二つをまとめて 承平 (じょうへい) ・ 天慶 (てんぎょう) の乱とも言います。

● 院政──藤原氏の権力を抑え込んだ裏技

　藤原氏はどんどん勢力を拡大していましたが、頼通には男子が生まれませんでした。そして、藤原氏と外戚 (がいせき) 関係のない後三条天皇が即位すると、藤原氏と対立しながらも意欲的に政治改革に取り組み始めました。それを引き継いで天皇となったのが**白河** (しらかわ) **天皇**です。このままでは天皇の座すら奪われかねないと感じた白河天皇は、天皇の座を退いて 上皇 (じょうこう) (**白河上皇**)となりました。天皇は様々な決定をできる立場にはいましたが、その周りには藤原氏の勢力がはびこっており、自由が利かない状態になっていたのです。そのため、まだ 8 歳の息子に天皇の座を譲り、自身は上皇となりました。

　通常、上皇は天皇の身分を引退した立場のため、実権はあくまで天皇にあると考えられています。白河上皇も、当初は普通に引退して藤原氏の摂関政治に委ねるつもりでした。しかしその政治がうまくいかなくなってきたことから、**天皇は上皇へ相談するようになってしまいました**。すると結局は上皇が実権を握っているのと同じだよね、ということになり、上皇自身が上皇の周りの人々を使って直接政治を支配するようになっていったのです。上皇は「院」とも言われていたので、この**上皇による政治体制**のことを院政 (いんせい) と言います。この**院政**は、その後 100 年近くも続くことになり、これにより藤原氏の権力は次第に抑え込まれていきました。

● 保元の乱と平治の乱

　100 年近くも続いた院政ですが、こうなると天皇と上皇の間にも権力争い

が生じてきます。1156年には崇徳上皇と
後白河天皇が、それぞれ武士をつけて大規模
な争いを起こしました。この戦いを保元の乱
と言い、この時に後白河天皇側について戦っ
たのが、源 義朝と平 清盛でした。2人は
この戦いで共に戦い、勝利しています。

平清盛

戦いに勝利した後白河天皇は、その3年後
に上皇となり、今度はその権力を巡って武士同士が対立する事態となりました。
特に保元の乱で活躍した源義朝は、平清盛と同等の活躍をしたにもかかわらず
恩賞に差をつけられたことに不満を持ち、後白河上皇を幽閉してしまいます。
これを助け出そうと平清盛が挙兵し、戦いとなったのが平治の乱です。

平治の乱は平清盛側が勝利し、源義朝は殺されてしまいました。しかしその
息子はまだ13歳と幼かったため、死刑は免れて、伊豆への流刑で許されまし
た。この息子こそ、後に平氏を滅亡させ、鎌倉幕府を成立させることになる源
頼朝なのです。

さて、この保元の乱と平治の乱は、天皇が日本を統治するための戦いから、
朝廷内の争い、武士同士の争いへと変化していく過程がハッキリと表れた戦い
となりました。そしてこれ以降、武士が権力を握る時代へと突入していくこと
になります。

まず平清盛は1167年に武士としては初めての太政大臣となり、政治での
権力を手にします。さらに娘を天皇の后にすることで、その子を天皇にし、後
白河上皇による院政を終わらせました。そう、これは藤原氏が権力を増大させ
た方法と同じです。このようにして武士である平氏が貴族と同じように権力を
有していったわけです。この方法で平氏は後に「平家にあらずんば人にあらず」
という、「平一族じゃなかったら人とはいえないよね」という言葉を生み出す

ほど、権力を増大させました。この頃、清盛は**大輪田泊**^{おおわだのとまり}という港を整備して、**日宋貿易**^{にっそうぼうえき}に力を入れました。この港が、後の国際港である**神戸港**となります。

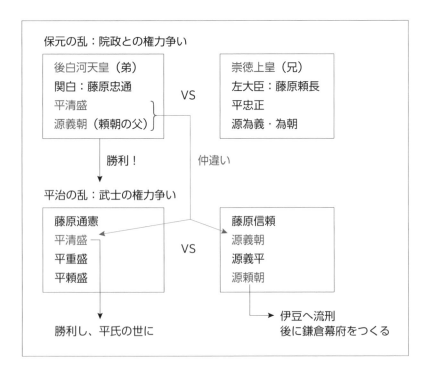

鎌倉時代

鎌倉時代
流れをザっとおさらい

1185 年	壇ノ浦の戦いで平家滅亡 鎌倉幕府の始まり
1192 年	源頼朝が征夷大将軍に
1219 年	源実朝が暗殺される
1221 年	**承久の乱**
1232 年	御成敗式目を制定
1274 年	**文永の役** ┐ 元寇
1281 年	**弘安の役** ┘
1297 年	幕府が徳政令を出す
1333 年	鎌倉幕府滅亡
1334 年	後醍醐天皇が建武の新政を打ち出す

　鎌倉時代に入ると、本格的な武士の政治となり、朝廷との確執が度々起こります。そしていよいよ武士が朝廷に勝ってしまったことで、**実質的な権力は武士が朝廷を上回っていく**ことになります。教科書ではこの政治体制に着目して話が展開されますが、この政治体制になった背景には、やはり武士と朝廷との間で起こった権力争いがあります。それぞれの思惑を考えながら勉強していくと、政治体制の根拠も理解が深まるでしょう。

下総

鎌倉

石橋山の合戦

上総

安房

伊豆

源頼朝の移動ルート

　伊豆で挙兵した源頼朝は、緒戦で敗退し、船で現在の千葉県へ逃げます。この時、最初から鎌倉に向かってもよい気がしますが、なぜ千葉に向かったのでしょうか。まず、鎌倉には桓武平氏がいたということと、京都から離れたほうが源氏に対して理解がある人が多かったということがあります。そのため、千葉県のほうが賛同者を得やすいと考えたのです。次にこの時代に千葉県へ行くには、船で安房へ上陸し、上総、下総と北上するルートが普通だったということです。その根拠となりうるものが、地名に残されています。

　安房というのは、徳島の阿波からきた人物が開拓したことから同じ読みが使われたと言われています。続いてその北に位置する総国が開拓されたのですが、**安房国から北に向けて開拓**していったため、千葉の中腹が上総、北部が下総となっているのです。一見すると上下が逆な気もしますが、現在でも都心に向かうほうを上り列車と言うように、経路で考えると**都に近かったのは上総**

だったことが窺えます。つまり、頼朝はただ何となく海に逃げたわけではなく、房総半島に入る標準的なルートを使用して、平氏勢力から離れようとした、ということです。

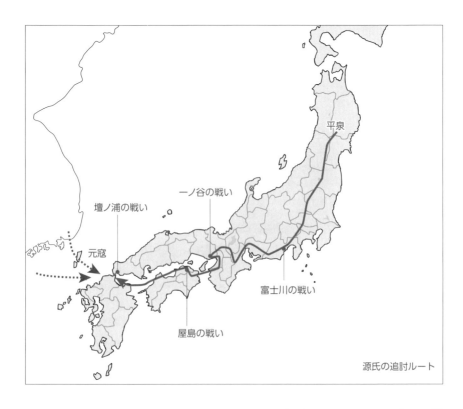

源氏の追討ルート

　源氏と平氏の戦いを地図で見てみると、源氏が関東から西へ西へと進み、平氏を壇ノ浦まで追い詰め、滅亡させたことがわかります。そして義経の戦術をよく見てみると、**背後に回り込んで追い込んでいった**こともわかります。当時はまだ石垣を築いたお城のようなものがなかったため、山や崖を背にして正面からくる敵に対応するのが一般的でした。源氏はその裏をついた戦い方で勝利してきたのです。一方、元寇の時には逆に攻められたので防衛する形になりました。苦戦を強いられたのは、後ろから回り込めなかったという理由もあったのかもしれません。

平氏の滅亡

● 北条時政──鎌倉時代を作った影の立役者

　「平家にあらずんば人にあらず」といわれるほど繁栄した平家ですが、そこまで傍若無人に振る舞われると、天皇も貴族もいい気はしません。そこで後白河法皇の皇子である以仁王（もちひとおう）が、**諸国の源氏に平氏追討の命令**を出しました。ところが早くもその計画が平氏にばれてしまい、以仁王は平氏に殺されてしまいます。

　以仁王は殺されてしまいましたが、平家追討の命令はすでに諸国の源氏へ出されています。この時代にはメールや電話はないので、すぐさま「以仁王がいなくなったから無効！」ということにはならないのです。そのため、平氏は逆に**各地の平氏に対して源氏追討の命令**を出しました。ここで登場してくるのが、後に鎌倉幕府を成立させることになる、**源頼朝**です。

源頼朝

　源頼朝は、幼い頃に父と一緒に平治の乱に参加していた罪で、伊豆に流されていました。この**頼朝の監視役**になっていたのが**北条時政**（ほうじょうときまさ）です。どこかで聞いたことありますよね。そう、教科書では鎌倉時代のページで突然登場してくる人物（本当は平安時代末期から鎌倉時代初期にかけての人物）です。北条家はこの時はまだ弱小の武士の家系だったため、時政は**10人の娘を関東の有力な武士に嫁がせて権力拡大を狙っていました**。政子（まさこ）も政略結婚する予定の一人

でしたが、なんと**監視中の頼朝と恋仲**になってしまったのです。時政はそれを知って最初は反対したものの、もしかしたら源氏の時代が来るかもしれないと感じ、結婚を許してしまいました。そう、この政子こそ、頼朝と結婚して頼朝の死後に鎌倉幕府をまとめ上げた**北条政子**です。

　この時代、武士や貴族の身分の女性は政略結婚をさせられるのが当たり前でした。時政もそうやって関東の武士へ10人もの娘を嫁がせていたわけですから、政子は**例外中の例外**だったのです。まして**罪人として囚われている人物との結婚**なんて、現在でもそうそう許されることではありません。そんな結婚を許したのですから、時政には先見の明があるというか、政子の度胸が凄いというか、いずれにせよ、このことが後に関東で鎌倉幕府が開かれることへつながっていくのです。

● 頼朝の挙兵

　さて、以仁王の平氏追討の命令は、伊豆にいた頼朝のところへも届きました。しかしこの時、頼朝は何もせず静観しています。ところが、**平氏が源氏の追討命令を出した**ため、頼朝も殺される危険性が出てきました。1180年には**伊豆で挙兵して北上**しようとしたものの、**石橋山の合戦**（現在の箱根）であっさりと敗退してしまいます。命からがら海に出て、たどり着いたのが現在の千葉県南部に位置する、**安房**でした。

　安房にたどり着いた頼朝は、ここでもう一度軍を整えます。この軍を整えるときに協力したのが、木更津の一農民で、この農民は頼朝から「ここから気持ちを切り替えていく。そなたは今日から切替を名乗れ」と言われます。これが筆者の「切替」の名字の由来になっています。実はこの**名字を与えることで味方を増やしていく手法**は、この後も何度も使われます。そのため、現在ある名字の中には、頼朝が授けたと言われる名字が多数あります。当時、名字は貴族や武士のものでしたから、一農民が名字を授かるというのはとてもありがたいことだったのです。ちなみに頼朝が与えたとされる名字は「切替」と同様、変

わったものばかりです。

　さて、態勢を整えた頼朝は、千葉県を北上し、**千葉常胤**という人物に出会います。千葉氏はもともと現在の千葉市とその周辺を治めていた武士ですが、平氏の勢力に攻め込まれている状態でした。そこで頼朝と常胤は手を結び、千葉北部を次々と制圧していきました。常胤は教科書には登場していませんが、この後も有名な平氏追討の戦いに参加しており、壇ノ浦の戦いでも活躍し、さらに奥州藤原氏を滅亡させた戦いにも参加しています。そのため、頼朝からの信頼はかなり厚く、九州や東北地方にまで所領を与えられていました。これがわかれば、なぜ九州や東北に千葉氏を由来とするものがあるのか、説明がつきますね。

> **深掘り！解説**　**千葉県の名称の由来**
>
> 　千葉の名称は非常に古くからあり、現存する最古の歌集である万葉集にも「ちば」の名が登場してきます。当時はまだ文字がなく、当て字として使っていたので、「知波」と書かれていましたが、そんな時代から「ちば」の名称があったことがわかります。そしてこの地は後に「千葉」の漢字が当てられ、桓武平氏の子孫が「千葉氏」を名乗り、その子孫である千葉常胤の活躍が大きかったため、千葉県という名称になりました。このように、**地名には歴史的な背景や時代の流れを汲んでいるものが多くある**ため、住んでいる場所の地名を調べていくだけでも、教科書の歴史と関連付けるきっかけになります。

● 源義経と平家滅亡

　頼朝が清和源氏という由緒正しい源氏の血統だったこともあり、関東の武士は次々と頼朝のもとへと集結してきました。頼朝はかつて父が住んでいた鎌倉に本拠地を構え、**富士川の合戦**（現在の静岡県東部の戦い）で平氏を敗走に追い込みます。その翌年、平氏のリーダーである平清盛が病死します。これにより平氏は強力な指導者を失い、逆に源氏は**勝ったら恩賞（土地）がもらえる**とあって、活気づいていきました。

富士川の合戦から２年後の 1183 年には、頼朝のいとこにあたる**源義仲**（木曽義仲）が、富山県と石川県の境で起きた倶利伽羅峠の戦いで平氏を破り、あっという間に京まで侵攻しました。ところがそこでの様子が非常に傍若無人で、暴力的だったため、一時は征夷大将軍にまで上り詰めたものの、すぐさま後白河法皇と頼朝の反感を買い、**宇治川の戦い**で頼朝の弟である**源義経**によって滅ぼされてしまいました。

　義経はそのまま西へ平氏を追い詰めて、神戸で起きた**一ノ谷の戦い**で、平氏の陣の裏にあった**崖から駆け下りて急襲**することで、平氏を海へと敗走させました。これが有名な**逆落とし**です。

　敗走した平氏は讃岐の屋島に陣を構え、海からの攻撃に備えましたが、義経はまたもや南側の阿波から上陸し、背後から急襲します。これを**屋島の戦い**と言います。

　瀬戸内海を西に逃げた平氏は、山口県下関市の**壇ノ浦**まで来ました。ここは山口県と福岡県の境に位置し、日本海と瀬戸内海をつなぐ狭い海峡があり、潮の満ち引きにより、**非常に速い潮流が発生**する場所でした。海戦に強かった平氏ですが、この潮の流れは読み切れず、最終的には源氏に押されて**逃げ場を失った平氏は海へ身を投げていきました**。これにより平氏は滅亡しました。これを**壇ノ浦の戦い**と言います。なお、この時に平清盛の正室である**時子**と、その孫である**安徳天皇**も、**三種の神器と共に入水**したと言われています。この時、天皇は**まだ８歳**で、日本の歴史上最も若くして亡くなった天皇であり、戦乱の中で命を落とした唯一の天皇となっています。

壇ノ浦の戦い

　　本来海戦に強いはずの平氏が、海戦で源氏に負けたのは、**おごり からくる情報不足**だったとも言われています。義経をはじめとする源氏軍は、平氏の治める世の中を嫌だと思う人々を味方につけ、有利に戦える情報を仕入れていました。その一つが**潮の流れ**です。そして瀬戸内での戦いを知り尽くしている**熊野水軍**や**伊予水軍（河野水軍）**も味方につけました（村上水軍も有名ですが、村上水軍が史料に登場してくるのは南北朝時代からになります）。

　彼らのような瀬戸内の水軍は、鳴門の渦潮のような**激しい潮流で操船技術が鍛えられ、造船技術も向上**させました。これが**現在の瀬戸内の造船業につながっていきます**。世界最大の戦艦として有名な**戦艦大和**も、瀬戸内の**呉**でつくられています。

鎌倉幕府の成立

義経討伐と奥州合戦

　平氏を滅ぼした源氏ですが、ここでいきなり仲違いが生じます。なんと**源義経**が帰ってくる途中で京へ寄り、勝手に法皇から官位を受けてしまったのです。官位を受けたぐらいで大げさな、と思うかもしれませんが、この時の源氏は頼朝こそリーダーに相応しいとして、頼朝に付き従っていたのです。しかしその**頼朝が官位を受けるよりも先に、義経が官位を受けてしまった**のです。この事実だけ聞けば、「義経の方が評価されてるってこと？」「もしかして頼朝より義

経の方が上なんじゃ…」といった話が出てきて、頼朝の統率力が揺らぐ可能性が出てきます。なにせ血縁だけでまとめあげている時代なので、同じ血縁を持つ義経が官位を受けるというのは、頼朝にとって非常に危険なのです。そしてさらに困ったことに、平氏を滅ぼしたとはいえ、**義経の態度や戦い方があまりに横暴**で、付いていった東国の武士から非難が噴出していたのです。

　そこで頼朝は、東国へは帰ってくるなという手紙を出したのですが、義経はこれを無視し、帰ってきてしまいました。しかし鎌倉へは入れてもらえず、許しを請う手紙を書きましたが、それでも入れてもらえませんでした。そこで義経は捨て台詞を吐き、京へ行きました。この時の捨て台詞に怒りを覚えた頼朝は、**このまま生かしておけばいつか謀反を起こす**と判断し、義経討伐を決定したと言います。

　追われる身となった義経は、なんとか法皇に匿ってもらおうとするも、頼朝が「もし義経を匿うなら東国の武士を全員引き連れて、京都を焼き払うぞ」と脅したため、京都からも追い出されてしまいました。こうして京から逃げた義経を探し出すため、頼朝は朝廷に圧力をかけたところ、**守護・地頭の設置**が認められました。これが、後の鎌倉幕府の政治体制を強固なものへとしていくことになります。

　京から逃げた義経は**奥州藤原氏**を頼りました。16歳の時に京を出てお世話になったのが奥州だったということはわかっているのですが、その時になぜ奥州藤原氏を頼ったのか、実はわかっていません。しかし、義経と奥州藤原氏が強い絆で結ばれていたことは確かで、**藤原秀衡**は快く受け入れてくれ、義経を大将にして頼朝と戦う覚悟まで決めてくれました。ところが、秀衡は病死してしまい、後を継いだ息子の**藤原泰衡**は、父の遺言を守らず、頼朝に屈し、義経を裏切ってしまいます。

　奥州藤原氏にも見捨てられた**義経は平泉で自害**することになり、その首は

鎌倉へ届けられましたが、「義経を匿った罪は重い」として、奥州藤原氏も滅ぼされることになりました。実はこのとき、頼朝は奥州藤原氏の討伐の許可を法皇に願い出ましたが、朝廷は許可しなかったため、**独断で奥州藤原氏を滅ぼした**そうです。これは歴史上とても重要なことで、もはや**頼朝の支配力は、法皇も抑えられなくなっていた**ことを意味します。鎌倉幕府のスタートが、以前の教科書では頼朝が征夷大将軍を賜った1192年とされていたのに、現在の教科書では平氏を滅ぼした1185年になったのは、こんな背景があったからです。つまり、**平氏を滅ぼした時点で、頼朝は鎌倉幕府としての実権を握っていた**と考えられるということです。

> **深掘り！解説**
>
> **守護と地頭**
>
> 　**国司**は天皇が地方を管理するために派遣した地方官ですが、平安時代後期には平将門や藤原純友のように、国司を襲って乗っ取ってしまう武士が現れました。そこで、軍事・警察権を行使するために設置されたのが**守護**、そして荘園管理に当たったのが**地頭**です。義経が誰かを頼るとすれば、**国司か荘園の領主の世話になると考えられる**ので、頼朝はこれらの役職を任命する権利を得て義経を見つけ出し、討伐しました。その後、守護は国司としての役割を併せ持つようになり、地頭は領主へと変化し、次第に幕府が直接管理するようになっていきました。これが後に**武士政権を強化**していくことになります。

● 征夷大将軍と幕府の政治

　義経を討伐し、奥州藤原氏を滅ぼした頼朝は、**権大納言**と**右近衛大将**に任じられますが、わずか1ヶ月で2つとも辞任し、鎌倉へ帰ってしまいます。これはこの職に就いていると、いつまでも鎌倉へ帰れなかったからだと考えられています。そして1192年には後白河法皇が崩御し、**後鳥羽天皇**により征夷大将軍に任じられました。実はこの時の任命は、坂上

後鳥羽天皇

109

田村麻呂の時のように東北征伐のための意味ではなく、**権力にお墨付きを与えるためのもの**でした。

　政治の実権を手に入れた頼朝は、御恩と奉公の関係を制度として確立していきました。御恩というのは、将軍が御家人に**領地の支配を認めたり、新たに領地を与えたり**して、守護や地頭に任命することを言います。その代わりに、御家人は**将軍のために警備**の仕事をし、場合によっては一族を率いて戦いに出ることになります。そして御家人は農民を支配し、年貢を納めてもらうことで生計を成り立たせるというものです。

　地頭となった武士は、荘園に館を構えました。**この館の原型は貴族の住まいだった寝殿造**だと言われており、武士の生活に合わせて御家人が集まる場所や、防衛のための設備が用意されていました。そして武士は**戦いに備えて、武芸を鍛えていく**ようになりました。もっともこの時代は、まだ職業としての武士が確立されたわけではなく、農民も武器を取って戦いに参加していました。こうして荘園に対する地頭の支配が強まっていくと、これが後に国人領主となり、地方の国を治めるようになります。戦国時代に登場する、**長宗我部や毛利**、そして徳川のもとの姓である**松平**もこのようにして誕生した大名です。

　守護は**軍事や警察の役割**を担いました。もともと義経を討伐するために一時的に権力が与えられて設置したものですが、その後も将軍が設置の実権を有することになります。これにより、平安時代からあった守護と地頭は、幕府が掌握することになり、武士政権が確固たるものになっていきます。なお、この守護から後に大名になった一族を**守護大名**と言い、後に応仁の乱を起こすことになる**細川氏**と**畠山氏**、桶狭間の戦いで信長と戦う**今川氏**、川中島で戦った**上杉氏**と**武田氏**、独眼竜政宗の愛称で有名な**伊達氏**は守護職から発展した一族と考えられています。

●鎌倉時代の御恩と奉公の関係

```
                        ┌──────┐
                        │ 将軍 │
                        └──────┘
                          主↑
  京都と鎌倉の警護    奉公  従│関  御恩   土地を与える
  戦いが起きたら参加        係↓        土地の支配を認める
                        ┌──────┐        守護や地頭に任命
                        │御家人│
                        └──────┘
          ※江戸時代では御家人の役割が変わっています
```

● 頼朝の死と北条氏の台頭

　頼朝は征夷大将軍となった7年後に死去しますが、その理由はハッキリしていません。落馬とも暗殺とも言われています。いずれにせよ、**征夷大将軍になって数年で亡くなってしまった**ため、長男である**頼家**は若くして将軍を継ぐことになりました。ところが、頼家も北条氏との対立により暗殺されてしまいました。さらに次男である**実朝**も若くして将軍についたものの、頼家の次男である**公暁**により暗殺されてしまいます。そしてこの公暁もまた、暗殺の罪で討たれてしまいました。これらの事件は、事実であったと考えられていますが、誰がどのような理由で暗殺したのかはよくわかっていない部分も多く、様々な説があります。

　いずれにせよ、この一連の事件で**頼朝の直系となる子孫は滅亡**し、3代将軍を最後に跡継ぎがいなくなってしまったのです。そのため、天皇家から将軍を出せないかと打診するものの、後鳥羽上皇に拒否されてしまいます。仕方がないので、とりあえず頼朝と血縁がある者を探してきて将軍に据えました。そして実質的には、3代将軍実朝の時に**将軍をサポートして政治を行う執権**という役職についていた**北条義時**が、そのまま幕府の権力を引き継ぐ形になりました。なお、義時の父時政はこの**執権政治**（将軍の補佐役である執権が実質的な権力を有する政治）を企て、頼朝の血縁を暗殺していったという説が有力です。

鎌倉時代

源氏の血が途絶えたことで、結束力を失った鎌倉幕府の様子を見て、付け込んだのが**後鳥羽上皇**です。後鳥羽上皇は、頼朝によって奪われた**政治の実権を天皇に戻そう**として、1221年、2代目執権となっていた**北条義時**を討つ倒幕命令を出しました。こうして**承久の乱**が勃発します。

● 承久の乱と六波羅探題

　武士たちは倒幕命令が出されてうろたえますが、ここで頼朝の妻である**北条政子**が活躍します。政子は実朝が殺された後、形だけの将軍をサポートし、実質的に将軍職を担うようになりました。政子は出家して尼になっていたことから、**尼将軍**と呼ばれるようになります。その性格のキツさは現在に伝わるほど有名で、日本三大悪女の一人にも数えられているほどです。

北条政子

　さて、倒幕命令でうろたえる鎌倉武士に対して、政子は**「将軍様の御恩を忘れたの？　今立ち上がらないでいつ立ち上がるの！」**と御家人たちを説得し、幕府軍の士気を高めました。なお、激しく感情的にまくし立てたとイメージされがちですが、実際には御家人の安達景盛に代読させたと言われています。そして有事の際にはすぐに出向くという意味で、**「いざ鎌倉」**という言葉が生まれました。

　こうして御家人を煽って士気を高めましたが、義時の長男であり、政子の甥にあたる**北条泰時**に「あなたが戦ってきなさい！　でも、勝てそうもなかったらすぐに帰って来なさい！」と話したと言われています。実はこれまでの歴史上、**朝廷と戦って勝った戦いは一度もない**のです。そして対する**後鳥羽上皇**は非常に優秀な人物だったと言われています。戦乱の世に生まれて4歳で即位し、歴

史に翻弄されながらも政治を行ってきました。彼が作った和歌もたくさん残っており、現在の天皇の紋章である**菊の紋**も、彼に由来すると言われています。そんな優秀な上皇を相手に戦うとあって、いくら士気が高まったとはいえ、誰も勝てるとは思っていなかったのです。

　そのような無茶ぶりをされた泰時ですが、彼は非常に勉強熱心で、武芸の訓練も欠かさない、武士の鏡と言えるような人物でした。おごらず、冷静に戦略を立て、なんと**朝廷軍に圧勝**してしまいます。こうして泰時は、**朝廷に武力で勝った初めての武士**となりました。

　承久の乱で勝利した幕府は、後鳥羽上皇を島根県の隠岐（島）へ配流し、**朝廷の動向を監視**するために**六波羅探題**を設置します。六波羅というのは仏教の六波羅蜜に由来する言葉で、その名称が付いたお寺があったことから、その地域は六波羅と呼ばれていました。そこに設置したので六波羅探題になったと言われています。場所は清水寺の正面の坂を降りて行った辺りですね。この朝廷からも近い場所に幕府の人間を置くことによって、幕府を潰そうなどという動きがないかどうか、監視していたのです。これにより天皇家の権力は衰退し、武士が幕府で統治する世の中へと変わっていくことになります。

> **深掘り！解説**
>
> **御成敗式目**
>
> 　北条泰時は3代執権となり、**御成敗式目**を定めています。これは武士による最初の法律で、武士の道徳、守護と地頭の権利と義務、裁判、家族制度など、**武士として守るべきルール**について定めたものです。これにより、武士の在り方が明確に示され、今も日本の武道に残る「武士道精神」の基盤が作られました。なお、現在日本の武士道が世界に広まっているのは、旧五千円札の肖像画にもなっていた、国際連盟事務次長を務めた**新渡戸稲造**が『武士道』を英文で発表し、世界的な大反響を引き起こしたためです。武士道の精神は、武道だけではなく、人としての生き方にも関わってくるものですから、一度はどこかで触れる機会をもっていただければと思います。

蒙古襲来と鎌倉幕府の崩壊

● 元寇──日本が元に勝てた本当の理由

　泰時が御成敗式目を制定した頃、中国では**チンギス・ハン**をリーダーとする**モンゴル帝国（元）**が勢力を強め、高麗をはじめ、中国とその周辺一帯を征服していました。そして泰時のひ孫にあたる**時宗**が８代執権となったとき、チンギス・ハンの孫にあたる**フビライ・ハン**がリーダーとなった元が日本へ使者を送ってきました。その内容は「元に服従しないか？」というものだったと言います。時宗は当然これを拒否したため、元は日本を征服することを決定します。

　1274年、元はまず朝鮮半島から海を渡って日本の大宰府付近を襲って来ました。**元は火薬を使えた**ので、まだ火薬を持たない日本は相当苦しめられたと言います。ところが暴風が襲ったため、元の船は大打撃を受け、撤退していきました。この１度目の侵攻を**文永の役**と言います。

　1281年、元は２度目の侵攻を試みました。ところが日本はこの間に上陸を防ぐため、海岸に石垣をつくり上げていました。そして元軍が上陸に手間取っているところに、またしても暴風が襲い、元軍の船はほぼ全滅したと言われています。これを**弘安の役**と言い、この２回の出来事を合わせて**元寇**と呼んでいます。

　中国の周辺諸国まで支配できた元がなぜ日本に勝てなかったのでしょうか。諸説ありますが、元が強かったのは、騎馬戦を得意としていたためで、陸続きではない日本との戦いでは、この**騎馬戦で戦えなかった**から勝てなかったと考えられています。

また、この２回の暴風は**神風**（かみかぜ）と呼ばれていますが、**１回目は単なる強風**で、２回目が台風だったと考えられています。「元が攻めて来たタイミングで強風や台風が来るなんてすごい！」と思うかもしれませんが、１回目は12月に近かったため風が重く、当時の船では耐えられませんでした。**２回目は２ヵ月にも及ぶ長い戦いになったため、その間に台風が来た**ことになります。つまり偶然とは言い難いのですが、当時は気象学なんてありませんから、日本の八百万の神と重ねて神風と呼んで感謝したのでしょう。

● 徳政令──例外なく滅びる諸刃の剣

　鎌倉幕府は戦いに勝利することで、相手の領地を奪い、御家人に分け与えるという方法で発展してきました。ところが、**元寇は侵略からの防衛戦**のため、勝っても土地は手に入りません。そのため、大規模な戦いで、人人数を送り込んだにもかかわらず、御家人は恩賞をもらえませんでした。御恩と奉公の関係は、あくまで御恩があるから成り立つ関係のため、御恩が得られなければ将軍についていく理由はありません。そのためなんとかして御家人に満足してもらえるように考え出したのが**徳政令**（とくせいれい）です。

　徳政令とは、借金をなかったことにしてしまう**借金取消令**で、借りたお金を返さなくてもよいというものです。当時の御家人は決して裕福ではなく、借金をしなければ生活が成り立たない人が多くいました。そのため借金の取消をしてしまえば、御家人が払うお金が減り、生活が楽になるだろうと考えられたのです。

　ところで、なぜ御家人は借金をする必要があったのでしょうか。実は御家人は戦いに駆り出されますが、その費用は自分で持たなければなりませんでした。そのため、**戦いに行くだけでお金が必要になる**のです。そこで、**借上**（かしあげ）や**土倉**（どそう）からお金を借りて、戦いへ赴きました。戦いに勝って、恩賞がもらえれば、それで借金が返せるというわけです。ところが元寇の時は、勝っても恩賞があまり

出なかったため、**借金を返せなくなってしまった**のです。だから幕府は、戦うために借りてくれた借金だから、ということで徳政令を出したのです。

　さて、借りたお金を返さなくてよくなったわけですから、一見嬉しい徳政令ですが、実はとんでもないしっぺ返しがあるのです。借上や土倉の気持ちになって考えてみましょう。借上というのは、もともとご近所付き合いからお金（米）を貸していたことが発展してできた職業です。当時の給料は、**収穫できる秋に1年分まとめて受け取る**という形だったので、イレギュラーな出費が重なると、**年の途中で金欠になってしまう**ことがあったのです。そこでお金にゆとりのある人が、担保となるものを預かる形で金融業を始めました。ところが始めてみると、これが大人気となり、多くの人が借上から借りて生活するようになりました。すると担保として預かっていたものを置く場所が足りなくなってしまったため、大規模な倉をつくっていたのです。このことから、**借上は次第に土倉と言われる**ようになっていきます。

　こうして発展してきた借上や土倉ですが、ゆとりがあって貸したとはいえ、**返ってこないとわかっているなら、貸したくはありません**。そのため、借上や土倉はお金を貸すのをためらい、金融業自体をやめてしまう業者も出ました。すると御家人はどうなるでしょうか。徳政令が出て一時は借金を返す必要がなくなりましたが、次の年に借りなくてもよいほど裕福になるわけではないのです。しかし借上や土倉はお金を貸してくれません。貸してくれないと、食事にすらありつけません。すると領地を手放さざるを得なくなります。こうなると、もはや御恩と奉公の関係が成り立たなくなります。こうして幕府は衰退へと突き進むことになったのです。

　新型コロナウイルスがパンデミックを引き起こしたとき、お店が営業できなくてもローンや賃料を払い続けなければならない状況から、一時的に返済を減額するか、猶予期間を作るかという話が出ました。最終的には全国民及び協力者には補助金を支給するという形になりましたが、結局ローンや賃料に消えて

いくだけということに対し、「結局金融と不動産は守られる」といった批判的な意見も出ていました。しかしなぜ守らなければならないのか、こういう**歴史から考えれば、結果的に借りる側を守るためである**ことが見えてきますね。

●鎌倉時代の権力の推移

1185年　壇ノ浦の戦いで平氏が滅亡し、鎌倉幕府が成立

　　　　　　　　　　　　　　　　武士の権力が増大

　　　　頼朝の死後、権力が北条氏へ

1221年　承久の乱で鎌倉幕府と後鳥羽上皇が対立

　　　　鎌倉幕府が勝利し、武士の世に

1274年　文永の役
　　　　　　　　　}元寇で幕府が弱体化
1281年　弘安の役

1333年　足利尊氏らが鎌倉幕府を滅亡させる

1334年　天皇に権力を戻すべく、建武の新政が始まる

鎌倉時代の仏教と文化

仏教の発展

　鎌倉時代になると、真言宗と天台宗の2つだった仏教の宗派が多様化してきました。中でも鎌倉時代に開かれた6つの宗派は鎌倉仏教といって現在でも有

名なため、簡単に紹介しましょう。なお、この6つは宗派としては独自のものですが、開祖はいずれも天台宗のお寺で修行した経験があります。

　浄土宗は法然が開いた宗派で、「南無阿弥陀仏」が有名です。コミックやアニメでは「なんまいだーなんまいだー」と描かれる、あの念仏ですね。修行の価値を認めておらず、念仏を唱えることで極楽浄土へ行けるという教えのため、参入しやすく庶民に一番普及していきました。そのため、念仏と言えば「なんまいだー」という地位を獲得したのでしょう。

　浄土真宗は法然の弟子であった親鸞が開いた宗派で、一向一揆を起こした一向宗という名でも知られています。また、織田信長が攻撃した石山本願寺は浄土真宗のお寺です。このことからもわかる通り、浄土真宗は武力を有するお寺が比較的多い宗派でした。

　日蓮宗は日蓮が開いた宗派で、法華宗とも言われています。その名の通り、法華経を中心として人の生き方を一体化させることを目指した宗教で、天台宗から派生した宗派です。「南無妙法蓮華経」というお経でも馴染みがある宗派で、創価学会もこの系統です。また織田信長が自害した本能寺も日蓮宗のお寺です。

　時宗は一遍が開いた宗派で、お札と踊念仏が特徴的です。後に能を大成させた観阿弥と世阿弥の名は、時宗の法名から来ています。よく歴史モノのコミックに登場する〇阿弥は阿弥陀如来から来ており、さらにお札を使用していれば、時宗系の僧であると予想できます。

　臨済宗は栄西によって開かれ、座禅を組みながら公案問答をすることで有名です。公案というのは質問集のことで、それに対して答えていくのが公案問答です。禅問答と言えば聞いたことがある人もいるでしょう。一休さんのとんち話も、この禅問答の一種です。つまり、一休さんのモデルとなった、一休

<ruby>宗<rt>そう</rt>純<rt>じゅん</rt></ruby>は臨済宗の僧だったということです。

　<ruby>曹洞宗<rt>そうとうしゅう</rt></ruby>は<ruby>道元<rt>どうげん</rt></ruby>によって開かれた宗派で、ただひたすら**座禅**を組み、後ろから<ruby>喝<rt>かつ</rt></ruby>を入れます。**<ruby>法界定印<rt>ほっかいじょういん</rt></ruby>**という印を結ぶことでも有名で、宗教は知らなくても、「印を結ぶ」という行動は知っている人も多いでしょう。もっとも、印自体は阿弥陀如来を由来としているため、他の宗派でも印は取り入れられています。ちなみに忍者も印を結ぶことで知られていますが、仏教の修行から独自に発展したおまじないだと考えられています。

> **深掘り！解説**
>
> **お清めの塩**
>
> 　お葬式の時に使うお清めの塩は、実は**神道の考え**で、塩による殺菌効果が、死体の腐敗が原因で起きる伝染病を防ぐということを経験的に知っていたことに由来すると考えられています。**本来仏教で「死」は仏になることを意味するため、<ruby>穢<rt>けが</rt></ruby>れという考えはおかしい**のです。現在のようにお葬式で塩をまくという風習が取り入れられたのは、戦後の東京オリンピックの頃に火葬が全国的に普及していった時からだと言われています。それ以前も衛生面から法律を定めたこともあり火葬自体はあったものの、慣習的に土葬している地域も多く残っていましたが、そういう地域でもセレモニー的な意味合いから導入されていきました。このように日本では**法律に振り回される形で神道と仏教が混ざりあって誕生した文化**が数多く見られます。

● 鎌倉時代の文化

　鎌倉時代には文学が盛んになり、文字の文化が貴族から武士へ浸透していきました。平安時代に誕生した**カタカナ**も、その見た目の力強さから武士の間で人気になり広まっていきました。

　『平家物語』は<ruby>琵琶法師<rt>びわほうし</rt></ruby>によって語り広められた物語で、平氏の活躍と没落について語られています。紙に書くのではなく、口頭で話して聞かせることで覚えてもらい、伝えていった文学なので、**覚えやすいリズム**になっているのが特徴です。「<ruby>祇園<rt>ぎ おん</rt></ruby><ruby>精舎<rt>しょうじゃ</rt></ruby>の鐘の声」で始まるこの話は、教科書には必ず載ってい

る物語になりました。

『新古今和歌集』は藤原定家らが編纂した 20 巻からなる和歌集です。百人一首にも採用されている歌がいくつかあり、持統天皇の「春過ぎて夏来にけらし白たへの衣ほすてふ天の香具山」もその一つです。なお、百人一首も平安後期から鎌倉前期の頃に作られたと考えられています。

『方丈記』は鴨長明が著した随筆で、『枕草子』、『徒然草』と並んで、古典日本三大随筆の一つに数えられています。「ゆく河の流れは絶えずして、しかももとの水にあらず」（川の水は絶えず流れているけれど、同じ水ではなく移り変わっているんだよなぁ）という無常観を表した書き出しで始まり、鴨長明が経験した災害や身の回りの出来事について記されています。

吉田兼好（兼好法師）が著した『徒然草』も古典日本三大随筆の一つで、教科書には必ず載っている文学になりました。「つれづれなるままに、日暮らし」の冒頭で始まり、生き方や修行について皮肉を交えながら綴られています。それゆえ江戸時代には教訓本として使われることもありました。なお、昔の書物には「〇〇草」や「〇〇草子」のように「草」の字が入るものがありますが、これは植物のことではなく、現代でいうノートを意味します。

彫刻でも鎌倉らしい文化が発展しています。運慶、快慶らによって彫られた東大寺南大門の金剛力士像もその一つです。この像はそれまでの寺院の仏像のような穏やかさや優しさではなく、力強さ、荒々しさが表現されているのが特徴です。

鎌倉文化に含まれているものではありませんが、鎌倉時代に中国から伝わってきて、日本に根付いたものの一つに六曜があります。現在のカレンダーにも書かれている大安、仏滅といったものですね。現在は吉凶を占うためのものとして残っていますが、実はその名の通り、曜日を六つとしたカレンダーだった

のです。そのため、現在の七曜に当てはめるとズレが生じて不規則に並んでいるように見えてしまいますが、その中にもしっかり規則性があるのです。この六曜は、明治時代に西洋と同じ太陽暦を取り入れるまで使われることになります。

深掘り！解説

鎌倉の大仏

　　鎌倉旅行では人気スポットとなっている**鎌倉の大仏**ですが、実はいつつくられたものなのかわかっていません。おそらく鎌倉幕府が関わっているだろうと思わせるものはあるのですが、確証を得られるほどの史料はないようです。なお、現在は野ざらしの姿で有名な鎌倉の大仏ですが、以前は巨大な大仏殿があり、地震と津波で倒壊したことがわかっています。「由来もわからないものを、なんでみんな見に行きたがるんだろう…」と一度考えてみるのもよいかもしれません。

8

室町時代

1333年	**足利尊氏**らが鎌倉幕府を滅亡させる
1334年	**後醍醐天皇**による建武の新政
1336年	足利尊氏が京都を制圧し、北朝を立ち上げ、後醍醐天皇が吉野へ逃げて南朝に
1338年	足利尊氏が征夷大将軍に
1368年	**足利義満**が征夷大将軍に
1392年	**南北朝統一**
1398年	足利義満が北山山荘に金閣を創建
1404年	勘合貿易（日明貿易）
1428年	正長の土一揆
1449年	**足利義政**が征夷大将軍に
1467年	**応仁の乱**（ここから戦国時代に）
1485年	山城国一揆
1488年	加賀の一向一揆
1489年	足利義政が東山山荘に銀閣を創建
1543年	鉄砲伝来
1549年	ザビエルが来日してキリスト教を布教
1555年	第2回川中島の戦い
1560年	**桶狭間の戦い**
1568年	**足利義昭**が征夷大将軍に
1573年	足利義昭が京都から追放されて室町幕府滅亡

室町時代に入ると、登場人物や戦が増え、難しいと感じる人が出てきます。一方、戦国時代が好きな人で、この時代からの歴史が好きという人も増えてきます。この差は何でしょうか。それは教科書が教える歴史と、楽しいと思える歴史にズレがあるからでしょう。教科書は歴史の中で重要なポイントをかいつまんで教えるものですが、室町時代以降になると、史料もそこそこ残っていて活躍する人物も多くなることから、焦点を絞るのが大変になってきます。そのため、どうしても虫食いのような歴史になってしまい、面白さが失われてしまうのです。逆に言えば、それだけ情報があるということは、**一つの出来事、一人の人物に焦点を当てるだけでもストーリーが完結する時代**とも言えます。なので全部を覚えようとするのではなく、教科書を通して興味を持った部分を深掘りすることにより、時代の流れや背景を把握するとよいでしょう。

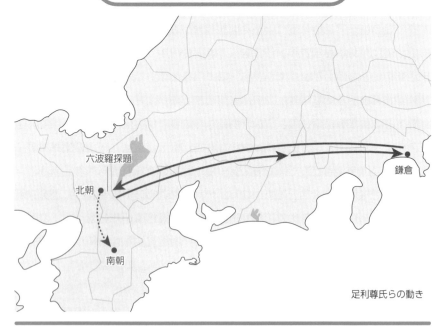

六波羅探題

北朝

南朝

鎌倉

足利尊氏らの動き

　朝廷を監視していた六波羅探題は、朝廷のすぐ南東に位置する場所にありました。足利尊氏は後醍醐天皇と手を結んでこれを攻撃し、そのまま鎌倉へ引き返して幕府を滅亡させます。しかしその後の後醍醐天皇の政治に反発し、京から追い出してしまいます。追い出された後醍醐天皇は吉野へ逃げて南朝を打ち立て、尊氏は光明天皇を擁立して北朝を樹立しました。こうして実際に**北と南に朝廷が分かれてしまった時代**を南北朝時代と言います。

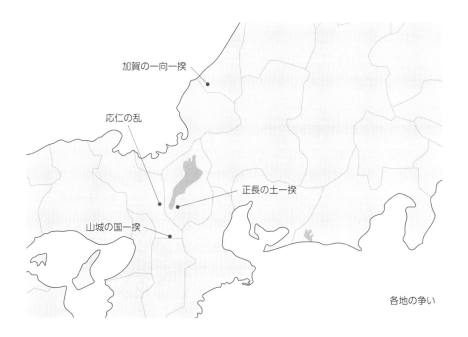

加賀の一向一揆

応仁の乱

山城の国一揆

正長の土一揆

各地の争い

　室町時代末期になると、各地で一揆が起こります。これまでは天皇や武士を中心とした争いでしたが、徐々に**農民や宗教で構成される集団が争いを起こす**ようになってきます。最初は京都周辺からですが、徐々に全国へと広がって下剋上の風潮へつながっていくことになります。

鎌倉幕府の崩壊と室町幕府の成立

● 突然登場する足利尊氏の秘密

　教科書に突然登場してくる**足利尊氏**は、源氏と関係があります。実は足利氏も頼朝と同じく**清和源氏の血筋**のため、本名は **源 尊氏**でした。その源氏の中で、現在の足利市一帯を治めていた尊氏の先祖が「足利という地域を治めているよ」という意味で足利を名乗るようになったため、その子孫である尊氏も足利尊氏となったのです。

足利尊氏

　さて、尊氏の祖先にあたる足利義氏は源氏側の武士であり、承久の乱で活躍したことから、足利氏への信頼は厚いものになりました。しかしそんな幕府の期待とは裏腹に、尊氏は幕府に対して不満を募らせていくことになります。中でも決定的だったと言われているのが、父が亡くなった直後に出兵を命じられたことだったと言われています。現在でいうところの忌引きにあたる期間に出兵を命じたというのですから、鎌倉幕府もなかなかのブラック企業体質です。こんな不満を抱えて幕府の命令で京都へ行ったときに**後醍醐天皇**に説得され、反旗を翻し、朝廷の監視役だった**六波羅探題を攻撃**します。京都での異変を監視する機関が攻撃されたため、鎌倉幕府へこのことは伝わっていません。そこでそのまま鎌倉まで戻り、一気に**幕府を攻撃**して滅亡に追い込みました。この時に尊氏とともに戦ったのが、**楠木正成**と新田義貞です。

南北朝に分かれた理由

　時は鎌倉時代末期にさかのぼります。**後醍醐天皇**は倒幕を計画したものの、それがばれてしまい、京都から逃亡しました。そのため幕府は後醍醐天皇を直ちに廃位し、後鳥羽上皇の前例にならい、**隠岐へ島流し**にしました。こうして天皇は**光厳天皇**へと引き継がれましたが、後醍醐天皇はめげずに**隠岐を脱出**し、**足利尊氏**を味方につけて六波羅探題を攻撃、さらに鎌倉を攻撃し、北条氏を滅亡させました。

後醍醐天皇

　再び京へ戻った後醍醐天皇は、すぐさま**建武の新政**を打ち出し、**光厳天皇を否定し、自らがまだ正式な天皇である**としました。さらに今まで皇位継承における対立のために行われてきた、持明院統と大覚寺統が交互に天皇を擁立するという**両統迭立**を廃止し、天皇は後醍醐自身の血統である大覚寺統から出していくことを決定しました。

　さて、この時に後醍醐天皇は尊氏を第一功労者としながらも、征夷大将軍には自身の実子を任命しました。このことが**公家を優遇した政治体制**だとして反感を買います。尊氏も幕府を滅亡させた後にそのまま鎌倉に居座り、天皇を無視するようになりました。そのため後醍醐天皇は尊氏討伐の命令を出したのです。政治体制や役職に反発はしたものの、天皇と戦う気などなかった尊氏は大慌てで、すぐさま謝罪しましたが、受け入れてもらえませんでした。

　そこで今度は尊氏が皇位継承問題から両統迭立をしていた状態を逆手に取ります。まず後醍醐天皇が隠岐に流された時に天皇となり、後醍醐天皇が帰ってきたため上皇になった**光厳上皇**に目を付け、あなたこそ天皇家の血筋にふさわしい、と言って味方につけました。そして京都へ上洛したところ、後醍醐天皇は比叡山へ逃げてしまいました。すると今度は鎌倉幕府を滅亡させた時に一緒

に戦った楠木正成と新田義貞が尊氏を攻撃し、九州へと追いやられました。しかし尊氏はめげずに九州で仲間を増やし、再度京都へ攻め込み、楠木正成と新田義貞に勝利し後醍醐天皇を追い詰めました。

　さすがに勝てないと悟った後醍醐天皇は、天皇の権威の象徴である三種の神器を**光厳上皇の弟**に譲ることにしました。こうして弟は**光明天皇**となります。ところが、**この三種の神器はレプリカ**、つまり偽物だったんですね。そうとは知らず、天皇になってしまったため、**同時期に天皇が2人存在**することになってしまいました。**吉野に逃げた後醍醐天皇側を南朝**、京都で天皇となった**光明天皇側を北朝**と呼び、これ以降それぞれが天皇を擁立していったため、同時期に2人の天皇が存在する時代が60年弱続くことになったのです。これを**南北朝時代**と呼んでいます。

● 室町幕府の成立

　光明天皇は即位すると、後ろ盾だった**尊氏を征夷大将軍に任命**します。教科書ではこの時、室町幕府の成立となっています。なお、本来なら尊氏と結託した兄の光厳上皇が天皇になっても良さそうですが、すでに上皇となっていたため、弟の光明天皇を即位させて、院政を敷くという形で政治の実権を握っています。そのため、北朝の成立は室町幕府の成立よりも早い光厳天皇が初代北朝天皇として即位した時となっており、光明天皇は2代北朝天皇となっています。

　また、南北朝は60年弱で統一されることになりますが、日本の歴史として、また天皇の正統性という観点から、天皇が2人いたことにはできないため、後に**正統な三種の神器を有していたほうが正統な天皇**であるという解釈がなされました。そのため現在は、本物の三種の神器を持っていたとされる後醍醐天皇側の南朝が正統な天皇とされています。

室町幕府の政治

● 守護大名の成長と没落

　北朝と南朝の競り合いは60年近く続き、南北朝の動乱で戦いが多かったため**地方武士の組織化を目的として守護の権限が強化**されていきました。これにより荘園や公領を支配下に置くような勢力となり、一国を支配する**国司の役割**も担うようになってきました。これが**守護大名**へと発展していきます。

　なお、**守護**は鎌倉幕府の制度をそのまま活用したものなので、あくまで幕府の後ろ盾があるから成り立つもので、その収入は荘園の収穫に頼るものでした。そのため、南北朝の動乱もあり、幕府の信頼が揺らいでくると、**領土の奪い合い**が起きてきます。国司としての役割も担うようになったとはいえ、結局は武力がものをいう時代になってしまったこともあり、力のない守護大名は没落して、強い者が守護大名になる、いわゆる**下剋上**が起こるようになりました。こうして**戦国大名**が誕生します。

　守護大名からそのまま戦国大名になった家系と言えば、**武田氏、今川氏、細川氏、島津氏、千葉氏**あたりが有名でしょう。それ以外にも、守護大名の代わりに守護の役職をやっていた**守護代が戦国大名**になったケース、その国の武士である**国人から戦国大名**になったケース、さらにはその**家臣から戦国大名**にまで上り詰めたケースと様々なパターンがありますが、いずれの場合でも強さが求められ、それに応えられた人物が戦国大名として活躍していくことになります。

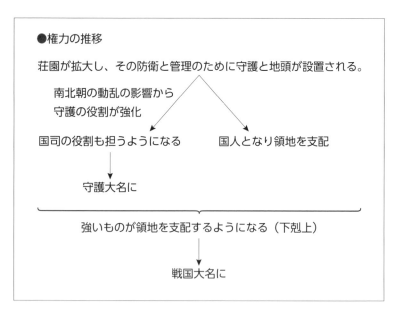

●権力の推移

荘園が拡大し、その防衛と管理のために守護と地頭が設置される。

南北朝の動乱の影響から
守護の役割が強化

国司の役割も担うようになる　　　　国人となり領地を支配

守護大名に

強いものが領地を支配するようになる（下剋上）

戦国大名に

足利義満による南北朝統一

　足利尊氏の孫にあたり、室町幕府3代将軍となった**足利義満**は幕府と対立する勢力を一つずつ平定していき、南朝の勢力を次第に衰えさせていきました。そして残るは楠木正勝だけとなり、彼の城である千早城が陥落した時、義満は南朝と交渉に入りました。そしてもう一度両統迭立に戻すことを提案し、南朝はそれを受け入れました。こうして南朝の天

足利義満

皇は京都（北朝）へ出向き、**後小松天皇**に三種の神器を渡しました。これにより正式に**南北朝は統一**を果たし、天皇も1人体制へ戻ったのですが、なんと北朝は南北朝統一の条件を守らず、この後も大覚寺統からは天皇が出ていません。そのため、大覚寺統の天皇家はここで途絶えています。

　最後の最後で三種の神器をだまし取る形になったとはいえ、攻め落とすので

はなく、和睦に持っていくあたりが義満らしさを表していて、それまでの過程でも、義満は必ずしも軍事力で勝ってきたわけではなく、話が通じる勢力は、話し合いで取り込んでいきました。この強かさが、室町幕府に独特な文化を生むことになります。

● 北山文化

　まだ南北朝が解消されていなかった頃、義満は京都御所の南に位置する場所に邸宅をつくりました。以前は上皇が住んでいた跡地で、各地の守護大名から送られてきた草木を植えていたことから花の御所と呼ばれるようになりました。義満はここで生活し、天皇家との関係を作りながら、将軍職を務めていました。このことは公家と武家の文化が融合した北山文化が生まれていくきっかけになります。そしてこれ以降、将軍が住んでいる場所を「幕府」と言うようになっていきました。

　南北朝の統一を果たした後は、将軍職を息子へ譲りましたが、政治の実権は握り続けて、太政大臣にまで上り詰めます。武士の太政大臣は平清盛に次いで2人目なので、いかに政治手腕、軍事手腕ともに優れていたかがわかります。その後は花の御所から北西に3km程の地点の北山に屋敷をつくり、そこで政務を行っていました。この場所は後に義満の遺言により禅寺となり、鹿苑寺と命名されました。これが後に世界遺産になる金閣です。金閣は3層構造になっており、第一層が公家文化である寝殿造、第二層が武家文化である書院造、第三層が禅宗の仏間となっています。このように異なる様式を階層ごとに融合させた建築様式は珍しく、金閣は北山文化の象徴的な存在となっています。

　なお、それぞれの階層の特徴は、扉からも見ることができます。第一層（1階）の寝殿造には金箔は貼られておらず、蔀戸という固定式の格子になっています。第二層（2階）の書院造では、スライド式の引き戸になっています。そして第三層（3階）では仏教様式でよく見られる、釣り鐘型の窓になっています。公家文化の上に武家文化を載せ、さらに武家文化には金箔をあしらうとこ

ろに**義満の野望**が隠されている気がしますね。教科書には必ず載っている写真ですから、ぜひ義満の強かさを意識しながらじっくりと見てみて下さい。ちなみに金閣は 1950 年の放火事件で一度焼失し、再建されています。

また、**観阿弥**と**世阿弥**の親子が、庶民の間で流行っていた日本版ピエロ的な**猿楽**と、田植えの際に行われていたお祈り的な**田楽**を発展させて、**能楽**を作りました。これを見た義満がほれ込み、舞台芸術として広まっていったと言います。能楽を見たことはなくても、「おかめ」や「おたふく」でお馴染みの**能面**なら見たことがある人も多いでしょう。この能面が、能楽で使われていたお面です。一見不気味な表情のあのお面は、場面と見る角度に合わせて表情が変わるように作られており、表情がない人形劇に表情の変化をもたらすことに成功しています。

そしてその後さらに日本らしさを深めていくことになる**水墨画**や**茶の湯**も、この頃から広まり始めています。

⚫ 日明貿易

平安時代は中国と日宋貿易で盛んに交易していましたが、明の**洪武帝**が元を追い出したことにより、改めて貿易をすることになりました。この貿易を**日明貿易**と言います。日本は**銅銭**や**生糸**、**絹織物**、**陶磁器**などを輸入し、**銅**や**硫黄**、**刀**、**漆器**などを輸出していました。

さて、この貿易品目を見ると、日本の技術力も浮かび上がってきます。日本では**銅が取れるのに、その銅は輸出して、銅銭を輸入**しています。この銅銭というのは、明で使われていた**明銭**です。つまり、日本で銅は取れるものの、**まだ高度な加工技術も、流通させる力をもった政府もなかった**ということなのです。大仏のような大きなものはつくれても、細かいものを作る技術はまだなく、流通もさせられなかったんですね。なお現在、日本で作られた最古の貨幣は天武天皇の時代に作られた**富本銭**となっていますが、これは流通に関して謎が多

く、製造量も少ないと推定されることから、実験的に作ってみたものと考えられています。また、そのすぐ後の平城京の時代に作られた**和同開珎**（わどうかいほう（ちん））は日本全国で発見されていることから、日本で最初の流通通貨として考えられていますが、和同開珎が作られ始めた初期は中国の製造技術には及ばず、並行して中国から輸入した貨幣が使われています。中国の貨幣のほうが外国でも流通していたので貿易しやすかったこともありますが、秀吉が貨幣を製造するまでは日本で本格的な貨幣は作られなかったため、中国の貨幣が流通するようになります。中でも日明貿易で入ってきた**永楽通宝**（えいらくつうほう）は人気が高く、全国で使われていました。

同様に、火薬の材料である**硫黄**を輸出していることは、日本では**火薬を作る技術はなかった**ことを意味します。実は鉄砲伝来は室町時代後半とされていますが、「てつはう」という手榴弾（しゅりゅうだん）のような武器は、元寇の時に元軍が使用していたことがわかっています。つまり日本は火薬を作ることはできなかったものの、存在は知っていたのです。

そして日本は**生糸**や絹織物を輸入しています。絹は蚕（かいこ）を育てて作るもので、日本でも古墳時代には養蚕（ようさん）をしていました。それなのに明から輸入しているということは、生糸を**大量生産する余裕がなかった**ことが窺（うかが）えます。生糸を取るためには蚕を育てなければならず、その蚕の餌として桑が大量に必要だったんですね。しかしこれを栽培していると、米を栽培する労力を奪われることになります。だから輸入に頼っていたのです。しかし完成品である絹織物だけではなく、生糸を輸入していることからも、**日本国内での絹織物の技術が向上してきている**ことがわかります。その流れは次第に日本国内での絹織物の製造を盛んにし、これから起きる**応仁の乱**（おうにん）が一つの転機となり、京都の**西陣織**（にしじんおり）を誕生させています。

刀は古墳時代から銅剣を輸入して使っていました。それが次第に鉄剣へと変わり、日本でも型に流し込んで作る**鋳造技術**（ちゅうぞう）が培われていきました。弥生時

代には叩いて鍛える鍛造技術が大陸から伝わり、鍛冶の技術が向上しました。すると鋳造よりも鍛造で作る刀のほうが丈夫で切れ味がよいことに気付き、ここから日本独自の刀を製造する技術が誕生します。室町時代には、この鍛造技術がすでに中国の技術を上回っていたため、日本の刀が中国へ輸出されたと考えられます。もっとも中国では刀として利用するのではなく、材料として輸入し、別のものに加工して使っていたようです。

　こうして日明貿易でお互いの国にないものを補完し合うようになり、これを主導していた義満には莫大なお金が転がり込みます。これが花の御所や金閣といった華美なものを好む義満の資金源になっていきました。日明貿易が盛んになると、これを横取りしようとする海賊も増えてきます。この海賊は当初日本人によるものが多かったことから、倭寇と呼ばれていました。倭（日本）から

深掘り！解説 **日本刀の技術**
　日本刀の技術は現在でも世界的に評価されており、その切れ味は海外の Youtube 動画でも人気コンテンツの一つになっています。そもそも西洋の剣は切るというより、刺す、叩き切るという使い方が一般的で、分厚い両刃が主流でした。それに対して**日本の刀は切るということに特化**して技術力を高めていったため、薄く、でも硬くてしなやかな刀身へと姿を変えていきます。この変遷はそれぞれの時代の日本刀を見ると特徴が表れているため、**刀を見れば、時代もわかる**ようになってきます。例えば、刀身が真っすぐで、飾りがついている刀は威厳を示していた平安時代に多く、鎌倉時代には振り下ろした時の切れ味を考えて反りが入ったものが増えてきます。そして室町時代からは、切った後に抜きやすくする樋という溝が入ったものが登場し、戦国時代に入ると戦い方のバリエーションが増えたため、刀も太刀、脇差、打刀、長刀と多様化していきます。そして江戸時代に入ると、建物内での戦いが増えたため、刀身が短くなった小太刀や槍へと進化していく、といった具合です。こうして進化し続けた日本の刀技術は、現在外科手術のメス等の刃物で活躍し、世界に広まっています。欧米の一流料理人が使う包丁も、日本製は人気が高いそうですよ。

侵入してくる敵（寇）という意味ですね。明はこれをなんとかするように日本側へ要請し、勘合というものを使って倭寇かそうでないかを見分けることにしました。これは重ね合わせた二つの紙に書いたものを、日本と明の双方が分けて所持し、日本の船が明の港に入った時に、その紙を重ね合わせてピッタリ合うかどうかで本物か偽物かを見分けるものでした。この仕組みを使っていたことから、日明貿易は**勘合貿易**とも言われます。

室町時代の生活

● 周辺国の動向と日本との関係

　当時の沖縄はまだ日本の一部ではなく、三つの豪族が争っていました。それを統一したのが尚氏です。尚氏は首里を都とした **琉 球 王国**を建て、アジア各地と盛んに貿易をしていました。室町幕府とも貿易を行い、アジア各国と日本を結ぶ、中継貿易としての役割を担っていました。なお、琉球王国はこの後、奄美諸島へと侵攻しますが、江戸時代初期に薩摩藩に侵攻され、従属国となります。そして明治時代に琉球処分という形で日本に正式に取り込まれることになります。沖縄の方言が日本語離れしているのは、このように独立した一つの国として文化を築いてきた期間があるからなんですね。

　朝鮮半島では、14世紀末に李成桂が高麗を滅ぼして、朝鮮国を建てました。この国を、**李氏朝鮮**と呼んでいます。李氏朝鮮は日本と日朝貿易を行い、綿織物や仏教の経典を輸出していました。そしてこの李氏朝鮮の時代に、平民でも

文字が読めるようにするため、**ハングル**が作られました。しかし貴族や高級官僚は「ハングルは漢字が読めない平民が使う文字だ」と馬鹿にし、公文書にも使われることがなかったため、全く使われないまま 400 年以上の時が過ぎます。ところがこのわかりやすい文字に目を付けた日本人が現れました。それが一万円札の肖像画でお馴染みの**福沢諭吉**です。福沢諭吉はこの文字を子どもたちが使えるようになれば、教育がもっと広く行きわたるようになると考え、ハングルの教科書を作り、新聞でのハングル採用も進めました。こうしてハングルが母国語になるまで普及していったのです。

北海道は当時、**蝦夷地**（えぞち）と呼ばれており、**アイヌ民族**が狩りや漁を行って生活していました。日本（アイヌの呼び方で和人）とも交易を行っていましたが、次第に日本が勢力を伸ばしてきて、とうとう蝦夷地南部に入り込んできました。これに対してアイヌ民族は反発し、**コシャマイン**を指導者として蜂起しています。なお、この火種はその後 100 年以上もくすぶり、江戸時代に起きた**シャクシャインの戦い**まで尾を引くことになります。

● 室町時代の農業と商業

室町時代になると農業が発展し、1 年の間に 2 種類の異なる作物を栽培する**二毛作**や、牛や馬を使って田畑を耕す**牛馬耕**（ぎゅうばこう）が広まっていきました。また、**人糞尿**（じんぷんにょう）を**肥料**として利用したり、**ため池**を作って農業用水を確保する工夫も生まれ、生産量が増大していきました。麻、桑、藍、茶といった**商品作物**の栽培も盛んになってきます。農民は**惣**（そう）という組織を作り、**寄合**（よりあい）という話し合いの場を設けて、村の**掟**（おきて）を作り、**自治**を行いました。

商業では**西陣織**をはじめとする特産品が各地で生まれ、定期市も盛んに行われるようになりました。この頃になると貨幣も浸透し始め、**宋銭**、**明銭**が取引に利用されました。都市では**土倉**（どそう）や**酒屋**が高利貸し（ローン）を営むようになっていきます。商人や手工業者は**座**（ざ）という同業者組合を作り、組織として協力し合うことで成長しました。

そしてこの座が貴族や寺社と手を組み、金銭を払う代わりに独占権を得ることで町全体も栄えていったのです。こうして発展したのが博多や堺といった**港町**や、寺社の門の前に栄えた**門前町**です。さらにこれらの町をつなぐ形で、年貢や税を徴収して輸送した**問丸**や、馬を用いて輸送した**馬借**といった運送業が発展していきました。

　なお、「座」という名称は次第に「集まり」を指す言葉として使われるようになり、現在でも「座」のつく名称が数多く残っています。東京の高級商業地として有名な銀座もその一つで、銀貨の鋳造所があったことに由来し、映画館や歌舞伎が〇〇座と言われるのも、芸能集団という意味合いでつけられた名残です。

🔵 東山文化

足利義政

　8代将軍**足利義政**は、京都の東山に**慈照寺**という、禅宗寺院の様式を武家住宅に取り入れた書院造の別荘を建てました。これは後に**銀閣**と呼ばれ、世界遺産にも登録されています。銀閣という名称は、義満の金閣との対比からつけられただけで、銀箔が貼られた形跡はありません。それどころか、漆塗りで真っ黒だったと言います。これはお金がなかったからというわけでもなく、**落ち着きと気品を求めた義政の思想**を表していると考えられています。この時代の文化を総称して **東山文化** と呼んでいます。

　東山文化の一つに**雪舟**の**水墨画**があります。雪舟の凄いところは繊細さです。色は白と黒だけですが、線の細さ、太さ、濃さ、薄さだけで細かい部分まで描写しています。この繊細さは後の絵画にも影響を与えています。

応仁の乱で世の中が荒れていたためか、能楽、茶道、庭園にも落ち着きのある**禅の思想**が取り入れられ、発展しました。日本人に茶を飲む習慣が広まっていったのもこの頃からです。また、禅宗の**精進料理**（しょうじんりょうり）から、豆腐、こんにゃく、味噌といった現在の日本食の基本となる食材も広がっていきます。住宅も書院造の住宅が広まり、お盆やお正月といった年中行事も庶民に広がっていきました。

　文学は、一寸法師でお馴染みの**御伽草子**（おとぎぞうし）や、上の句と下の句を2人以上で交互に読んでいく**連歌**（れんが）が流行りました。これが後に江戸の文学へとつながっていきます。

　なお、東山文化として数えられているわけではありませんが、和服が広まりだしたのもこの頃からです。綿の栽培が広まり、綿製品が大量に作られるようになったため、もともと下着として使っていた小袖が通常の服として広まり、現代の和服へと進化していきます。

　島根県の**石見銀山**（いわみぎんざん）が開発されたのもこの時期で、産出した銀は中国に輸出されていました。最盛期には世界の銀の3分の1を産出していたとも言われています。この資金源は**戦国大名たちの争いのもと**になり、江戸時代からは幕府の直轄地に、そして現在では世界遺産に登録されています。

室町時代の戦い

● 応仁の乱と日野富子

　8代将軍足利義政は父が暗殺されたり、兄が病死したりした関係で、思いがけず将軍になってしまったため、政治に全く興味がなく、いつも遊び歩いていました。側室を抱えて女遊びもしていましたが、生まれてくる子は女の子ばかりで、正室の日野富子も16歳の時に子を授かったものの、その子はその日のうちに亡くなってしまい、跡継ぎがいない状態が続きました。そのため、義政は弟の義視を後継者として指名しましたが、なんとその翌年に富子が男の子を出産し、跡取り問題でお家騒動が勃発しました。

　ちょうど同じ頃、守護大名の畠山家と斯波家でも跡継ぎ問題が起こり、そこに巻き込まれたのが娘婿の関係だった細川家と山名家です。このお家騒動が細川勝元と山名宗全の対立を生み、京都を中心とした大規模な戦にまで発展してしまいました。これを応仁の乱と言います。

　なお、教科書には登場していませんが、この戦いの裏で暗躍している一人の女性がいました。それが三大悪女の一人となっている義政の正室、日野富子です。富子は、次の将軍は義政の弟にすると決定した後に男の子を出産したため、なんとか自分の子を将軍にしたいと思い、山名宗全に相談しました。これが応仁の乱の発端となったのです。

　富子は戦いに備えて山名宗全に多額の金銭を貸し付けました。しかし、いざ戦いが始まると、なんと細川勝元に寝返りました。すると最初は義政の弟についていた細川勝元は、富子の息子を擁護することになり、逆に義政の弟は山名

宗全を頼ることとなり、戦のスタート時とは守るものが逆転してしまいました。しかも富子は細川勝元にも多額の金銭を貸し付けたため、**両者の戦いがヒートアップすればするほど、富子の元にお金が入る**というぼろ儲け状態になりました。さらに**京都に関所**をつくり、荒れ果てた京都を修理修繕するために出入りする人々からお金を取り、資産を増やしていきます。こうして一時は現在の価値にして 70 億円もの資産を築いたと言われています。

　このように**幕府のお金は富子に流れ、経済が悪化し、政治も混沌**としたことから、室町幕府に対する不満が高まり、戦国時代へと突入していくことになります。諸説ありますが、大きな合戦のイメージが強い関ヶ原の戦いの勢力は、両軍合わせて 15 万人程度と言われており、応仁の乱はその 2 倍弱の約 27 万人だったことから、**日本の歴史上最大の内乱**とも言われています。

● 各地の一揆と戦乱への移行

　室町時代の中頃、近江の馬借らが徳政令を求めると、百姓が一揆を起こし、京都、奈良へと広がっていきました。これを正長の土一揆と言います。百姓（土民）が起こしたので「土」ですね。幕府は徳政令は出さなかったものの、土倉らが持っていた借金の証文が破棄されたため、事実上徳政令が出されたのと同じような状態になりました。つまり、鎌倉時代末期に徳政令を出した時と同じような状態になった、ということです。

　京都の山城国では、応仁の乱後も畠山氏が跡目争いの合戦を続けていたため、山城国の国人や農民が両軍に撤退を申し入れました。両隣の家が、真ん中の家に上がり込んで喧嘩をしているような状態ですからね。山城国の人々からすれば、「喧嘩ならよそでやってくれ」という感じですね。この戦いは**その地域の武士（国人）**や農民が起こした一揆なので、**山城国一揆**と呼ばれています。これにより、山城国の守護大名であった畠山氏は追い出されてしまいました。

　石川県の加賀国では、一向宗の信徒が団結して一揆を起こしました。これ

により守護大名の富樫氏（とがしし）は滅ぼされ、なんとその後、約100年にわたり一向宗（浄土真宗）が支配していました。この一揆を**加賀一向一揆**と言います。一向一揆は加賀以外でも起きるようになり、武士を中心とした政治から独立し、**宗教を基盤とした自治**が誕生しました。これが全国統一の邪魔になったため、**織田信長**は一向宗の本山であった**石山本願寺**（後の大坂城が築かれた場所）を攻撃し、一向宗の勢力は衰えていくことになりました。

　このように、この時代は戦いがあちこちで起きたため、大名は戦いに備えて、城の周りに家来や商工業者を集めて町を作り上げていきました。これが**城下町**です。城下町は港町や門前町のように、自然発生的に発展した町ではなく、**城を守るために発展した町**なので、それぞれの**時代や地域の事情に合った特徴を有しています**。例えば金沢城の城下町は2本の川に挟まれたところにあり、迷路のような通路が張り巡らされ武家屋敷に囲まれていました。こうした特徴は現在の街並みにも少なからず影響を及ぼしています。

　また、守護大名が領地（分国）を支配するために、各地で**御成敗式目をもとにした法律**（分国法）が作られました。これはそれぞれの地域の思想に基づいて作られたため、**大名の方針**が反映されています。例えば**武田信玄**による**甲州法度之次第**（こうしゅうはっとのしだい）には家訓や軍略、治安の規定などがあり、**朝倉孝景**（あさくらたかかげ）による**朝倉孝景十七箇条**には、人材の登用方法や集団での戦い方などが書かれていました。こうしたものによって方言や土地柄、地場産業といった**各地域の特徴が際立って**いくことになります。

9

安土桃山時代

安土桃山時代
流れをザっとおさらい

1573 年	**足利義昭**を京都から追放し室町幕府滅亡	↓織田政権
1575 年	長篠の戦い	
1582 年	**本能寺の変**	
1583 年	大坂城を築城	↓豊臣政権
1588 年	刀狩	
1590 年	**豊臣秀吉**が天下統一	
1592 年	文禄の役（朝鮮出兵）	
1597 年	慶長の役（朝鮮出兵）	
1598 年	豊臣秀吉が死去	
1600 年	**関ヶ原の戦い**	↓徳川政権

　安土桃山時代は戦国時代とも言われますが、その名の通り、戦乱の世の中で、織田信長の安土から始まった時代で、豊臣秀吉の桃山（伏見城）で終わった時代です。歴史に関心が薄くても、戦国時代だけは好きという人がいるのも、命をかけて戦った武将たちの活躍にはドラマがあり、共感できることがあるからだと思われます。

　この時代の面白いところは、**些細な「もし」で時代が変わっていた可能性がある**、というところでしょう。「もし織田信長が桶狭間に突撃する途中で落馬していたら」「もし明智光秀が謀反を思いとどまっていたら」「もし秀吉が朝鮮にまで手を出さなかったら」など些細な変化で、この時代は大きく変わっていたかもしれません。**「もし」と想像するのはこの時代の醍醐味**でもありますから、ぜひ自由に楽しんで下さい。

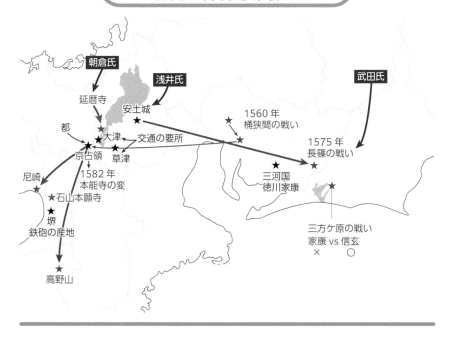

朝倉氏

浅井氏

武田氏

延暦寺

安土城

都

大津

交通の要所

京占領

草津

1560年
桶狭間の戦い

1575年
長篠の戦い

尼崎

1582年
本能寺の変

三河国
徳川家康

★石山本願寺

堺
鉄砲の産地

三方ケ原の戦い
家康 vs 信玄
×　　○

高野山

　織田信長は全国統一の一歩手前まで行きましたが、「全国統一」という言葉から、信長が全国を走り回っていたと思ってしまう人もいるようです。しかし、実際には愛知・京都を中心として活動しており、全国各地へ行ったわけではありません。もっとも、当時のほかの大名が拠点を動かさなかったのと比較すると、目まぐるしく拠点を移しているほうではありますが、実際に全国の現場を見ていたわけではないのです。これは「リーダーの意向に沿って現場の人間が動いたこと」「現場で何が起きているかをリーダーが知ることができたこと」、さらに「ほぼ日本全国を把握しコントロールできたこと」を意味します。電話もインターネットもない時代に、情報を管理し、入手できる仕組みはリーダーにとって欠かせません。織田信長、豊臣秀吉、徳川家康は**情報戦に長けていたからこそ全国を支配できた**ということがわかります。

室町時代と安土桃山時代を つなぐ戦国時代

⬤ 川中島の戦い

　混沌とした室町時代の後期から、日本各地で領土と政治を巡る争いが起きるようになっていました。この戦乱の世では、強い武士が大名となり、国を統治するようになりました。守護大名の中にもそのまま勢力を伸ばして戦国大名になった大名がいましたが、そのほとんどは戦乱の世で没落していったと言われています。こうして強いものがリーダーまで上り詰めていくことを下剋上と言い、豊臣秀吉が全国統一するまで続くこの時代を戦国時代と言います。川中島の戦いも時代としては室町時代の出来事ですが、安土桃山時代へつながる話として重要なので、教科書でも安土桃山時代にまとめられています。

　川中島の戦いは現在の長野県北部に位置する場所の支配権を巡って、甲斐国の武田信玄と、越後国の上杉謙信が、約10年間で合計5回にもわたって繰り広げた戦いです。この2人は「敵に塩を送る」という故事成語でも有名で、甲斐国が周辺国から塩を手に入れられず困っていたところ、敵国である越後国が塩を送って助けたと言います。なお、この戦いは教科書にも登場してくるものの、いまだに謎が多くどこまでが事実なのかハッキリしないため、サラッと名前だけ登場して次の話に移ってしまいます。しかしこの戦いで勝負がつかず、お互いが戦力を消耗して、勝敗もはっきりしなかったことから、後の織田信長や徳川家康といった武将が台頭したとも言えます。実は武田信玄は、織田信長と徳川家康の連合軍と三方ヶ原の戦いで戦って勝っているんですね。しかしその数ヵ月後に病に倒れてしまいました。さらにその5年後に上杉謙信も病に倒れます。もし武田信玄と上杉謙信が10年も戦わずに同盟を結んでいたら、2人が天下を取っていたかもしれません。そういう意味でも川中島の戦いは重要

な戦いとして位置づけられているのでしょう。

🌑 鉄砲の伝来

　時はさかのぼり、日本がまだ鎌倉時代だった頃、イタリアのヴェネツィアの商人である**マルコ・ポーロ**は、モンゴル帝国のリーダーである**フビライ・ハン**に気に入られ、仕えていました。フビライ・ハンは、後に日本へ攻め込んだ時のリーダーです。フビライ・ハンはマルコ・ポーロの商才と語学力の才能を活かして、アジアの情報収集をさせていました。その時にマルコ・ポーロが見聞きした内容を、ヨーロッパに帰ってまとめたと言われているものが、『**世界の記述（東方見聞録）**』です。この『世界の記述』はヨーロッパで大人気となり、中でも「**黄金の国ジパング**」として紹介された日本は、当時ヨーロッパで流行っていた宝島伝説とも相まって強い関心が寄せられました。これがヨーロッパ各国が日本を目指すきっかりとなります。

　しかし『世界の記述』が出版されたのは 1300 年頃で、当時すでに地球が丸いことは知られていたとはいえ、まだ**航海で地球を一周できる航路は未開拓**でした。そのため、興味はあっても陸路しかないので、そう簡単には行けません。**コロンブス**がアメリカ大陸に到達したのは約 200 年後で、それから航路の開拓が盛んになり、**バスコ・ダ・ガマ**がインド航路を発見し、**マゼラン艦隊**が世界一周を成し遂げます。日本が世界地図に初めて記されたのは、1500 年頃のことです。

　それから約 40 年経った室町時代の末期に、**ポルトガル人**が種子島に上陸します。この時に彼らが持っていた鉄砲（火縄銃）が**薩摩国**の守護大名、**島津義久**の手に渡り、日本でも鉄砲が生産されるようになりました。鉄砲は**長篠の戦い**でも使われ、戦い方が変化していくきっかけとなりました。

　なお「ポルトガル人が持っていた火縄銃」は正しいのですが、「ポルトガル船が来た」というのは間違いです。正確には、**ポルトガル商人を乗せた中国の**

船が嵐で遭難して種子島に漂着したのです。また日本は明（中国）に硫黄を輸出していました。ということは、実は明にはすでに鉄砲が伝わっていたけれど、日本に鉄砲の技術を伝えないようにブロックしていたと考えるのが自然です。元寇のときには「てつはう」という火薬を使った武器も使用されていることから、おそらくその存在は日本も知っていたのでしょう。するともう一つ気になるのが、なぜ中国船にポルトガル商人が乗っていたのか、ということです。日本への情報漏洩を恐れて貿易をブロックしていたのなら、ポルトガル商人＋中国船⇒日本という説明がつきません。ということは、**倭寇という裏ルート**があり、偶然ではなく**密輸で鉄砲を手に入れた**、と考えるのが自然です。実際この中国船は倭寇の船だったことはわかっています。つまり、倭寇は直接的な海賊行為だけではなく、**密輸によって経済を成り立たせていた**ということです。倭寇は教科書通りなら悪者という解釈をされがちですが、このような形で日本の発展に貢献していたんですね。

　こうして倭寇の密輸によって日本に伝わった鉄砲は、**堺・根来・雑賀・国友**などで生産され、日本国内の戦でも使われて、戦い方が変化していくことになります。ただ、これには諸説あり、鉄砲が作られるようになったのは事実ですが、鉄砲は戦い方を変えるほどではなかったのではないかとも言われています。長篠の戦いの三段戦法も有名ですが、飛距離や命中精度、弾を装塡するまでの時間を考えると、現在では否定されています。もしかすると、いずれ歴史の解釈が変わるかもしれませんね。

● キリスト教の伝来と南蛮貿易

　鉄砲伝来から数年後、スペイン人の**フランシスコ・ザビエル**が鹿児島へ上陸し、キリスト教を伝えました。彼はカトリックのキリスト教徒で、イエズス会を創設したうちの一人でもあります。当時、キリスト教は宗教改革の真っ只中で、資金を増やすために新たな信者を確保することがカトリックの課題となっていました。そこでザビエルは、**ポルトガルから依頼を受け**、まだキリスト教が伝わっていない東洋に行くことになり、マラッカで出会った日本人と日本に

150

来たというわけです。

　日本に来たザビエルは、さっそく九州地方で布教活動を始め、キリスト教徒を増やしていきました。この中には**大友宗麟**（おおともそうりん）や**高山右近**（たかやまうこん）といった大名もいて、彼らは**キリシタン大名**と呼ばれています。彼らはローマ教皇のもとへ**天正遣欧使節**（てんしょうけんおう）（しせつ）という4人の少年を使者として送り、日本とキリスト教との関係は次第に深まっていきました。

　日本はキリスト教伝来を契機にポルトガルやスペインと貿易をするようになりました。これを**南蛮貿易**（なんばんぼうえき）と言います。もともと中国では「南の方にある野蛮な国」という意味で南蛮という言葉を用いていたそうですが、その言葉がそのまま入ってきた日本では、南蛮から来るものは珍しいものが多いというイメージから、「外国産」という意味合いで「南蛮」の字を使ってきました。そのため、

深掘り！解説 **カトリックとプロテスタントの違い**

　カトリックというのは、1000年頃から登場するキリスト教の宗派の一つで、豪華なステンドグラスが教会にあることで有名です。一方**プロテスタント**は、1500年頃に「**免罪符を売ってお金儲けをするのは間違っている！**」と反発して生まれた宗派です。宗教改革に関連する人物として、ドイツの**ルター**、スイスで活動した**カルヴァン**が有名ですね。こうして派生した宗派のため、プロテスタントの教会は非常にシンプルで、十字架のみの教会も結構あります。また、**カトリック**は階級制で、教えを授ける人のことを**神父**と言います。マザーとか、シスター、ブラザーという言い方もカトリックによるものです。一方**プロテスタント**では**牧師**と言い、階級はありません。日本の結婚式場ではステンドグラスの教会が人気で、これらはカトリック式と考えることができますが、教えを授ける人のことを牧師と呼んでいます。これは神父が結婚式を行うのは儀式としての意味合いが強く、自身の所属する教会、かつ信者に対してしか行っていないため、**出向くことができる牧師が行っている**と考えられます。また、服装に関しても、神父はキャソックという、首元からくるぶし辺りまでボタンで留める服装で、牧師はガウンを羽織り、肩にはマフラーのようなものをかけるという違いがあります。

日本では「蛮」に深い意味はありません。

　日本は南蛮貿易で主に**生糸**や**鉄砲**、**皮革**などを輸入し、**金**、**銀**、**銅**、**硫黄**などを輸出しています。南蛮貿易で日本に入ってきたものの中には、日本に定着し、現在もその影響を残しているものがあります。例えば、パン、カステラ、たばこ、ビスケット、キャラメル、天ぷら、おんぶ、金平糖、カッパ、ブランコ、オルガン、コップ、じょうろといった言葉は、そうして入ってきたもののポルトガル語が由来となっています。漢字表記のものもありますが、意味を漢字にあてたものか、読みに漢字をあてたものばかりですね。

室町幕府の崩壊と織田信長

● 桶狭間の戦い

　教科書では1560年に**織田信長**が登場します。しかしここに到るまでにもちゃんと室町時代から続く歴史の流れがあるのです。織田家の祖先は、**応仁の乱**で争っていた守護大名の一つである**斯波家**の家臣でした。この斯波家が応仁の乱で駆り出され、守護の仕事どころではなくなってしまったため、**織田家が実質的な守護大名の代わりの支配者**になりました。これを**守護代**と言います。そしてこの守護代に仕える**清洲三奉行**に**織田弾正忠家**があり、この家系が織田信長の祖先にあたります。

織田信長

つまり、織田信長は守護大名の代わりの守護代に仕える清洲三奉行の一人だったということです。そして彼は、10代のうちに尾張那古野城を譲り受けて城主となり、父の死により家督を継いだ後、守護代だった織田大和守家と織田伊勢守家を滅ぼし、さらに弟を排除して尾張の実質的な支配者となっています。つまり、織田信長の戦いは、家督争いから始まっているんですね。

　ちなみに、よく言われる「うつけ者」は**尾張那古野城**を譲り受けた頃から言われていたようです。父の葬儀で仏前で抹香を投げつけるといった奇行が発端となり、礼儀正しかった弟こそ後継者にふさわしいと思わせてしまい、一時、弟の勢力が拡大したと考えられています。この奇行については周辺諸国を警戒させないための作戦だったとも言われていますが、真偽は不明です。しかし、続く桶狭間の戦いで今川義元が油断していたことを考えると、信長ならやりかねない戦略のようにも思えます。

　そしていよいよ有名な**桶狭間の戦い**が起こります。発端は**織田信長**の父親が**今川義元**の弟を尾張那古野城から追放したことです。ここから織田氏と今川氏の対立が始まりました。まず今川義元は2万5000の軍勢で、尾張那古野城へ出陣しました。対する織田信長はそうした状況にもかかわらず、酒盛りをして寝てしまったと言います。その様子を桶狭間にさしかかった頃に耳にした今川軍は気がゆるみ、地元の農民たちに振舞われたお酒を飲んで休息を始めました。一方、翌日の早朝に突然飛び出した織田信長は、熱田神宮で戦勝祈願を行い、昼過ぎに桶狭間へ到着しました。この時、信長について来られた軍は3000人程で、そのわずかな軍勢で豪雨の中、今川軍へ突っ込み、**今川義元ただ一人を狙い撃ち**したと言います。こうしてリーダーが討ち取られた今川軍は戦意喪失して信長の勝利が確定しました。

　なお、この戦いについては桶狭間の場所もはっきりしておらず、具体的な戦略もわかっていません。そしてこの戦いには、実は教科書には書かれていない超重要人物が参加しています。それが**松平元康**、後の**徳川家康**です。彼は**三河**

<ruby>国<rt>くに</rt></ruby>の小規模な豪族の武士の家系の出身で、幼少期は人質として過ごし、そのまま今川義元のもとで働くことになり、桶狭間の戦いに参加していました。しかし義元が討たれたため、すぐさま撤退し、三河国を今川氏から独立させることを決断しています。そして今川軍の拠点となっていた牛久保城を攻撃し、その後**織田信長と和解して同盟を結んでいます**。これ以降、家康は信長が死ぬまで同盟を守り続けています。ですから、もし家康がこの時「義元のかたき討ちだ！」と言って織田信長と交戦していたら、江戸時代はなかったかもしれません。

● 室町幕府の崩壊──教科書ではたった数行で滅ぼされる幕府の秘密

桶狭間の戦い以降、信長は周辺諸国の平定に努めていましたが、その間に13代将軍<ruby>足利義輝<rt>あしかがよしてる</rt></ruby>が殺害されてしまいました。その時に殺害を免れた義輝の弟の<ruby>足利義昭<rt>あしかがよしあき</rt></ruby>は大和国から脱出し、味方になってくれそうな大名に上洛の協力を求めました。まだ、義輝を殺害した勢力が京には残っていたので、そのまま1人で上洛したら、殺害されてしまう可能性が高かったんですね。ですから、

足利義昭

味方になってくれる大名に守ってもらいながら、一緒に京都に入る必要があったのです。そこで義昭の家臣である<ruby>明智光秀<rt>あけちみつひで</rt></ruby>が進言したのが、**織田信長**と手を結ぶことでした。そう、後に本能寺で謀反を起こした、あの明智光秀です。

明智光秀は尾張の隣にある、現在の岐阜県に位置する**<ruby>美濃国<rt>みののくに</rt></ruby>**の国主・<ruby>斎藤道三<rt>さいとうどう</rt></ruby>に仕えていました。そして織田信長の妻・<ruby>濃姫<rt>のうひめ</rt></ruby>は斎藤道三の娘です。明智氏の祖先は足利尊氏の頃から将軍家に仕えており、明智光秀自身も非常に教養があり、将軍に気に入られていたと言います。そんな光秀が斎藤道三に仕えていたことから、斎藤道三と明智光秀の間にも、何かしらの血縁関係（叔母が斎藤道三の妻だった説が有力）があった可能性が高いと考えられています。そのような縁から、明智光秀は織田信長に上洛の協力を依頼しました。

こうして信長は反対勢力を蹴散らしながら、上洛させることに成功し、足利義昭は15代将軍となりました。これ以降、光秀は信長の右腕として活躍していきます。そしてもう一人、木下藤吉郎こと、後の豊臣秀吉もこの戦いに参加し、明智光秀とともに信長の右腕として活躍していくことになります。

　さて、義昭が将軍に就任すると、**信長は好き勝手やらずに従うよう要求**しました。最初は上洛を手伝ってくれた信長の要求なので聞いていましたが、次第に鬱陶しくなり、仲違いに発展してしまいます。そしてとうとう義昭は、**武田信玄、浅井長政と朝倉義景**を味方につけ、信長を攻撃しました。一時は追い込まれた信長ですが、明智光秀や豊臣秀吉らの活躍もあって形勢を逆転し、**義昭を京都から追放**します。これにより事実上**室町幕府は崩壊**しました。

　なお、信長は義昭に味方した浅井長政と朝倉義景を追い詰め、滅ぼしています。特に浅井長政は、信長の妹である**お市の方**が嫁いでいたので、まさかそこまではしないだろうと皆が思っていたのに、容赦なく滅亡させられています。これは非常に衝撃的な出来事でした。こうして信長の恐ろしさが伝わっていきました。

　また、信長は**長篠の戦い**で、武田軍を破ります。あの火縄銃を使った**三段戦法**で有名な戦いです。実はこの戦で戦ったのは、武田信玄ではなく、その子どもの**武田勝頼**でした。信玄はこの戦いの前に病で亡くなってしまったんですね。こうして敵対する勢力を次々と攻撃して、全国統一まであと一歩のところまで来ました。ちなみに織田・徳川連合軍は、長篠の戦いの1年半前に**三方ヶ原の戦い**で武田信玄に負けています。「もし信玄が病で倒れていなければ」と考えると面白いですね。

　なお、**義昭**は京を追放されただけで、**殺されたわけではありません**。そのため、豊臣秀吉の時代になると、秀吉と和解してもう一度京都へ戻っています。

そこで将軍職を辞任し、これで室町幕府は完全に幕を下ろしました。

織田信長の政策と本能寺の変

楽市・楽座

　織田信長は国内の商工業の発展のため、楽市・楽座（らくいち らくざ）という政策を行いました。楽市は、寺社や公家に納める市場税や営業税にあたるものを免除し、自由に営業することを許可したものでした。こうすることで、自由に営業することができるようになり、市場が活性化すれば、いずれ巡り巡って国内の経済にも貢献すると考えたのです。

　楽座は、独占的な営業許可が与えられた同業者組合である「座」を廃止するものでした。これにより誰でも自由に営業できるようになり、価格競争が起きることで、市場が活発になりました。

　また、信長は関所（せきしょ）も廃止しました。関所は、通行料を取る場所で、各地の大名や寺社勢力、公家が勝手に作って乱立している状態でした。そのため、いちいち通行料を支払わねばならず、物流の妨げになっていたのです。そんな関所が淀川の河口から京都までのわずか55ｋｍ程度の間に、380ヵ所もあったと言われているので、営業しに行くのも、価格を抑えるのも大変だったのです。平均すると、150ｍに１つ関所がある計算ですからね。そこで信長は「関所でちまちま儲けないで、商工業を発展させることで、経済を豊かにしよう」と考えたのです。

さらに信長は、各地でバラバラだったお金を統一し、**銭の交換レート**も決めました。これを撰銭令（えりぜにれい）と言います。また、升などの**大きさの単位も統一**しました。こうすることで、全国どこでも同じ単位になり、管理しやすくなりました。これは後に秀吉の**太閤検地**（たいこうけんち）にも受け継がれていきます。

　この考え方は現在でも通用する貨幣経済の考え方で、当時の常識では考えられない手法でした。しかし信長は武力よりも**貨幣経済が国を作る**という考えのもと、経済の概念を覆していきます。そんな信念が、永楽通宝（えいらくつうほう）３枚をモチーフにした旗印にも表れています。

　なお、信長は義昭に副将軍の座を勧められたとき、それを断り、代わりに**都市を３つ要求**しています。ここにも**地位や名誉よりも、経済の方が大切**だという信念が貫かれていますね。さらに、現在の**尼崎市**に対して「守ってやるから軍資金として２万貫文（かんもん）、現在の価格にして約６億円をよこせ」とヤクザまがいに脅し、**断られたため焼き払っています**。同じ手法で**堺市**を脅し、堺市は２万貫文支払いました。一見するとただの恐喝に思えますが、信長は**堺市に鉄砲を作らせ**、このお金で支払いました。つまり、実質返還したのです。そしてこの鉄砲を**他の大名に売りつけました**。鉄砲はパワーバランスを崩しかねない兵器として考えられていたため、**どこかの大名が買えば、対立する大名も購入しないわけには行きません**。こうして堺市の鉄砲は作れば作るだけ売れていくという状況になり、堺市も信長もぼろ儲けしたのです。いかに信長が経済の仕組みを理解していたかがよくわかる手法ですね。

　ほかに、信長は安土城をはじめとする城の築造や城下町の整備、治水事業や道路の整備といった土木工事を多数行っており、公共事業で経済を回す手法は現在でも用いられています。年度末になると予算を使い切らなきゃいけないとかで、しきりに道路をあちこち掘り返してますよね。こうやって民間に仕事を振ることで、経済を回すのです。当時この土木行政を担っていたうちの一人が

竹中藤兵衛正高という人物で、彼が作った造営業の組織は、後に東京タワーや東京ドーム、あべのハルカスを手がけた**竹中工務店**になります。

仏教勢力の弾圧とキリスト教

当時の寺院は、現在とは異なり**武力を有しており**、政治にも影響を及ぼす組織でした。しかしそれらの寺院の多くは、**税金を免除されながら、通行税で私腹を肥やし、遊び歩く**という状態でした。信長はこの現状を経済が停滞している要因と考えます。そして「仏よりも金だ！」と言って仏教勢力を攻撃したのです。

実際に攻撃した寺院は、敵対する朝倉氏と手を結んでいた**比叡山延暦寺**と、一向一揆の中心となっていた**石山本願寺**です。**高野山金剛峰寺**も攻撃対象でしたが、直前に本能寺の変があり、未遂に終わっています。これらの攻撃が**仏をも恐れぬ行為**だと恐れられましたが、信長は**安土城**をつくった時に寺院もつくっています。民のためになる寺院はちゃんと保護していたのです。本能寺も寺院ですよね。よって、実は信長は仏教勢力全てを弾圧したわけではなく、**抵抗勢力になりうる仏教勢力を排除した**というほうが正確でしょう。

なお、**キリスト教を保護**したのは、珍しいものが手に入るという**貿易のため**と考えられています。変わったもの好きの信長らしいですね。また、仏教とは異なる神の勢力に入ってもらうことで、仏教勢力を抑え込めると考えたのかもしれません。しかし、このキリスト教の布教活動が、のちの政治運営には邪魔な存在となり、秀吉、家康と時代が進むにつれて、次第に禁止、弾圧されていきます。

本能寺の変

1582 年、信長は天下統一まであと少しというところで、**明智光秀**に謀反を起こされ、勝てないと悟り火を放って**自害**します。これを**本能寺の変**と言います。誰もが知る有名な事件ですが、実はなぜ光秀は謀反を起こしたのか、ハッ

キリわかっていないのです。そしてこの事件の直前まで、光秀は一度も信長を裏切っていません。この日のためにずっと裏で画策していた、という説もありますが、それにしてはお粗末な終わり方なので、突発的だったという説が有力です。しかしこれまでの流れから見ても、相当温厚そうに見える光秀に、突発的に謀反を起こさせる理由

豊臣秀吉

は何だったのか、これだけ有名な事件でありながら、わからないことだらけなのです。教科書は事実は書いてあっても、感情には触れていませんから、それを踏まえて「もし」を考えると、歴史は面白くなりますね。

　信長の死を知った**豊臣秀吉**は、攻めていた中国地方の**毛利輝元**と和睦してからすぐさま引き返し、本能寺の変から11日後には**山崎の戦い**で**明智光秀**を討ち取りました。ちなみに毛利輝元は、後に関ヶ原の戦いで西軍総大将となる人物です。

　一方、**徳川家康**は本能寺の変が起きた時に堺にいたため、自身も明智光秀に狙われる立場となりました。しかも戦いに出ていたわけではないため、護衛も小人数でした。そのため、信長の死を耳にしたときは、自分も自害して後を追おうとしたと言います。それを止めたのがずっと家康の下で戦ってきた**本多忠勝**で、彼はその後も家康に仕え、徳川四天王の一人と称されています。江戸時代になってからは、東海道を整備し、死ぬまで家康に忠義を誓ったと言います。また、この絶体絶命の状況から家康を逃がしたのが、忍者でお馴染みの**服部半蔵**です。彼もまた家康に信頼され、江戸時代に入ると、いざという時の逃走ルート確保のため、江戸城の西（裏口）に屋敷を構えています。その屋敷の門が半蔵門と言われ、現在も地名、駅名として残っています。

豊臣秀吉の全国統一と朝鮮出兵

● 全国統一までの道のり

　秀吉の全国統一までの経緯は、教科書では端折られていますが、この部分にはなぜ秀吉だったのか、家康は何をしていたのか、といったことや、江戸幕府につながるまでの経緯が隠れています。流れを知る上で要となる部分なので簡単に紹介しましょう。

　本能寺の変の後、誰を信長の後継者にするかという話し合いが行われました。これを**清須会議**と言います。この会議で、秀吉は**信長の孫**にあたる**秀信**を後継者にするべきだと主張しました。これに反対し、**信長の息子**である**信孝**を推したのが、**柴田勝家**でした。しかし、秀吉が「秀信はまだ幼いから、信孝を後見人にしよう」と言い、反対する理由がなくなったため、秀信が後継者となりました。さらに秀吉は、**家康**に反対されないようにするために、妹を正室として差し出し、秀吉と家康は義兄弟の関係となっています。こうして有無を言わせない形で実権を握っていきましたが、**後見人にされた信孝は納得がいかず**、柴田勝家を取り込んで勢力を拡大しようとします。そうして翌年には**賤ヶ岳の戦い**が起こり、負けを悟った勝家は自害しました。

　ところがこれで敵対勢力がいなくなったわけではなく、あちこちで秀吉反対派が立ち上がります。家康もその一人でした。秀吉は何とか説得して回り、味方を増やして戦うも、徐々に劣勢に追い込まれていきます。そこで秀吉は、**織田信雄・家康連合軍**に狙いを定め、進軍を開始しました。すると**信雄**は勝てそうもないことを悟り、**秀吉と和睦**してしまいます。すると**家康**も連合を組んでいた大義名分（信雄を応援する）がなくなってしまったため、**秀吉**と**和睦**しま

した。

　さらに秀吉は、武力ではなく権力で治めようとして、天皇に**征夷大将軍よりも高い官位**を要求します。しかしそれより高い官位は天皇家の血筋が受けるものなので、そうやすやすと与えるわけにはいきません。そこで秀吉は無理矢理藤原氏の血縁になるという、かなり強引な手法を使って、**天皇を補佐する関白の位**を手に入れます。一応藤原氏になったので、天皇家の威厳（官位）は保たれるというわけです。こうして関白という実質的な権力を手に入れた秀吉は、武力ではなく、**権力を誇示**することで従わなければならない雰囲気を作り、反対派の大名たちを懐柔していくことに成功しました。このように秀吉による実質的な支配が確立されたのです。

　なお、これで全国統一とはいかず、大義がないから戦いにならなかっただけ

深掘り！解説　官位と官職

　　秀吉が実権を握るという話は、官位と官職の理解がないと難しいところです。まず官位というのは、天皇が与える役職で、ランクが明確に分かれています。一番上が**正一位**、従一位と呼ばれる位で、この官位の人が務める官職が**太政大臣**です。それに続いて、正二位が左大臣、従二位が右大臣、正三位が大納言と続きます。そしていよいよ**従三位**という官位があり、この官職に中納言や**征夷大将軍**があります。つまり、幕府のトップである征夷大将軍は、**武士の官職としてはトップ**ですが、**官位としてはさらにその上がある**ということです。

　義昭が京へ帰ってきたとき、立場はまだ征夷大将軍で従三位でしたが、秀吉はすでに従一位で太政大臣の地位を獲得していたのです。さらに秀吉は、これまで藤原氏が牛耳っていた天皇を補佐する**関白**という役職を手に入れています。これが結構強引な手法で、藤原氏の血縁（近衛家）に養子（正確には猶子・ゆうし）に入ったことにして、藤原秀吉と名前を変えて手に入れています。こうして秀吉は**初めて関白まで上り詰めた武士**となり、名実ともに天下統一を果たしたのです。

で、まだ家康は秀吉の政策をあまり快く思っていませんでした。そのため、秀吉は妹の朝日姫を家康の妻として、さらに母を人質として家康のもとへ送り、家臣として上洛してくれるようにお願いしました。さすがにここまでやる秀吉に折れ、**家康は秀吉の配下になる**ことを決めました。この様子に反発していた大名も、家康の心の広さに感銘を受け、家康が従うならと折れていったと言います。

そして最後に残ったのが**北条氏**です。残念ながら北条氏には今までのような裏工作が通じなかったので、実力行使でねじ伏せることにしました。これが一夜城や水攻めで有名な**小田原征伐**です。この小田原征伐が完了したことで、完全に全国統一した形になります。そして北条氏が滅んだことから、**家康に関東の支配のために、関東へ行くように命じました**。これがのちに家康が江戸に幕府を開くことになった理由です。

● 秀吉の政策

全国を統一した秀吉は、**太閤検地**を行い、これまで基準がまちまちだったものさしの長さや升の大きさを統一し、さらに全国の田畑の所有者や広さ、土地の良し悪しをランク付けし、予想される生産量を石高で表して**検地帳**を作りました。これにより、**農民が直接土地を所有**することを認めたため、長らく続いた荘園制は崩れることになります。同時に検地帳には所有者が明記されていたため、農民もその土地を離れられなくなりました。

また、秀吉は**刀狩**を行い、農民や寺院から、刀、弓、槍、鉄砲などの武器を取り上げました。以前は農民も武器を持って戦いに参加していましたが、刀狩によって、戦いに行くのは武士、農業をやるのは農民というすみ分けをハッキリさせました。これを**兵農分離**と言います。

ほかにも、秀吉は信長と同じく貨幣に目を付け、島根県の石見銀山、新潟県の佐渡金山を開発して、貨幣を作りました。これが江戸時代でも引き継がれ、

金貨、銀貨、銅銭となっていきます。

　キリスト教については、信長とは異なり、**バテレン追放令**を出しています。バテレンとはキリスト教の宣教師を指します。諸説ありますが、**キリスト教徒が反乱を起こす可能性**や、神道や仏教との**宗教対立の懸念**が挙げられています。ただ、南蛮貿易や朱印船貿易自体は続けていたため、取り締まりは徹底されませんでした。

　これらの秀吉の政策は、家康の時代になっても引き継がれていくことになります。実はこの秀吉の政策も、信長の影響を受けて引き継いだものです。こうしてこの殺伐とした時代の中で、約270年も続く江戸時代の基盤が作られていったのです。

● 朝鮮出兵と秀吉の死

　全国を統一した秀吉は、中国（明）も支配しようと考え、**李氏朝鮮**に道案内を求めました。しかし李氏朝鮮に断られてしまいます。そこで秀吉は二度にわたって朝鮮へ出兵しました。1回目を**文禄の役**、2回目を**慶長の役**と言います。この出兵で、一時は朝鮮の都である漢城（現在のソウル）を陥落させましたが、明の軍に押されて苦戦します。そうこうしているうちに**秀吉が病死**してしまったため、兵は引き上げることになりました。つまり、**朝鮮出兵は失敗に終わった**ということです。そしてこの朝鮮出兵が、皮肉にも、日本の勢力が東西に分かれることへつながっていきます。この時、**家康を含む東国の武士**は、遠いということもあって**朝鮮までは出兵していない**のです。しかし、西国の武士は朝鮮へ駆り出され、戦力を削られています。このことが、後の関ヶ原の戦いにも影響を及ぼします。

　さて、秀吉が亡くなったあとは息子の**豊臣秀頼**が後を継ぐことが決まっていましたが、彼はこの時まだ6歳でした。そのため秀吉は、生前に幼少の秀頼を**五奉行**と**五大老**で支えていく体制を築いていました。五奉行は政権の実務を担

い、五大老はその顧問、相談役としての位置づけです。ですから立場的には五大老のほうが上ですね。そしてこの**五奉行**の一人が**石田三成**、**五大老**の一人が**徳川家康**でした。彼らが対立し、関ヶ原の戦いへとつながっていきます。

深掘り！解説

ホトトギス

　戦国時代の三人の性格は、よくホトトギスに例えられます。信長は「鳴かぬなら殺してしまえホトトギス」、秀吉は「鳴かぬなら鳴かせてみようホトトギス」、家康は「鳴かぬなら鳴くまで待とうホトトギス」、ですね。信長は非常に合理的で、身内であろうと邪魔なら殺すという手段を選び、秀吉は計算高く、目的達成のために徹底的に知略を巡らせ、家康は自分の時代が来るまで長いこと待った、というものです。しかしこれらは考え方のみに焦点を当てたものであり、実際の性格や歴史ではそうでもない部分も見受けられます。それもそのはずです。この歌は200年以上も後の江戸時代後期に作られたものだからです。

　ところで**ホトトギスの鳴き方**はご存じでしょうか。ウグイスと勘違いしている方が多いような…冷静に考えれば「そういえばどんな鳴き方をするんだろう」と疑問に思うはずですが、暗記科目としての歴史に登場することで、疑問にも思わなくなっている子が多いのです。これも丸暗記が思考力を殺す例の一つですね。

江戸時代

江戸時代
流れをザっとおさらい

1603 年	**徳川家康**が征夷大将軍に
1612 年	**禁教令**（幕府領、翌年全国に）
1615 年	**武家諸法度**
1635 年	武家諸法度に**参勤交代**を追加
1637 年	島原・天草一揆
1641 年	**鎖国体制**が完成
1642 年	イギリスでピューリタン革命（清教徒革命）
1685 年	**生類憐みの令**
1687 年	生類憐みの令を犬以外にも適用
1688 年	イギリスで名誉革命
1709 年	**正徳の治**（～ 16 年）
1716 年	**享保の改革**（～ 45 年）
1721 年	目安箱の設置
1742 年	公事方御定書
1760 年頃	イギリスで産業革命
1772 年	**田沼意次**による政治（～ 87 年）
1774 年	『解体新書』の出版
1776 年	アメリカが独立宣言
1787 年	**寛政の改革**（～ 93 年）
1789 年	フランス革命
1792 年	ラクスマン来日
1808 年	フェートン号事件
1825 年	**異国船打払令**
1837 年	大塩平八郎の乱
1840 年	アヘン戦争（～ 42 年）

1841 年	**天保の改革**（〜 43 年）
1853 年	ペリー来航
1854 年	**日米和親条約**
1858 年	**日米修好通商条約**、安政の大獄（〜 59 年）
1860 年	桜田門外の変
1861 年	アメリカで南北戦争（〜 65 年）
1862 年	生麦事件
1863 年	薩英戦争
1866 年	**薩長同盟**
1867 年	**大政奉還、王政復古の大号令**

　江戸時代に入ると、教科書では江戸幕府を約 260 年存続させた政策に焦点があてられます。海外との関係も増えてくることから、外交も重要になってきます。つまり公民で習う内容が含まれてくるのです。その意味で、江戸時代は<u>歴史と公民を同時平行で学べる時代</u>でもあります。特に経済については、**貨幣経済による市場原理が動き始めた時代**ですから、経済を軸にどうしてそんなことが起きたのか、なぜそのようにしなければならなかったのかを考えていくと、全体像がつかみやすくなるでしょう。

　江戸時代は、日本人が東南アジアに進出していくと、日本町が作られ、交易が活発になりました。すると、日本の政治は国内に止まらず、海外を意識するようになっていきます。しかしこれらの日本町は江戸幕府が鎖国体制を強化していくにつれ、貿易が先細っていったため、消滅していくことになります。

　鎖国の間、交易は長崎の出島に限られましたが、ペリーが浦賀へ来航したことにより**下田**と**箱館**の開港を迫られました。下田が選ばれたのは「江戸に近い所を」というペリーの要求に対して、「なるべく江戸に近づけたくない」という幕府の思惑からでした。箱館については、もともとアメリカは捕鯨船の補給が目的だったので、太平洋を北周りで帰るルートの途中の場所という理由で選ばれました。しかし本当の目的は貿易だったため、さらに圧力をかけられて、

長崎、兵庫（神戸）、神奈川（横浜）、新潟を開港することになります。場所を見てわかる通り、**日本を囲む形で開港**させられています。これらの地域は現在も港として発展しており、赤レンガをはじめとする欧米風のものが多くあるのは、この時の開国の名残です。

江戸幕府は関ヶ原の戦いに始まり、この戦が原因で終わる

⬤ 天下分け目の関ヶ原の戦い

秀吉が生前に任命していた五奉行には、**石田三成**、浅野長政、前田玄以、増田長盛、長束正家の5人がいました。**五大老**には徳川家康、**前田利家**、**毛利輝元**、小早川隆景、宇喜多秀家がいました。

徳川家康

秀吉が死ぬと、**家康は秀吉が定めたルールを破り**、政略結婚に手をつけはじめます。これに対して加賀の前田利家は反発しましたが、この時は直接対決には至らず、家康が矛を収める形で和解しています。ところが、この直後に**前田利家が病死**すると、すかさず家康は前田家を攻撃しようとします。これに対し、戦になる前に前田家は人質を差し出すことで和解を提案し、家康もこれを呑みましたが、この状況を見た**毛利輝元は、家康を封じ込める必要があると判断**し、**石田三成**と手を結ぶことにしました。こうして家康による新政権を期待する東軍と、豊臣政権を守ろうとする西軍に勢力が分かれていったのです。

169

そしていよいよ**関ヶ原の戦い**が起こります。東軍の総大将は**徳川家康**、西軍の総大将は**毛利輝元**です。なお、毛利輝元は実際には関ヶ原へは行かず、大坂城に留まり、現場では石田三成が指揮しています。これには諸説がありますが、家康が裏工作を多数行っており、西軍が裏切る可能性から大坂城を動けなかったとか、すでに家康と密約を交わしていたとか、様々な説があります。いずれにせよ、関ヶ原の戦いで西軍が敗れたことを知った毛利輝元は、家康が来る前に撤退しています。これにて関ヶ原の戦いは、**東軍の家康が勝利**する形で終結し、3年後には**征夷大将軍**に任命され、江戸幕府を開きました。

● 大坂冬の陣と夏の陣

秀吉の血を引く豊臣秀頼(ひでより)は、65万石の大名に格下げされたものの、難攻不落と言われた大坂城にいて、人望も厚く、豊臣家の再興を願う人も少なくありませんでした。そこで家康は何か理由をつけて滅ぼそうと考え、秀頼が建て直した方広寺(ほうこうじ)の鐘に刻んであった「国家安康(こっかあんこう)、君臣豊楽(くんしんほうらく)」という字を見て、「家康の文字を二つに切って豊臣家が君主になって楽しむという意味の呪いだ!」といちゃもんをつけます。これを**方広寺鐘銘事件**と言います。こうして険悪な関係になったことから、家康は大坂城を包囲して秀頼を攻撃しました。これが**大坂冬の陣**です。

大坂城には**二重のお堀**があり、攻め落とすのが大変だったため、家康は大砲を用いて夜通し乱射したと言います。当時の大砲にはそこまで威力も命中率もなかったのですが、何発も撃ったことで数発が大坂城へ命中し、城内に混乱を招きました。これにより秀頼はお堀を埋め立てる条件を呑み、家康は撤退していきました。約束通りお堀を埋め始めたのですが、当初の約束では、外側の堀だけを埋めるというものだったのに、家康の命令により、お堀の全てを埋められてしまったと言います。こうして騙される形でお堀を全て埋められた翌年、大坂城はあっさり攻め落とされ、秀頼は自害に追い込まれました。この事件を**大坂夏の陣**と言い、これで豊臣家は滅亡することになりました。

武家諸法度と禁中並公家諸法度

　政権を手にした家康は、大名の領地と石高を整理していきました。徳川の血を引く大名は**親藩**と呼ばれ、天皇や江戸に近い場所を治めるようにしました。中でも**尾張**、**紀伊**、**水戸**は直系なので、御三家と言われ、以後徳川家の将軍はこの中から選出していくことになります。

　関ヶ原の戦いの前から徳川家に仕えていた大名は**譜代大名**と言い、重要な拠点となる場所に領地を与えられ、幕府の重役に就かせました。

　関ヶ原の戦い以降に徳川家に仕えることになった大名は**外様大名**と言い、また裏切る可能性があることから、江戸や都から離れた場所に領地を与えられました。この外様大名の中に、後に江戸幕府を倒して明治時代を作っていくことになる、**長州藩**、**薩摩藩**、**土佐藩**、**佐賀藩**などがあるのです。

　大坂夏の陣で豊臣家を滅ぼした家康は、同じ年に2代目将軍**秀忠**の名前で武家諸法度と禁中並公家諸法度を制定します。**武家諸法度**は、**大名を統制するために定められたルール**で、衣服の取り決めや倹約に関するもの、城の整備や結婚の制限など、かなり厳しいものでした。これらは大名による反乱を起こ

深掘り！解説　**石高と主従関係**

　　石高は米の収穫量を表したもので、昔はお米がお金として扱われていたため、大名の経済力は石高で表わされました。**1石**は約150kgで米俵2.5俵分、**成人男性が1年間に食べる米の量**として決められていました。つまり、1万石というのは「1万人の家来を1年間食べさせていくことができる経済力」と考えることができます。1万石以上の将軍直属の家臣を**大名**と言い、1万石未満で将軍に直接御目通りできる家臣を**旗本**、謁見する資格がない者を**御家人**と言いました。江戸時代における御家人は、鎌倉時代の頃の御家人とは意味合いが変わってきています。この旗本と御家人をあわせて**直参**と言います。

させないためのもので、ルールを破るとかなり厳しく罰せられました。そして**朝廷や公家を規制した**のが**禁中並公家諸法度**です。禁中というのは天皇が住む皇居のことで、人の出入りが厳しく制限されていた場所であることから禁中と言われていました。これにより、朝廷内でのランク付けのルールを決め、衣装や昇進、役職など、過去に争いの要因となったものを制度化することで、反乱が起こらないようにしました。こうして江戸幕府の基盤となるルール作りをした翌年、家康は武士として4人目の太政大臣となり、その1ヶ月後に死去しました。

　なお、武家諸法度は後に何度か制度が追加されていて、中でも3代将軍家光が追加した**参勤交代**の制度は、各地の大名の戦力バランスをコントロールするためのルールとして重要な位置を占めています。

江戸時代の生活と身分制度

● 百姓の自治と身分制度

　江戸時代は、農業、漁業、林業などの第一次産業を担う人々で人口の80%を占めていたと言われています。そのため、これらの人々を組織に組み込んでいくことが、国づくりでは欠かせませんでした。当時の年貢は**四公六民**や**五公五民**と呼ばれ、収穫の40〜50%を年貢として納めていました。今の日本の税率は25%〜30%程度と言われており、しかも当時は控除に当たるものはなかったため、相当重い税率でした。また**五人組**といった制度を作り、連帯責任を負わせることで逃げられないようにしています。村の掟にそむいた者は、

村八分という、いわゆる仲間外れにする制裁が加えられていました。

　百姓にもランク分けがあり、土地を持つものを**本百姓**、土地を持たないものを**水呑百姓**と言います。本百姓の中でも有力な百姓は、**庄屋**、**組頭**、**百姓代**などの村役人として自治を行い、年貢を徴収して領主に納めていました。さらに、死んだ牛馬を処理して生活する**えた**、遊芸や処刑場の雑務などで生活する**ひにん**という身分もありました。彼らは最下層の身分として位置づけられ、ひどく差別されていました。その様子を見せることで、「ああはなりたくない」という気持ちにさせ、治安を維持していたとも考えられています。

　なお、この身分制度は江戸時代が終わるとともに明治政府によって廃止されましたが、従来の差別は止むことなく、後の**全国水平社**や**部落解放運動**へとつながっていきます。

深掘り！解説　**農業の進化**

　江戸時代になると、技術力が向上し、複雑な形状や仕組みを作れるようになってきたため、農具も進化してきました。代表的なものとして、歯が多くなった**備中鍬**、稲や麦を脱穀する**千歯こき**、もみがらと米粒を選別する**唐箕**があります。肥料も**干鰯**や**油粕**という購入肥料が普及しました。

● 武士と町人の暮らし

　武士には**俸禄**と呼ばれる領地や米が与えられ、支配身分として**名字**や**帯刀**などの特権も与えられていました。武士は職業軍人のイメージが強いと思いますが、江戸時代以降は藩同士の大規模な争いがなくなったことから、**武士の役割は戦から政治へ**と移っていきました。そのため、有事に備えた**日頃の武術鍛錬**はもちろん、行政を担う身として**学問も必要**になり、支配身分にふさわしい**武士道**という厳しい道徳が課せられるようになりました。この学問を教えるところが、次第に**私塾**となり、後に庶民の教育を担っていくことになります。**寺子屋**や**シーボルト**の**鳴滝塾**、**吉田松陰**の**松下村塾**、**緒方洪庵**の**適塾**もこの私

塾の一つです。中でも緒方洪庵の門下であった**福沢諭吉**は**蘭学・英学の塾**を開き、これが現在の**慶應義塾**（けいおうぎじゅく）**大学**の起源となっています。

　信長が楽市・楽座を実施して以降、各地で行われるようになり、**城の周りで商工業が発達**していきました。これが**城下町の発展**へとつながります。都市に住んでいた**町人**は、農業から離れ、商工業に従事して売上から営業税を納めていました。これが町人と農民の役割が分かれていくことにつながります。町人の中でも、**地主**や**家持**と言われるような富裕層は、町役人となり自治を行いました。

　経済力のある商人や職人は**奉公人**（ほうこうにん）という住み込みで働いてくれる人を雇い、仕事を拡大していました。また、日銭を稼ぐ、現在でいうところの短期アルバイトにあたるような**日雇い**（ひやとい）という働き方もありました。江戸時代中期以降には、武士の生活も苦しくなっていったことから、武士も日雇い仕事をするようになります。店舗を持っていない商人は、店舗を借りて商売をする**借家人**（しゃくやにん）となるか、もしくは直接訪問販売する**行商人**（ぎょうしょうにん）となりました。

　河川や港の近くでは、問丸（といまる）が発展して、卸売業の**問屋**（とんや）ができ、海運業も発達していきました。中でも**菱垣廻船**（ひがきかいせん）と**樽廻船**（たるかいせん）という輸送船が発達し、日本の主要都市間の物流を海運で支えました。また、問屋と小売りを仲介する**仲買**（なかがい）も登場しました。これらは株仲間という商工業者の組織を作り、幕府が営業の独占権を与える代わりに納税を義務付けました。さらに大坂では銀貨が、江戸では金貨が流通していたことから、それらの貨幣を交換する**両替商**も増えていきました。工業も、それまでは１人で１つの製品を仕上げていく**問屋制家内工業**という形態でしたが、分担作業で１つの製品を仕上げる**工場制手工業（マニュファクチュア）**も発達していきます。こうして職業や働き方が多様化し、現在でいうところの**サービス業が発展**していくことになります。

　なお、以前の教科書では士農工商を身分の序列として解釈していた時期もあ

りましたが、現在は武士だけが支配階級で、**農工商については身分の差はな**
かったと考えられています。しかし武士の身分にはハッキリとした序列があり、
その考え方は武士道にも取り込まれ、数百年にわたって上下関係は当たり前の
ものとして刷り込まれていきました。これが江戸末期に農民も武士となって戦
い出したことから、武士以外にも浸透することになりました。

外交政策

🔵 鎖国と島原・天草一揆

　江戸時代は鎖国によって外国との交易を閉ざした印象が強いですが、厳密に
は完全に外国を排除し国際的に孤立したわけではありませんでした。鎖国の
きっかけとなったのはキリスト教です。

　ザビエルが日本にキリスト教を持ち込んだとき、織田信長は受け入れました。
それは当時仏教勢力が武力を持って対抗してきたため、キリスト教がその対抗
勢力になってくれる可能性があると考えたからです。しかし豊臣政権の時代に
は刀狩を実施し、寺院の勢力は抑え込まれたため、今度は逆にキリスト教の勢
力が邪魔になってきたのです。そのためバテレン追放令を出しましたが、南蛮
貿易で入って来る珍しい輸入品は捨てがたく、黙認する形になっていました。
しかし家康の時代になると、いよいよ黙認できない影響力を持ってきたため、
貿易を捨てて排除に乗り出します。こうして出されたのが**禁教令**です。しか
しそれでも勢力は増してきたため、禁教令を強化しました。ところがそれでも
抑え込めなかったため、とうとう日本人の**海外渡航と帰国を禁止**し、キリスト

教を弾圧し始めます。こうして鎖国の体制が作られていきました。

　日本人の渡航と帰国が禁止されてからは、ポルトガル人を長崎の**出島**に収容し、キリスト教徒は処罰されるようになっていきました。その際、キリスト教徒かどうか判断するために用いられたのが聖母マリアやキリストが描かれた**踏絵**です。これを**役人の前で絵踏**させることで、キリスト教徒かどうかを判別しました。ここでキリスト教徒だと判明すると、仏教徒へ**転宗**するように促され、拒否すると処罰されました（宗門改め）。

　また、全国民をどこかの寺院に所属させる**寺請制度**を設け、仏教徒であることの証明に使いました。これは現在でいうところの戸籍のような役割です。本来なら仏教徒が寺院に所属するのですが、あまりに弾圧が酷かったため、名前だけ登録する形でキリスト教徒をかくまう寺院もあったと言います。こうして寺院に所属する**檀家**が増え、**庶民と寺院との結びつきは強く**なっていきました。これが現在でもお葬式の時にお坊さんを呼ぶという習慣につながっています。特定の決まった寺院にお願いするのも、この時の檀家制度の名残です。さらにお墓の維持費としてまとまったお金を払う**永代供養**という習わしもあります。しかしこれは、核家族化で檀家が故郷を離れることが多くなってきたことから、**檀家制度によるお布施が見込めなくなった寺院が始めた**とも考えられています。ちなみに旦那様の語源は、仏教のお布施をダーナ（檀那）と言うことに由来し、それが転じてお金をくれる人のことを指すようになったと言われています。つまり、檀家とは「お布施をくれて、寺院を支えてくれる人」という意味ですね。

　さて、キリシタンへの弾圧が厳しくなってくると、特にキリスト教の影響が強かった九州で、16歳の**天草四郎時貞**をリーダーとした反乱が起きました。この戦いを**島原の乱**、もしくは**島原・天草一揆**と言います。この時に集結した農民は約4万人、制圧に派遣された幕府軍は約12万人だったと考えられており、**江戸時代の乱としては最大**かつ、**一揆としても最大規模**だったと考えられ

ています。この戦いは原城での籠城戦に持ち込まれ、キリシタン側が全滅という形で終わっていますが、**この戦いが後世に与えた影響は大きく**、幕府はこの後も九州地方の対応に苦慮します。なにせ**4万人近い農民を一気に殺してしまった**わけですから、**年貢が激減し**、苦しい状況に追い込まれた領民がさらにキリスト教に救いを求めて**隠れキリシタン**になる、という悪循環に陥ってしまったのです。この隠れキリシタンは、その後約250年にもわたり代々教えを伝えていく**潜伏キリシタン**を生み、現在も多くの遺産が残り、遺構や教会は**世界遺産**にも登録されています。なお、この宣教師がいない状態でもキリスト教が存続していたことは、宗教史上の奇跡といわれています。

● 南蛮貿易と朱印船貿易

　江戸時代には、ポルトガルやスペインと行う南蛮貿易と、東南アジアと行う朱印船貿易の2種類の貿易がありました。

　南蛮貿易は室町時代から続いている貿易で、**ポルトガル**や**スペイン**を相手に行われました。主に鉄砲や火薬、時計、ガラス、生糸、綿織物を輸入し、銀を輸出していました。ポルトガルとスペインはカトリックの国だったため、南蛮貿易と布教は密接な関係にありました。そこでまずスペインと貿易を打ち切りました。ポルトガルは貿易量が多かったため、長崎の**出島**に限定して貿易を続けました。しかし、島原・天草一揆をきっかけに、幕府は布教活動を止めなかったポルトガルの来航も禁止し、南蛮貿易は終了しました。

　朱印船貿易は、江戸幕府から与えられた朱印状を持った大名たちが、**東南アジアを相手に行った貿易**で、主に**生糸や綿織物、砂糖**などを輸入し、**銀や銅、硫黄、刀剣**を輸出していました。オランダとイギリスも朱印状を与えられて、長崎県の**平戸**に商館を設けて貿易していました。一方、マニラやアユタヤなど東南アジア各地に日本人が移住し、**日本町**が作られていきました。一時は1万人規模にまで人口が増えたところもありましたが、日本人の渡航と帰国が禁止されてからは、日本人の出入りが途絶えたため、衰退して現地の民族と同化し

ていったと言います。なお**オランダ**はキリスト教国ではありましたが**プロテスタントの国**だったため、貿易と布教は切り離されていました。そのため、ポルトガルの来航を禁止してからは**オランダ人を出島に住まわせ、貿易を続けています**。そのオランダはヨーロッパの情勢を記した**オランダ風説書**（ふうせつがき）を江戸幕府へ提出し、これにより幕府はヨーロッパの情勢を把握していました。

　ちなみにイギリスは鎖国以前に採算が合わないことから撤退し、フランスはまだ日本に来ていません。**中国**とは鎖国後も貿易を続けており、貿易額が一番多い国になっています。朝鮮とも**朝鮮通信使**を通じて連絡を取り合い、琉球とも**琉球使節**を通じて、蝦夷地も**松前藩**を通じてアイヌ民族とやり取りが行われていました。

　その頃、イギリスでは**クロムウェル**をリーダーとする**ピューリタン革命**（清教徒革命）（せいきょうと）が起こり、絶対王政が崩れて共和国となりました。10年後には**王政復古**（おうせいふっこ）が起こり、また王政に戻ってしまいますが、絶対的な権力を持っていた国王が市民によって権力を奪われるという世界初の革命が起こったことは、その後のヨーロッパに大きな影響力を与えました。そしてこれが後に人権の考え方に影響を及ぼすことになります。

江戸時代の政治

徳川綱吉の政治と日本の教育の発展

話は**家康**が江戸幕府を開いた頃までさかの
ぼります。征夷大将軍となった家康は、20
代前半の**林羅山**という若者に出会いました。
羅山は非常に勉強熱心な若者で、お寺で儒学
を学んだことから独学で儒学の新しい学問体
系であった**朱子学**を学び、さらに独白の教育
論を持っていたことから家康に紹介されたの
です。家康はこの考え方をとても気に入り、

徳川綱吉

すぐさま相談役として取り立て、上野に広大な敷地を与え、**徳川家の学問を任
せました**。これが林家の私塾となり、徳川家の教育を担っていくことになりま
す。ちなみにこの羅山は、大坂冬の陣のきっかけとなった、**方広寺鐘銘事件**で
「国家安康」「君臣豊楽」という鐘銘を家康批判にこじつけた人物です。

5代将軍**徳川綱吉**も羅山が作った林家の私塾で学び、朱子学を非常に熱心に
勉強しました。そこから武力で支配する**武断政治**よりも、学問と教育で統治す
る**文治政治**にするべきだという考えを持つようになります。そのためには**学
問を広く普及させなければならない**と考え、勉強する場所として**湯島聖堂**を建
てて林家の私塾を移し、幕府の関係者に**朱子学を奨励**しました。それから約
100年後、ここに各地の武士も学べる場所として幕府直轄の**昌平坂学問所**が
開設され、日本各地の藩にも**藩校**が設置されるようになりました。このことか
ら、湯島聖堂は日本の学校教育発祥の地とされています。

この学問所は明治時代まで続き、日本の**学問と幕末に大きな影響**を及ぼしました。例えば『戊戌夢物語』という異国船打払令を批判した本を書き、蛮社の獄で処罰された**高野長英**、同じくモリソン号事件を非難して処罰された**渡辺崋山**、奇兵隊の**高杉晋作**、樺太千島交換条約を締結した**榎本武揚**は昌平坂学問所で学んでいます。さらに昌平坂学問所の学長である佐藤一斎や彼が著した書物『言志四録』に影響を受けた人物が、**佐久間象山**とその弟子の**勝海舟**、**吉田松陰**、**坂本龍馬**、そして**西郷隆盛**です。

幕末から明治にかけて活躍するこれらの人物は、上記のように家康が林羅山を登用したことをきっかけに誕生したわけです。そしてこの学問所は現在の**東京大学**をはじめ、お茶の水周辺にある大学の発展にも関わっていくことになったのです。

● 実は悪法ではない生類憐みの令

綱吉と言えば有名なのは**生類憐みの令**でしょう。非常に厳しいルールで、一時は三大悪法の一つにも数えられましたが、現在ではその考え方が変わってきています。なぜそのような法令が出されたのか、後世にどんな影響を及ぼしたのかを見てみましょう。

綱吉は跡取りができなかったので占ってもらったところ、生き物を大切にしろと言われました。前述のように、綱吉自身が朱子学を学び殺生を好んでいなかったので、すぐさま犬を大切にしろという法令を出しました。しかしそれでも子どもはできなかったので、犬以外も殺してはいけないと考え、改定を重ねていきました。それがどんどんエスカレートし、最終的には「蚊やハエを叩いて殺したら島流し」というところまで過激になってしまいました。このように追加に追加を重ねて出された法令の総称を生類憐みの令と言います。これらのルールが厳しかったことに加え、犬を守るために、中野には16万坪という新宿御苑にも匹敵する広大な敷地を確保して犬小屋をつくるなど、**過度な支出も幕府の財政を圧迫**したことが、悪法と位置づけられた要因です。

しかし最近はこの法令によって、「命を大切にする」という考え方が日本に浸透していったと考えられています。実際これ以降、力ずくで権力を奪う下剋上の風潮はなくなっていき、現在でも命は大切にしなければならないという考え方が根付いています。これが綱吉の死後150年も江戸幕府を保てた要因であり、文治政治の強力な原動力になったと考えられています。

　なお、そこまでしても綱吉には跡取りができなかったため、結局甥の家宣が跡を継ぐことになりました。綱吉は家宣へ生類憐みの令だけは存続するように伝えて亡くなりましたが、儒学者であり家宣の先生であった新井白石により即刻廃止されました。しかし一気にすべて廃止したわけではなく、死体遺棄に関する法令や、病人や捨て子の保護に関する法令は継続し、子どもや弱者を社会で守っていく考え方が根付いていくことになりました。殺伐とした幕末の中で

深掘り！解説　人間と犬

　縄文時代には、すでに犬は狩猟犬として飼われていたと考えられています。一方で食用の家畜として飼われていた可能性があるという説もあります。飛鳥時代は犬を含む獣の肉を食べることを禁止する令が出されていることから、犬は食用だったことが窺えます。しかし飛鳥時代の令は貴族や仏教を中心とするものだったため、庶民にまで獣肉の禁止は広まっていません。江戸時代に入った頃には、武士や上流階級、そして仏教徒は肉ではなく、魚介類を食べていました。これが現在の和食のルーツです。愛玩用として犬を飼うことが流行りだしたのもこの頃だと考えられています。しかし庶民の間では犬は食用という考え方が一般的でした。そのため、江戸時代はペットとしての犬と食用としての犬という考え方が混在していたのです。そんな時代に綱吉の生類憐みの令が出されました。これにより、庶民レベルにまで犬は食用どころか傷つけることすら許されなくなりました。こうしてペットとしての犬という考え方が残り、犬食は衰退していきます。実はアジアでは中国をはじめ、現在も犬食の文化が残っている国や地域が多数あります。ですから、綱吉がいなければ、犬は生鮮食品コーナーに並んでいた可能性があるのです。

も、**武力では解決できない**という考え方につながり、開国して政治で欧米諸国と渡り合う方法を模索していくことにつながっていくのです。

🔵 新井白石による正徳の治

綱吉の死後、**家宣**が6代将軍になり、自身の先生であった儒学者の**新井白石**を登用して政治を行いました。しかし家宣は高齢で、数年で病にかかり死去したため、7代将軍に**家継**が就任しました。ところがなんと3歳と歴代最年少だったため、実質的な政治は教育係でもあった新井白石がそのまま引き継ぐことになります。しかし家継もわずか数年で命を落とすことになります。

新井白石

わずか数年の間、実質的な政治を担った白石は、まず財政を圧迫していた要因である生類憐みの令を次々と廃止し、質の悪い貨幣を駆逐するために正徳金銀を鋳造し、貨幣の質の向上に努めました。江戸時代になると、金貨銀貨の鋳造技術が国内でも向上したため、江戸や京都では流通していたのです。この時の金貨銀貨の価値は純度がいかに高いかで決まっていましたが、純度を上げると作れる枚数が少なくなります。綱吉の時代には災害復興などの大規模な支出が重なり、財政は赤字に転落していました。そこで**混ぜ物で純度を下げて量産していった**のです。こうすると市場に金貨銀貨が出回る量が増え、流通量が増えると景気が良くなってくるため、物価も上がってきます。一見、景気が良くなるならそれで良さそうな気がしますが、貨幣価値そのものを下げているため、幕府が信用を失うのは時間の問題です。形は同じ貨幣でも、本当は入っているはずの金が、実際にはそれより少ないわけですからね。当時は重さで測っていましたから、「金貨1枚では重さが足りないから2枚じゃないと買えない」といった感じで物価が上がってしまうのです。

この状態を解消すべく**純度を上げて作られたのが正徳金銀**です。これにより貨幣の流通量を減らせたので物価の上昇に歯止めをかけることはできましたが、あまりに急激な措置だったため、今度は物価が下がっていく**デフレに陥ってしまいました**。デフレに陥ると、物価が下がっていることから収入も下がり、不景気になってしまうのです。例えば昨日まで200円で売れていたものが、100円に値段が下がり、安くなって良い気がしますが、お店の売上は減ってしまうため、働いている人の給料も20万円だったのが10万円に減ってしまいます。こうなると生活が苦しくなってしまいますね。

また、金は**貿易によって国外へも流出**していました。貿易で国外へ金を輸出するということは、国内の資金が失われていくことを意味します。そのため、白石は**貿易も制限**することで、金の流出を食い止めました。これら白石が行った財政政策を**正徳の治**と言います。

🌑 徳川吉宗による享保の改革

新井白石の政治は原理として間違っていませんでしたが、あまりに急激な改革だったため市場がついていけず、混乱してしまいました。そこで8代将軍に就任した**徳川吉宗**は、それらを是正するため様々な改革を行いました。なお、この改革には吉宗の生い立ちが関係しているため、その部分から見てみましょう。

徳川吉宗

吉宗は紀州藩の2代藩主の四男として生まれました。紀州藩は一応親藩ではありましたが、吉宗は四男なので、紀州藩の藩主になる可能性すら低かったのです。本人もそれをわかっていたからか、子どもの頃は好き勝手やって過ごしていたと言います。ところが、跡取りになる予定だった兄、さらには将軍の跡取り候補までもが次々と死んでしまったため、突然紀州藩主になり、さらには

将軍にまでなることになってしまったのです。

　そんな生い立ちからか、非常に庶民寄りの考え方の持ち主で、紀州藩主の時はお忍びで町へ出かけ、庶民と交わることもあったと言います。そんな逸話から作られた「暴れん坊将軍」というテレビドラマをご存じの方も多いでしょう。こうして庶民に近いところから将軍になったため、大胆な改革ができたと考えられています。

　吉宗は将軍に就任すると、まず**新井白石を罷免**してしまいます。通常は自身の政治がやりやすいように、自分の考えに近い人物を周辺に置くものですが、なんと**適当に選んだ人物を連れてきて要職を任せた**と言います。そして次々と改革を行っていきます。中でも有名なのは**目安箱の設置**でしょう。これは庶民の意見を取り入れるためのもので、まさに吉宗らしい政策の一つです。また**公事方御定書**という、裁判の基準になるものを作りました。これも庶民のトラブルをよく知っていたからこそ作れたと言えます。

　財政政策としては、**武士に質素倹約を命じ**、消費を抑えようとしました。この時代の武士は、幕府や大名からお給料としてお米をもらうことで生活していたため、武士への給料が減らされれば、幕府の支出が抑えられると考えたのです。今でいうなら、公務員の給料カットみたいな感じですね。それを要求するからには自身も身を切らなければならないということで、江戸幕府そのものの支出にもメスを入れます。その中でも有名なのが**大奥の削減**です。大奥とは将軍の跡取り候補をつくるために女性を囲い込んでいた場所でしたが、4,000人以上もの人員を置いて贅沢三昧だったため、3分の1までリストラしてしまったと言います。その際「容姿の美しい者は大奥を出てもやっていける」として優先的に解雇したことは有名で、まさに吉宗でなければできなかったであろう改革だと言われています。

　同時に、お金としての役割を持つお米の収穫量を上げるため、**新田開発を命**

じました。お米の収穫量が少なくなると、お米の価値が上がってしまうため、収穫量を増やして価値を安定させようとしたのです。さらに参勤交代を半分にするから、1万石につき100石を差し出せという**上米の制**を行いました。確かに参勤交代では消費されてしまいますから、その分を直接幕府へ献上しろというのは合理的ではあり、実際幕府の財政には貢献しましたが、米を幕府がかき集めるということは、庶民に回る米が減るということになるため、**米の値段が上がる**ことを意味します。さらに米商人が米の値段を意図的に吊り上げようとしているという誤解が生じたため、江戸で初めて打ちこわし（**享保の打ちこわし**）が起きてしまいました。

　さて、これらの政策は確かに一時的には効果を上げましたが、結局そのしわ寄せが巡り巡って庶民に向かってしまったため、農民の不満が増していきました。さらに西日本を中心に凶作に見舞われ、**享保の大飢饉**が発生し、餓死者が大量に出てしまいました。この時の教訓から、蘭学者である**青木昆陽**に命じて凶作対策として**サツマイモの栽培**の研究をさせています。これが後に日本全国でサツマイモ栽培が盛んになるきっかけとなるのですが、こうして行われてきた政策が、長期的に見ると各藩が財力を蓄えることに結びついてしまい、**倒幕の財源**を生み出してしまいます。庶民のために死ぬまで全力を注いだ吉宗の政策が、結果的に幕府を倒す財源を生むことになるとは、なんとも皮肉なものですね。これら吉宗の改革を**享保の改革**と言います。

深掘り！解説　産業革命

　1760年頃から1830年頃の間に、イギリスで**ワット**が**蒸気機関の実用化**に成功すると、水蒸気を動力として機械が動かせるようになりました。これにより安く大量に製造できるようになり、綿織物や製鉄、鉄道、造船、そして武器も進化していきました。この産業と社会の仕組みがガラッと変わった出来事を、産業革命と言います。この革命はイギリスからアメリカへと影響を及ぼし、開国後の日本にも影響を与えることになります。

● 江戸三大改革から外された田沼意次の改革

　吉宗が亡くなると、今度は**田沼意次**
が経済的な分野で政治に携わるように
なりました。さて、田沼意次の登場には、
実は吉宗が関係しています。吉宗が将
軍になったときの**適当な人選の一人に**、
田沼意次の父親がいたのです。当時彼
は足軽の身分だったので、吉宗の気ま
ぐれで選ばれなければ、幕府に直接か
かわることはなかったはずです。さら

田沼意次

にその子どもであった田沼意次は実力もあったことから、幕府常設の最高職で
ある**老中**に抜擢されることになったのです。

　田沼意次は、同業者組合である**株仲間**を奨励し、特権を与える代わりに営業
税を納めさせるという政策を行いました。これは同じ商売、サービスを売る人
たちがテリトリーを決め、競合しないようにするもので、競合しなければ商品
の価格を吊り上げられるため、その分営業税を高く取れるという仕組みです。
例えばとある中学校の制服を扱っているお店が一軒しかなかった場合、その中
学校に通うためには、たとえどれだけ高くてもその取扱店から買うしかありま
せん。このように**必需品の市場を独占**してしまえば、値段が下がる心配がない
ので、確実に売上を上げられるというわけです。これを幕府公認で行わせる代
わりに、**営業税として高い税金を取る**という方法で幕府の収益を改善していき
ました。この方法は非常に合理的ではあったものの、物価が上がり庶民はどん
どん貧困に追いやられます。また、より効果的な独占権を得ようとして、**賄賂**
が多発し、お金を持っている人が有利になる政治になっていきました。さらに
浅間山の噴火や**天明の飢饉**が重なり、庶民の怒りは一気に高まっていきました。
これが日本各地の**百姓一揆**や**打ちこわし**へとつながってしまいます。

　また、これまでの幕府は貿易を制限することで金銀の流出を防ごうとしてい

ましたが、田沼意次は中国料理の食材となる俵物（いりこ、干しあわび、ふかひれ）の**輸出を拡大**し、輸入時の**支払いは全て銅**にしました。さらにその**銅の生産と流通を幕府が管理**するという専売制を敷いたため、金銀を流出させずに各藩が貿易で得た利益を幕府に流す仕組みを作り上げました。なお、残念ながら失敗してしまいましたが、米の生産量を増やすために**印旛沼**を干拓しようとしたり、俵物の輸出を拡大するために、**蝦夷地**を開拓してロシアと貿易しようとしたりしていたと言います。

これらの政策はまさに資本主義社会の原理に基づいたもので、**現在でも通用するような非常に優れた現実的な政策**でした。実際に幕府の財政を潤わせることにも成功しましたが、当時としては斬新すぎて、その恩恵が庶民へと巡っていく前に賄賂政治家として反感を買ってしまいます、幕府としても失脚させざるを得ない状況にまで追い込まれてしまったのです。そのため、幕府は田沼意次の政治を成功例として掲げるわけにはいかず、後に**江戸三大改革と言われるようになる改革からは外される**ことになってしまいました。

なお、この頃に**アメリカがイギリスから独立**しています。この時はまだ 13 の植民地（武力で占領された土地）が協力するという形で**独立宣言**が行われており、この宣言の中には人権に関するものも書かれていました。これが約 15 年後に**フランス革命**で出された**人権宣言**にも大きな影響を及ぼし、人権に関する考え方が世界中へ広がっていくことになります。

● クリーンな政治で非難を浴びた寛政の改革

田沼意次が失脚すると、老中**松平定信**はお金にクリーンな政治を目指して幕府の名誉を回復しようとします。そこで行われたのが**棄捐令**と言われる、いわゆる**借金取消令**です。これにより旗本や御家人の財政を救済することには成功しましたが、借金を帳消しにしろと言われた**札差**と言われる金融業者はたまったものではありません。この法令で**金融経済は大混乱し、お金を貸してくれるところがなくなってしまった**ため、かえって旗本や御家人を苦しめる結果

となってしまいます。鎌倉幕府の時の
徳政令と同じですね。

松平定信

　また、度重なる飢饉に対する危機感
から、農民の**出稼ぎを制限**し、さらに
**綿花や菜種などを除いた商品作物の栽
培を制限**することで、米の収穫量を上
げようとしました。お米は保管するこ
とができるので、いざというときのた
めに蓄えさせる**囲い米**も義務化しまし
た。当時の農民は、農業だけではやっていけないくらい困窮していたため、都
市へ出稼ぎに出て日銭を稼いだり、お米以外のお金になる商品作物を栽培した
りして何とかやりくりしていたのです。そうすると農業がおろそかになり、お
米の収穫高が減ってしまうため、**とにかくお米を作らせるために制限をした**の
です。しかし農民もやりたくて農業以外に手を出していたわけではありません。
生きるために仕方なく手を出し始めたのがきっかけです。そのため、この厳し
い制限に対する庶民の反発は日に日に増していきました。大坂で元役人が起こ
した**大塩平八郎の乱**も、こうした不満から起こった乱の一つですね。

　これらの改革を**寛政の改革**と言い、この政策があまりに厳しかったため、**「白
河の　清きに魚も　すみかねて　もとの濁りの　田沼恋しき」**という狂歌が流
行りました。「白河」は元白河藩主の松平定信を指し、「田沼」は田沼意次のこ
とを指します。つまり、松平定信の行う清きクリーンな政治は、最初は良かっ
たんだけど、結局賄賂で（田んぼや沼の水のように）濁っていた、田沼意次の
時代のほうが生活しやすかったなぁ、という皮肉です。時代の先を行き過ぎて
いた田沼の政策の本質を、幕府がフォローしきれなかったことが悔やまれます
ね。なお、綱吉が作った湯島聖堂を幕府直轄の**昌平坂学問所**にし、**朱子学一本
に統一**してそれ以外の学問を禁止したのもこの改革の時です。

また、この頃に、ロシアから根室へ**ラクスマン**が来て、日本に通商を求めています。開国を求めて最初に日本に来たのは、実はペリーではないんですね。しかしロシアと通商を考えていた田沼意次とは違い、松平定信は慎重派だったため、幕府はこれを拒否します。なお、この時根室への入港が許されたのは、この船が10年前に漂流してロシアに流れ着いてしまった**大黒屋光太夫**を日本へ送り届ける目的だったからです。光太夫は日本へ送り届けられると、幕府にロシアでの出来事を話し、松平定信もその話に興味を持ったため、改めてロシアと交渉しようと思いましたが、幕府には反対派が多く、認められませんでした。その12年後には長崎へロシアから**レザノフ**が来日して通商を求めましたが、幕府は再度拒否します。これ以降、ロシアが砲撃や略奪行為をしたり、イギリスのフェートン号が長崎港に不法侵入したり（**フェートン号事件**）と、**ルールを守らない外国船が増加**したため、**異国船打払令**を出して、特定の国の船以外は、問答無用で砲撃をするように通達が出されます。もしラクスマンがあと20年早く来て、田沼意次と話をしていたら、開国は全く違う形でなされていたかもしれませんね。

● 幕府最後の悪あがき、水野忠邦による天保の改革

　松平定信による政策もあまりうまく行かず、混沌とした時代がしばらく続いた後、老中**水野忠邦**はさらに強硬な政策で財政の立て直しをしようとします。その一つが**人返し令**で、出稼ぎに来ていた江戸にいる農民を強制的に村へ帰して、米作りをさせようとしました。また**倹約令**を出して、風俗を取り締まり、贅沢を禁止しました。ここで言う風俗とは、今で

水野忠邦

言うところの風俗の意味もありますが、芸能も含めた広い意味での大人の娯楽を指します。これらは**庶民の楽しみを奪う**ことにつながってしまったため、当然庶民からは反発をくらいました。

さらに物価の高騰を防ぐために、**株仲間を解散**させ、また江戸や大坂周辺の**領地を幕領にしようとした**ため、大名や旗本も反発しました。これらの政策による混乱は大名から農民まで、あらゆるところに波及し、**百姓一揆や打ちこわしといった各地の反乱につながった**ため、水野忠邦は失脚します。こうして日本中が大混乱のまま、ペリー来航の時を迎えることになったのです。

なお、吉宗の享保の改革、松平定信の寛政の改革、水野忠邦の天保の改革をまとめて**江戸三大改革**と言われますが、**成功と言える改革は一つもありません**。実は賄賂を横行させ、お金を持っている人に有利な政策をした田沼意次の改革が一番現実的かつ効果的だったことになります。しかし、権力者が得をして、弱い立場の者が搾取されるあたりは、現代と同じように資本主義社会の縮図がこの時代にも表れている気がしますね。

深掘り！解説

アヘン戦争

　天保の改革の1年前に、**イギリスと清**（中国）の間で**アヘン戦争**が勃発しました。イギリスは清から茶を輸入していたのですが、そのために大量の銀が清へ流出してしまい、イギリス経済が傾いてしまいます。そこで植民地の**インド**にアヘンを作らせ、それを清に売りつけることで銀を回収する**三角貿易**と呼ばれる手法を用いたのですが、売りつけたのが**麻薬**だったこともあり、戦争になってしまったのです。しかし当時イギリスはすでに産業革命を経て技術の進化も著しかった一方、清はまだそこまで技術が発展していなかったため、あっという間に勝敗が決まってしまいました。当時、国力は国土の面積が基準となっていたので、**小さな国のイギリスが、大きな国の清に勝ってしまった**ということは世界中を驚かせ、日本にも衝撃を与えました。この出来事から、後に武力では欧米に勝てないので、まずは開国して技術を手に入れ、対等に渡り合える力をつけよう、という考えが日本に広がっていくのです。

●江戸時代の政策の流れ

1612 年　禁教令 ◄─────────────────外国による影響を抑えようとした ─┐

1615 年　武家諸法度
1635 年　武家諸法度に参勤交代を追加 ◄── 大名の勢力をコントロール
1641 年　鎖国体制が完成

1685 年　生類憐みの令 ◄────── 武断政治から文治政治へ ─┐
1709 年　正徳の治 ◄───────── 貨幣の質の向上と金の流出阻止 ┤
1716 年　享保の改革 ◄───────── 質素倹約 ─┘
1772 年　田沼意次による政治 ◄── 独占と賄賂による経済の活性化　　　　　財政難
1787 年　寛政の改革 ◄───────── 飢饉対策と農民の生活の制限
1825 年　異国船打払令 ◄───────
1841 年　天保の改革 ◄────── 贅沢の禁止

1854 年　日米和親条約 ─┐
1858 年　日米修好通商条約 ├ 幕府の迷走
　　　　　安政の大獄 ─┘

1867 年　大政奉還 ─────────► 江戸幕府に終止符

江戸時代の学問や文化

🔵 日本の医療の原点を作ったシーボルト

　ドイツ人の医者であった**シーボルト**は、オランダ商館の医師として来日しました。当時の日本は鎖国中でヨーロッパではオランダだけが交易を許されていたため、オランダ人として入国する必要があったのです。日本に来たシーボル

トは長崎に鳴滝塾を開き、西洋医療を日本に広めていきました。彼の生徒には、後にモリソン号事件を非難して処罰された（蛮社の獄）蘭学者の一人となる高野長英もいました。

また、シーボルトは楠本お滝という日本人女性と結婚し、2人の間にできた楠本イネは日本人初の女医（産婦人科医）となったと言われています。当時は医師免許がなかったため自称ではありますが、後世へ影響を及ぼしているのは間違いありません。なお、シーボルトは子どもを作ってすぐにシーボルト事件で捕まってしまい、国外追放となってしまったため、娘には会っていないそうです。このシーボルト事件とは、伊能忠敬が作成した日本の測量図の写しを持ち出そうとした事件ですが、国外追放となったシーボルトは日本のことを本で紹介し、日本の様子がヨーロッパに広まっていくことになります。樺太と大陸の間にある海峡を間宮海峡として紹介したのもシーボルトです。

日本に西洋医学の知識が入ってくると、蘭学として西洋医療が広まっていきました。それまで人間の体の仕組みについては、幕府から腑分け（解剖）を禁止されていたため、よくわかっていませんでした。それをこっそり研究したのが、杉田玄白です。彼は前野良沢らとともにヨーロッパの解剖書を翻訳して『解体新書』として出版しています。これが後の医療に大きく貢献することになりました。また、大坂では緒方洪庵が適塾を開き、蘭学を広めています。ここの生徒の中には、後に慶應義塾をつくり、『学問のすゝめ（学問のすすめ）』を著した福沢諭吉がいました。

なお、医者がカルテをドイツ語で書くのは、当時オランダから入ってきた蘭学書は、もともとドイツ語の本をオランダ語へ翻訳したもので、シーボルトがドイツ人だったことからもわかる通り、ドイツの医療が西洋医学のベースとなっていたためと考えられています。現在となってはドイツ語ではなくても良さそうですが、カルテの内容を患者に理解されないように、日本語と英語は避けてドイツ語が採用されているという話もあります。

江戸時代の通訳と方言

　　　江戸時代、外国語を話せないはずの日本人はどうやって外国人と話をしたのでしょうか。実は漂流して帰ってきた日本人、もしくは日本で生活した外国人が結構いたため、彼らを通して翻訳し、辞書も作り、教育もしていったと言います。例えばロシアに漂流しラクスマンとともに帰国した**大黒屋光太夫**もその一人でした。土佐藩出身の**ジョン万次郎**もアメリカの捕鯨船に助けられて、約10年も外国で生活したことから通訳を担当し、辞書も作成しています。オランダ語に関しては、鎖国中もオランダとは貿易をしていたことから、早くから辞典が作られ、日本国内でも翻訳やオランダ語の勉強が行われていました。一方で江戸時代に**関所を設けて人の行き来を制限**したため、それぞれの地域でそれぞれの言葉や言い回しが育まれることになりました。それが現在でも**方言**として残っています。

🔵 元禄文化

　江戸時代前期に大坂・京都の上方を中心として栄えた町人文化が元禄文化(げんろくぶんか)と言われます。小説家として有名な**井原西鶴**(いはらさいかく)は、庶民の生活を描いた「浮世草子」(うきよぞうし)を書いています。この中にはお金を中心とした町人の生活を描いた『日本永代蔵』(にっぽんえいたいぐら)や『世間胸算用』(せけんむねさんよう)、人々の欲望を描いた『好色一代男』(こうしょくいちだいおとこ)や『好色五人女』といった作品があります。俳諧師(はいかいし)である**松尾芭蕉**(まつおばしょう)が『おくのほそ道』を書いたのもこの時期です。松尾芭蕉の俳句は現在でも日本各地の観光スポットに残っています。歌舞伎の脚本作家として有名な**近松門左衛門**(ちかまつもんざえもん)は、人形浄瑠璃(にんぎょうじょうるり)を完成させました。中でも『曽根崎心中』(そねざきしんじゅう)という作品は全国的なヒットを記録し、あまりの心中ブームに実際に心中してしまう人が急増したため、幕府が心中物禁止令を出したほどです。国学は、**本居宣長**(もとおりのりなが)が古事記を研究し、『古事記伝』という古事記の注釈書を著しました。これは歴史の教科書にあたるもので、現在でも古代の日本を知る上で重要な書物となっています。

　絵画では、**菱川師宣**(ひしかわもろのぶ)が「見返り美人図」を描き、美人画ブームが巻き起こりました。それまで、女性の顔と着物の後ろを同時に描くことはなかったのです

が、振り返らせることで同時に描いてしまうという画期的な絵でした。俵屋宗達は「風神雷神図」「関屋澪標図」といった大和絵を独自の技法で作り、その弟子の尾形光琳は屏風絵で「燕子花図」「紅白梅図」という作品を残しています。

● 化政文化

　江戸時代後期に江戸を中心として栄えた町人文化を化政文化と言います。劇作家である十返舎一九は、旅の道中で見たり聞いたりした話を、ブログのような感覚で『東海道中膝栗毛』で描き、人気を得ました。式亭三馬は銭湯で聞いた世間話をもとに『浮世風呂』という小説を書きました。滝沢馬琴は『南総里見八犬伝』という長編ファンタジーを書いて人気者になっています。俳句では与謝蕪村が、現在の国語の教科書にも出てくる有名な俳句をいくつも詠んでいます。小林一茶は、人生について語った『おらが春』という日記風の随筆及び発句集で有名になりました。

　絵画では喜多川歌麿が女性の上半身や顔をアップにした、今でいうグラビアのような構図の美人画を描き、葛飾北斎は「富嶽三十六景」という富士山を様々な場所から見た絵をシリーズものとして描いて人気が出ました。そして北斎の影響を受けた浮世絵師の歌川広重（安藤広重）は「東海道五十三次」を描いています。生い立ちもその後も謎の多い東洲斎写楽は、誰もが見たことがある独特な役者絵を描いています。

開国と尊王攘夷運動

黒船来航とその影響

1853年、アメリカのペリーが4隻の軍艦を率いて、神奈川県の浦賀に現れました。そして江戸幕府に対して開国を要求しました。当時の日本の船は木造の帆船でしたから、鉄でできた巨大な蒸気船は非常にインパクトがあり、しかも一部は江戸の目の前まで侵入してきたため、その事実は瞬く間に日本中へと広がっていきました。しかし実はこれには裏話があります。ペリーが来る7年前にも、アメリカの軍艦が浦賀

ペリー

に来ているんですね。そして通商を求めるも、拒否されて撤退しているのです。これを受けてペリーが立てた計画が、**巨大な蒸気船で軍事力を誇示して開国させる**という方法だったのです。この狙いは見事に的中し、日本は開国か、応戦かで意見が分かれることになります。

混乱した江戸幕府に対して、ペリーは「1年後にまた来るから、その時に返事を聞かせてくれ」と言い、一度帰還します。何とか考える時間を確保できそうだと思った日本は、どうするべきか話し合いますが、一向に話はまとまりません。そうこうしているうちに半年経ち、何とペリーは**半年で再来して脅してきた**のです。もちろんこれもペリーの作戦で、再び混乱に陥った江戸幕府は、**勅許（天皇の許可）を得ず**に**日米和親条約**を締結してしまいます。この条約は、アメリカ船への食料や水、石炭の供給を認めるというもので、**下田**と**箱館**の2港のみをそのために開くというものでした。当時は補給なしで太平洋を往復す

るのは厳しかったため、アメリカは帰りの分の食料や燃料を補給する場所が欲しかったのです。この時点ではまだ貿易を認めたわけではないので、幕府はセーフだと考えていたのです。

　しかしその2年後の1856年にアメリカは再び来航し、総領事の**ハリス**は貿易も要求してきました。そのため**大老**の**井伊直弼**は反対派を押し切って、1858年に**日米修好通商条約**を締結してしまいます。こうして**神奈川（横浜）、兵庫（神戸）、箱館、長崎、新潟**の5港を開港し、さらに**関税自主権**がなく、**領事裁判権（治外法権）**を認めるといった不平等な内容を押し付けられることになりました。井伊直弼は、これを非難した大名や武士、公家を次々に処罰していきます。この事件を**安政の大獄**と言います。この時に処罰された人の中には幕末の志士を育てた**吉田松陰**、そしてなんと江戸幕府最後の将軍となる**一橋（徳川）慶喜**も含まれていました。これが幕府内でも亀裂を生み、慶喜の出身である水戸藩浪士らが中心となって井伊直弼を暗殺する**桜田門外の変**が起きてしまったのです。

> **深掘り！解説　関税自主権と治外法権**
>
> 　**関税自主権**とは、輸入品に対して自分の国で独自に関税を設けて、自国の経済を守る権利のことです。例えば小麦は日本でもアメリカでも生産しています。しかし狭い土地でちまちまと作っている日本の小麦に比べて、広大な大地で大量に作っているアメリカの小麦は圧倒的に値段が安くなります。そのため関税をかけて日本産と同じくらいの値段になるように調整するのですが、この関税をかける権利がなかったのです。そのため、そのまま安い値段で売ることになると、**日本産の小麦が売れなくなってしまう**ため、日本から小麦を生産する農家がいなくなってしまう可能性が出てきてしまうのです。
>
> 　**治外法権**とは、外国人は滞在する国の法律に従わなくてもよい、という権利で、その中でも何か事件が起きた時には自国の法律で裁判を受ける権利のことを**領事裁判権**と言います。**1886年**にイギリスの貨物船ノルマントン号が沈没した際（**ノルマントン号事件**）、日本人の乗客を見殺しにしたイギリス人船長が、この権利によって無罪となると、日本では反感が広まっていきました。

● 尊王攘夷運動と薩長同盟

　江戸幕府の混乱ぶりから、天皇を中心とした国にまとめあげようという運動が起きました。この考え方を**尊王**と言います。同時に外国に屈服せず、追い払おうとする運動も起きました。この考え方を**攘夷**と言います。これらが入り混じって、尊王でも開国派、攘夷でも幕府派がいました。しかし有名な幕末の志士には尊王攘夷派が多かったため、教科書では**尊王攘夷運動**とひとくくりにされています。ですから同じように見えても、微妙にズレた意見が多数出てくることで、混乱が加速していくことになりました。そのような中でひときわ大きな役割を担っていくことになったのが、薩摩と長州、そして土佐でした。

　長州は**吉田松陰**の門下生が多かったこともあり、尊王攘夷派が多数を占めていました。その筆頭が後に**奇兵隊**を作った**高杉晋作**、後に明治新政府で**木戸孝允**として活躍する**桂 小五郎**でした。そして後に初代内閣総理大臣となる**伊藤博文**も、奇兵隊のメンバーでした。彼らは何とか天皇中心の政治体制に戻そうとして朝廷に掛け合いましたが、同時に倒幕を目論んでいたことがばれてしまい、**会津・薩摩を中心とする連合軍**に攻撃されてしまいます。この事件を**禁門の変**（**蛤御門の変**）と言います。この戦いは非常に激しく、京都では約３万戸が焼失してしまいます。そしてこの事件の後、**長州は朝敵**とされてしまったのです。

　薩摩が攘夷を明確にしたのは、**生麦事件**がきっかけでした。神奈川県の生麦村で、薩摩藩の大名行列を乱したイギリス人を、薩摩藩士が殺傷したのです。これに対してイギリスは幕府と薩摩藩に犯人の引き渡しと賠償金を要求してきたため、幕府は賠償金を支払いましたが、薩摩藩は拒否します。すると、イギリス艦隊は鹿児島湾を攻撃し、**薩英戦争**へと発展してしまいました。この戦いで大きな被害を受けた薩摩は攘夷を一転させ、なんと**イギリスと和平交渉をして軍艦を購入**します。つまり、戦うよりもその武力を味方につけたほうがいいと考えたのです。

薩英戦争の翌年には、**長州**が下関海峡を通過するフランス、アメリカ、オランダの船を攻撃します。これを受けてイギリス、フランス、アメリカ、オランダの連合艦隊も下関を攻撃しました。これを**下関戦争**と言います。この戦争の被害はそこまで大きいものではありませんでしたが、長州は朝敵と見なされていたこともあり、このままでは内戦でもやられてしまう可能性がありました。そこで「国が外国に乗っ取られるかというこの事態に、そんなことをしている場合ではない」と仲裁に入ったのが**坂本龍馬**らです。彼は薩摩の**西郷隆盛**と**大久保利通**に、「もしこのまま長州と戦えば、薩摩の被害もバカにならない。そうなれば幕府の思うつぼだ」と説得し、長州の**桂小五郎**には、「薩摩と手を結べば、イギリスの武器が手に入る。そうすれば倒幕もできる」と説得し、**薩長同盟**を結ばせました。教科書ではサラッと書かれている薩長同盟ですが、実際にはつい最近まで、敵として戦っていた関係です。そのため、何度も破綻しかけて、何度も説得しなおしたと言います。

　こうして苦労の末に達成した薩長同盟は、幕府も予想すらできない事態でした。イギリスも幕府が倒れてくれたほうが利が大きいと考えていたので、薩摩、長州、そして坂本龍馬の出身である土佐に協力します。実は最初土佐藩は、下級武士でありながら脱藩して好き勝手やっている龍馬を嫌っていましたが、龍馬と協力したほうが国のためになると考え、龍馬をバックアップしていきます。その人物が後に**自由民権運動**を行うことになる**板垣退助**と**後藤象二郎**です。特に後藤象二郎は教科書には出てこないものの、龍馬が示した**大政奉還**を前土佐藩主の**山内容堂**へ伝え、容堂が**徳川慶喜**へ進言したと言われています。これを受けて慶喜は大政奉還を決定し、新政府軍の**西郷隆盛**と、公家の**岩倉具視**によって**王政復古の大号令**が発令されました。こうしてギリギリのところで内戦を免れたため、被害を最小限にとどめて欧米諸国と対峙する力を残すことができたのです。

　ところが新選組をはじめとする武士の中にはこれに納得できない者もいて、薩長土を中心とする新政府軍と旧幕府軍の戦いが起きてしまいます。まずは京

都で鳥羽・伏見の戦いが起こり、新兵器を所有する新政府軍が圧勝します。これを見て慶喜は、このまま新政府軍と争っても消耗戦になるだけだと悟り、新政府軍の江戸攻撃に際し、恭順を示し、勝海舟・西郷隆盛の会談などにより**江戸城の無血開城**が実現します。こうして旧幕府軍は次第に東北へと追いやられていきました。**白虎隊**で有名な会津での戦いを経て、最後は箱館の**五稜郭の戦い**で旧幕府軍は降伏し、江戸時代は幕を下ろしました。これら一連の戦争をまとめて**戊辰戦争**と言います。

　なお、歴史としては、1867 年の大政奉還をもって江戸時代は終わり、ここからは明治時代となっています。約 250 年続いた江戸時代は、家康が取り入れた朱子学が幕末の志士を生み、遠くに置いた外様大名の藩が倒幕という形で日本を救う道を作り、家康が造営した二条城で慶喜が大政奉還を宣言することで終わりました。鎖国により技術革新に乗り遅れた日本でしたが、だからこそ日本独自の文化が発展したとも考えられますし、持ち前の異文化を受け入れる土壌を育てられたからこそ、明治になって一気に国力をつけられたとも考えら

深掘り！解説 教科書には出てこない有名人

　京都の治安維持は、もともと**京都所司代**と**京都町奉行**が担っていましたが、幕末は京都が荒れたため、治安維持のために急遽人員を募集しました。そうしてできたのが**新選組**です。彼らは**もともと農民や足軽の身分**だったため、武士として刀を持てることに喜びを感じ、幕府のために一生懸命役割を全うしようとしました。これが新選組の強さの秘密です。中でも隊長の**近藤勇**、箱館戦争（五稜郭の戦い）で戦死したイケメンの副長**土方歳三**、若くして結核で亡くなった**沖田総司**、そして後に警察官となった**斉藤一**が有名です。また戦いとは別の場所で活躍するのが**岩崎弥太郎**です。彼は坂本龍馬と同じ土佐藩出身で、商売やお金に関する才能があったことから、後に三菱を創業します。つまり、今の三菱グループの創業者ということです。五稜郭の戦いで旧幕府軍として指揮をした**榎本武揚**は、その後、敵として戦った**黒田清隆**にその能力を買われて罪を許され、開拓使となって北海道開拓に力を注ぐことになります。さらにその後ロシア駐在公使となり、**樺太・千島交換条約**を締結しています。

れます。一部分だけ切り取って見るのではなく、全体の流れの中で、**その歴史のピースがどういう影響を及ぼしたのか**という視点で見ると、現在とのつながりも見えてきて、歴史が楽しく感じられますね。

深掘り! 解説　戊辰戦争

　1867 年に徳川慶喜が大政奉還を行い、政権を天皇に返上しましたが、265 年も続いていた政治体制がすぐに変わるわけもなく、薩摩藩と長州藩が率いる新政府軍と、新選組や会津藩、紀州藩などが率いる旧幕府軍との間で小競り合いが生じます。そしてとうとう **1868 年**に両軍が衝突してしまいます。この戦いを**鳥羽・伏見の戦い**と言います。もともと内戦を起こしたくないから大政奉還を行った慶喜ですから、当然この戦いも望んでいません。そのため慶喜はすぐさま戦線離脱してしまいます。さらに江戸城についても**勝海舟**と**西郷隆盛**による話し合いが行われ、無血開城が成し遂げられました。勝海舟は**咸臨丸**の船長としてアメリカに渡った人物です。そのため欧米の事情に詳しく、幕府側の人間でありながら開国を主張する一人でした。また、勝海舟の弟子に坂本龍馬がいたことは有名です。こうして江戸では決着がついたものの、まだ旧幕府軍の抵抗は激しく、**若松城（鶴ヶ城）**では籠城戦が繰り広げられました。この**会津戦争**での白虎隊の勘違いによる自害の話は有名です。なお、この戦いで新政府軍を指揮していたのが**板垣退助**です。さらに北へと追いやられた旧幕府軍は箱館五稜郭を占拠して、北海道を拠点に新たな国（蝦夷共和国）を立ち上げました。もちろん新政府は認めるわけもなく、1869 年に**箱館戦争**が起こり倒されました。この戦いで新政府軍の陸軍を指揮していたのが、第 2 代内閣総理大臣となる**黒田清隆**です。こうして旧幕府軍と新政府軍の一連の戦い（戊辰戦争）は終結しました。

海外の動向

● アメリカ

1492年に**コロンブス**が西インド諸島（カリブ海の島々）に到着したことで、アメリカ大陸への航路が開かれました。アメリカには「インド」の名称がついた地域が多数ありますが、当時コロンブスはインドを目指しており、到着した場所をインドだと思い込んでいたことから、そのままインドの名称が残ってしまったのです。アメリカに到達したコロンブスは先住民であるインディアンを追いやりながら、スペイン領を作りました。こうしてアメリカ大陸にヨーロッパ各国が次々と進出して植民地化し、アフリカ大陸から奴隷として黒人を連れてきました。その中でも主に東海岸を植民地としていたのがイギリスです。

1773年には**イギリス**が植民地に重税を課し、さらに貿易を独占しようとしたことから、住民がボストン港を襲撃して当時高級品だったお茶を海へ投げ入れる**ボストン茶会事件**が起きました。これをきっかけに13州の植民地とイギリスが対立し、1775年にアメリカ独立戦争が勃発しました。この時に**ジョージ・ワシントン**が総司令官を務め、1776年には**アメリカ独立宣言**が出され、アメリカ合衆国が建国されました。なお、ジョージ・ワシントンは1789年に初代大統領に就任しました。

1830年代になると、アメリカにも産業革命の波が押し寄せてきて、北東部を中心に鉄を中心とする重工業が発達します。一方、早くから植民地化が進んでいた南部は、先住民や黒人奴隷を用いてプランテーション農業を拡大させていました。アメリカよりも50年以上早く産業革命が興っていたイギリスは、アメリカ北部で重工業が発達すると、イギリスのものが売れなくなってしまい

ますので嬉しくはありません。逆に南部の綿花産業が発達し、イギリスへの輸出が拡大すると、イギリスの綿製品の生産が伸びるため、南部とイギリスは協力関係になってしまいました。そこで登場したのが**リンカーン**です。1861年に第16代大統領となったリンカーンは、奴隷を解放して南部の農業から奴隷を切り離し、北部で働いてもらうことで重工業を発展させようとしたのです。当然南部は受け入れるわけもなく、南北戦争が勃発します。1863年には**奴隷解放宣言**を発表することで急速に支持が拡大し、北部勝利という形でアメリカは統一されました。ペリーが浦賀に来たのが1853年ですから、その10年後の日本では**薩英戦争**が起きていた時代の出来事です。その後アメリカでは大陸横断鉄道も完成し、西部開拓時代へと進んでいきます。ということは、逆に言えば**ペリーが日本に来た頃、アメリカの西海岸はまだ開拓されていなかった**ということです。しかしペリーは捕鯨船の補給のためということで日米和親条約を結び、下田と箱館を開港させました。つまり、当時の捕鯨船はアメリカの東海岸から出航して南に向かい、南アメリカ大陸の南側から太平洋に出て北上するか、大西洋を渡ってアフリカ大陸の南側から東に向かい、東南アジア辺りから北上するルートだったということです。そう考えると、どうして日本に補給場所が欲しかったのかがわかりますね。

⬤ ロシアとフランス

　ロシアはユーラシア大陸の北に位置する国のため、冬になると港が凍ってしまい、船による交通が困難となる国でした。現在の感覚でいうと陸路のほうが早くて安全な気がしますが、道路の整備がままならない当時は、陸路よりも船のほうが物流には有利だったのです。そのため、ロシアはいつの時代でも、凍らない港（**不凍港**）を求めて**南下政策**を掲げています。

　フランスでは1643年に**ルイ14世**が即位して**絶対王政**が確立されましたが、1789年には**フランス革命**が勃発して、**ルイ16世**とその妻マリー・アントワネットが処刑されました。その後しばらく干渉戦争などごたごたが続きましたが、1804年には軍人の**ナポレオン**がクーデターを起こして皇帝になりました。

皇帝になったナポレオンは自ら軍を率いて次々とヨーロッパを征服していきましたが、**ロシア遠征**に失敗し、**ワーテルローの戦い**でイギリスやオランダなどの連合軍とプロイセン軍に敗れ、失脚しました。

　ペリーが日本に来た同じ年の 1853 年、南下政策を企（たくら）むロシアと、オスマントルコ及びトルコを支援するフランスやイギリスがクリミア半島で対立し、**クリミア戦争**が勃発します。この戦争は**ナイチンゲール**が活躍したことでも有名な戦争です。そしてこの戦争の後の 1856 年に結んだ**パリ条約**が、後に**第一次世界大戦の引き金**へとつながってしまいます。

● イギリスと清とインド

　イギリスは 13 世紀まで、**イングランド**、**スコットランド**、**ウェールズ**、**アイルランド**という４つの国に分かれていました。13 世紀にはウェールズがイングランドの支配下に置かれ、16 世紀にはイングランドがアイルランドを占領しました。1642 年、イングランド、スコットランド、アイルランドで**クロムウェル**率いる**ピューリタン革命（清教徒革命（せいきょうと））**が起きて共和国が樹立されましたが、世界で初めての試みだったためうまくいかず、王政に戻ります。1688 年には**名誉革命**が起きて議会政治の基礎が確立されます。そして 1707 年には**グレートブリテン王国**として１つの国になりました。しかしそれぞれの国の文化はそのまま残ったため、現在でも地域どうしで対立することがあります。

　イギリスは、1600 年に**東インド会社**を設立し、**植民地を拡大**していきましたが、1773 年に**ボストン茶会事件**が起き、それをきっかけにアメリカが独立してしまいます。するとアイルランドも勢力を増して独立の機運が高まってきたことから、イングランドが併合し、**グレートブリテン及びアイルランド連合王国**となりました。1760 年頃から始まった**産業革命**によってイギリスは勢力を増していき、この頃にインドも植民地化し、清との貿易も拡大しています。

イギリスは中国の茶や絹が欲しかったため、銀と交換して買っていましたが、清がイギリスから購入するものは少なかったため、**貿易赤字が拡大**していきます。そこでイギリスは清から銀を取り返すため、植民地であるインドにアヘンという麻薬を作らせ、それを清に売ることで銀をインドへ流し、イギリスはインドに工業製品や綿織物を売るという**三角貿易**を使って銀を回収しました。これに対して清はアヘンを禁止して取り締まり対抗しましたが、イギリスは武力に訴え 1840 年には**アヘン戦争**が勃発します。産業革命で技術が進化していたイギリスとの戦力差は圧倒的で、清は**南京条約**で不平等条約を押し付けられ、広州、福州、厦門、寧波、上海 の 5 港の開港、さらに**香港**を割譲することになりました。これによりアメリカやフランスもイギリスに追随して清と不平等条約を締結し、**欧米による植民地化**が始まりました。さらに清が戦費と賠償金を得るために農民に重税を課すと、これに反発して 1851 年には**洪秀全**をリーダーとする**太平天国の乱**が起こります。なお、**香港は 1997 年に 2047 年（50 年後）まで社会主義政策を行わないことを条件に中国へ返還**されましたが、25 年も経たない 2020 年には中国共産党により**香港国家安全維持法**が施行され、民主化運動が弾圧されてしまいます。

　インドはイギリスの植民地となって綿やアヘンを生産していましたが、その生産品目の中に、銃の火薬を詰めた薬包もありました。ところがこの薬包に塗られていたのが、**ヒンドゥー教で神聖な動物とされている牛の脂やイスラム教で不浄とされる豚の脂**だという噂が流れ、1857 年には反乱が勃発し拡大していくことになりました。これを**インド大反乱**（以前はセポイの反乱・シパーヒーの反乱）と言います。これに対してイギリスは最新の武器で圧倒し、残虐な処刑で見せしめすることによって、インドの**ムガル帝国**を滅亡させました。こうしてインドはイギリス政府により直接支配されることになります。

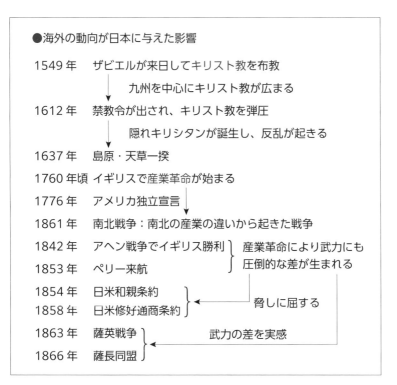

●海外の動向が日本に与えた影響

1549 年　ザビエルが来日してキリスト教を布教

九州を中心にキリスト教が広まる

1612 年　禁教令が出され、キリスト教を弾圧

隠れキリシタンが誕生し、反乱が起きる

1637 年　島原・天草一揆

1760 年頃　イギリスで産業革命が始まる

1776 年　アメリカ独立宣言

1861 年　南北戦争：南北の産業の違いから起きた戦争

1842 年　アヘン戦争でイギリス勝利　⎱ 産業革命により武力にも
1853 年　ペリー来航　　　　　　　　⎰ 圧倒的な差が生まれる

1854 年　日米和親条約　　⎱
1858 年　日米修好通商条約 ⎰　脅しに屈する

1863 年　薩英戦争　⎱　武力の差を実感
1866 年　薩長同盟 ⎰

明治時代

1868年	**戊辰戦争**／五箇条の御誓文／一世一元の詔
1869年	版籍奉還
1871年	廃藩置県
1872年	学制／日本初の鉄道開通／富岡製糸場が開業
1873年	徴兵令／地租改正
1874年	民撰議院設立建白書
1875年	樺太・千島交換条約／**江華島事件**
1877年	**西南戦争**
1881年	国会開設の詔（国会開設の勅諭）
1884年	**秩父事件**
1885年	伊藤博文が初代内閣総理大臣に
1886年	**ノルマントン号事件**
1889年	大日本帝国憲法発布
1890年	第一回衆議院議員総選挙／第一回帝国議会
1894年	領事裁判権（治外法権）の撤廃／**日清戦争**
1895年	下関条約／三国干渉
1900年	清国で**義和団事件**
1901年	八幡製鉄所開業
1902年	日英同盟
1904年	**日露戦争**
1905年	ポーツマス条約
1909年	伊藤博文が暗殺される
1910年	韓国併合
1911年	関税自主権の回復／清国で**辛亥革命**

明治時代では、江戸時代に続き政治と外交の話が中心になります。しかしその駆け引きは複雑さを増し、戦争との関連も重要になってきます。また、教科書でも重要なことは載せてあるとはいえ、その知識はどうしてもぶつ切りにせざるを得ない部分があり、なかなか理解が難しい時代でもあります。

　そのため、明治時代は立場の違いに着目し、戦争や事件の関係者双方の立場から見ていくことで、何が起きたのかが理解しやすくなります。さらに、現代史にも影響を及ぼしている時代なので、立場の違いによる解釈の違いも重要になってきます。調べて理解するのも勉強ですが、相手の立場に立って考えてみることも勉強になりますので、ぜひ自分なりの考えと解釈を持ちながら進めていって下さい。

　明治時代の日本は、欧米諸国と肩を並べることを目指して朝鮮半島に進出していきました。しかし朝鮮半島は清国・ロシアと国境を接して陸路でつながっているため、清国とロシアは日本を警戒していました。そこで日本は**甲午農民戦争**の鎮圧を手伝うという口実で朝鮮に出兵すると、日清戦争が勃発します。この戦争に勝った日本は、遼東半島、台湾、澎湖諸島などを手に入れます。これらの場所は、地図を見ればわかる通り、**中国が日本側の海に出ようとするのを見張ることができる場所**になっています。

　しかしそれを良く思わないロシアとも戦うことになり、日露戦争が勃発します。これにも勝利した日本はロシアの影響力を排除して韓国を独立国として扱いましたが、そのリーダーだった伊藤博文がハルビンで暗殺されてしまったため、韓国は日本に併合されることになります。

なぜ清国、ロシア、日本は朝鮮半島に目をつけていたのか、どこで戦争が起こったのか、これらのほとんどは地理的な位置関係に注目するとその戦略が見えてきます。ぜひ地図で場所を確認しながら読み進めていってください。

明治維新

● 新政府による政策

　1868年に明治天皇が即位すると改元が行われ、この年から明治となります。そして一世一元の 詔 が出され、天皇一代につき元号を一つとすると定められました。なお、蛇足ながら五箇 条 の御誓文は明治天皇が即位する前に出されていますが、明治になった年を明治時代にすることになったため明治時代に出されたものとされ、戊辰戦争も明治時代の出来事とされています。

　大政奉還の後、長州藩士だった桂小五郎は木戸孝允と改名し、新政府の基本方針を草案としてまとめました。この草案は、坂本龍馬が示した船中八策や新政府綱領八策が基になっているという説が有名ですが、龍馬は暗殺されてしまったため、ハッキリしたことはわかっていません。いずれにせよこの新政府のあり方は新政府をはじめ、朝廷や藩主にも伝わっており、議論が重ねられて五箇条にまとめられました。これを明治天皇が神に誓う形で今後の明治政府の基本方針として打ち出したので、五箇条の御誓文と言われることになります。

　まず明治新政府は版籍奉還を行い、藩主に領地と領民を返還させました。つまり、日本全国の領地と領民をもう一度天皇のものにしたということです。全

て天皇のもとへ戻されるのは、奈良時代に口分田として天皇の土地を分け与え始めて以来ですね。これには藩主の権力を奪い、天皇に権力を集中させることで、**中央集権化する狙い**がありました。

　しかし単に権力を奪うだけでは統治できないため、藩を廃止して県を置くことにしました。これを**廃藩置県**と言います。こうすることで、全く新しい時代になったことをアピールし、さらに明治政府が政治を行いやすい人材を配置することで円滑に中央集権化する狙いがありました。なお、この時の県の数は3府302県という、とんでもなく細かい区分けでした。あまりにも細かすぎるということで、わずか2ヶ月で72県まで統合を進め、その後も統合が繰り返されて、現在は47都道府県となっています。なお、**3府**は**京都府**、**大阪府**、そして**東京府**でした。東京府が東京都に変わったのは、第二次世界大戦中です。

　また、新政府は**解放令**を出し、えた、ひにんという身分制度を廃止し、平民としました。しかし200年以上も差別してきた身分の人々と、今日から同じ身分ですと言われて受け入れられるわけもなく、差別は大正、昭和となっても続いていきます。このようにえた、ひにん身分だった人を差別することを、**部落差別**と言い、後に**全国水平社**の結成につながります。**島崎藤村**は部落差別をテーマにした『**破戒**』という小説を書いています。

　さらに新政府は**皇族以外は四民平等**としました。つまり、元大名や元武士の身分も廃止したのです。しかしいきなり身分を廃止されても受け入れてくれません。そこで公家や大名家に由来する人を**華族**、元武士を**士族**とする新たな階級を作り、様々な特権を与えました。しかしあくまで階級であり、身分としては平民という解釈です。そのため、帯刀は禁止され、全員名字を持つことが許され、結婚も自由になりました。

⬤ 富国強兵

1872年には**学制**という学校制度を作り、大学区・中学区・小学区に区分け

212

して、それぞれに大学校・中学校・小学校を設置することにし、**身分や性別に関係なく全国民が学べる**ようにしました。しかし実際にはその費用負担は各自治体及び家庭に委ねられたことと、それまで、女子は勉強なんてするもんじゃないという風潮があったことから、あまり普及しませんでした。なお、**この時は方針を示しただけで、まだ義務教育ではありません**。この後何度も実情に合うように改定を重ね、その過程で義務教育となりました。また、**東京大学**をはじめとする高等教育機関には、外国から講師を招いて授業をしていました。「少年よ、大志を抱け」で有名な**札幌農学校**（現在の北海道大学）の**クラーク**、大森貝塚を発見した**モース**、ローマ字に名を残す**ヘボン**、日本の絵画を世界へ広めた**フェノロサ**もその一人です。

1873年には**徴兵令**が出され、**満20歳以上の男子**に兵役が義務付けられました。しかし当時はまだ農民が多かったため、働き手である子どもを徴兵することに反発が起きました。そのため何度も改定を重ねながら、1945年に第二次世界大戦で敗北するまで続きます。

同じ1873年に**地租改正**も行われました。これは土地の所有者と地価を定め、土地所有権を認めて地券を発行するものでした。これにより**地租**として**地価の3％を現金で納めさせる**ようにしました。江戸幕府の財政が安定しなかったのは、米で納める年貢は天候に左右されてしまうということも原因だったため、予め定められた税額を現金で納めさせることで、国家財政を安定させる狙いがあったのです。

同時期に行われたこれらの改革は、欧米列強に対抗するために行われたもので、この政策を**富国強兵**と言います。文字通り、国を豊かにして軍事力の強化を目的とする政策ですね。そのためにも欧米から技術や学問、政治の仕組みを取り入れ、教育を広めていく必要があると考えたのです。なお、この3つの改革を明治維新の三大改革と言うことがあります。

11

明治時代

● 殖産興業と文明開化

　欧米に対抗するため、日本にも資本主義を取り入れようとする政策を**殖産興業**と言います。産業を殖やして、事業を興すという意味ですね。当時日本には資本家（資金力がある人）がお金を出して会社を設立し、大々的に事業を行う資本主義的な会社がなかったため、まずは政府主導で官営の事業を始め、**軌道に乗ったら民間へ払い下げる**形で**資本主義**体制を取り込んでいこうとしました。しかし欧米ではどんなこ

渋沢栄一

とをしているのかを知らなければ、真似することができません。そこで1871年から約2年間にわたり、**岩倉具視**を全権大使とした**岩倉使節団**を欧米に派遣しました。彼は**公家**で、薩摩藩の**大久保利通**、土佐藩の**後藤象二郎**と手を組んで**倒幕を進めた人物**です。そのため、明治新政府でも重役について皇族との橋渡し的な役割を担っています。彼を中心とした使節団には、元長州藩士で薩長同盟を結んだ**木戸孝允**（桂小五郎）、後に初代内閣総理大臣となる**伊藤博文**、薩摩藩の**大久保利通**がいました。また、留学生として後にルソーの思想を紹介して自由民権運動に参加した**中江兆民**、女子英学塾（現在の津田塾大学）を作り、女子教育を広めることになる**津田梅子**も参加しています。

　1872年には**新橋～横浜間**に鉄道が開通し、**郵便制度**や**電信網**も整備されていきました。また、これまで通貨代わりにしていたお米から、**貨幣に統一**していくことで欧米のやり方にそろえていきました。さらに群馬県に**富岡製糸場**という**官営模範工場**をつくり、**生糸**の増産や品質向上を図りました。ですから、生糸の生産に必要な**蚕**の餌となる桑があちこちで栽培されたのです。また、**八幡製鉄所**も**官営模範工場**の一つとしてつくられ、後の**北九州工業地帯**（現在は工業地域）の発展に大きく貢献しています。ちなみに八幡製鉄所の建設費には**日清戦争の賠償金**が使われています。これら官営模範工場の設立や、その資金を提供する銀行の設立、さらに公共事業をはじめとする様々な企業の

発展に貢献したのが**渋沢栄一**です。そしてこの官営工場の払い下げで急成長していったのが**財閥**で、後に四大財閥と言われるのが、**三井・三菱・住友・安田**です。また、後に鉱毒事件で問題となる**足尾銅山**も払い下げされたものの一つで、**古河鉱業**が購入しています。なお、当時明治維新で倒幕の中心となった公家や藩の出身者が集まって、仲間内で有利な政治を行う**藩閥政治**が行われていました。そうした中で、北海道の開拓使官有物を破格の値段で払い下げした**開拓使官有物払い下げ事件**が起きると、薩摩藩の**黒田清隆**と**五代友厚**に非難が殺到し、政府内でも国会開設や憲法制定を含めて意見が対立しました。これを**明治十四年の政変**と言います。

　これら殖産興業と合わせて欧米の文化も一緒に日本に入ってきたことから、**日本の生活様式が洋風に**変化していきました。服も洋服やコートに変わり、髪もちょんまげからザンギリ頭にして帽子を着用するようになりました。建物も

深掘り! 解説

渋沢栄一
　　　　2024年から使用される新札の肖像画となった**渋沢栄一**は、岩倉使節団よりも前に、江戸幕府の一員としてヨーロッパへ随行し、パリ万博を見てきています。通訳として彼に同行して語学を教えたのは、鳴滝塾を作ったシーボルトの息子でした。これがきっかけとなり、後に**日本赤十字社**の運営にも携わっています。渋沢栄一は非常に勉強熱心で、経済に関する感覚が鋭かったことで慶喜に認められて幕臣になった経緯があったため、帰国後に明治政府にも認められて**大蔵省**に入り、**第一国立銀行**の設立にも関わりました。**富岡製糸場**も彼が従兄に委託する形で設立しています。その後予算をめぐるトラブルから大蔵省を辞任した栄一は、第一国立銀行の頭取となっています。ここから彼の実業家としての人生がスタートし、全国に銀行を設置し、さらに様々な会社の設立を支援していきました。その中には現在の **JR、東京電力、東京ガス、日本経済新聞、東京海上日動火災保険、帝国ホテル、古河電気工業、富士通、サッポロビール、アサヒビール、キリンビール、東宝、川崎重工業**と、誰もが聞いたことがある会社が多くあります。このことから、渋沢栄一は**日本の資本主義の父**と言われています。なお、第一国立銀行は現在**みずほ銀行**となっており、「銀行コード0001」に日本最古の銀行としての名残をとどめています。

レンガ造りの洋館が増え、ガス灯も普及していきました。太陽暦を採用して、現存の暦になったのもこの頃です。これらの変化を**文明開化**と言います。

外交戦略と自由民権運動

● 征韓論の誤解と西南戦争

教科書では「朝鮮を武力で開国させようとする**征韓論**を唱えた西郷隆盛と板垣退助は、反対派に敗れて政府を去った」と一文で終わってしまっているため、西郷と板垣は朝鮮を占領しようとしたと誤解されがちですが、**征韓論の趣旨は占領ではありません**。むしろ朝鮮を同盟国と考えてのことでした。それが武力攻撃へと変わってしまった背景には、朝鮮と江戸幕府の関係があります。

江戸時代まで、**朝鮮は日本の幕府と国交を持っているという認識**でした。しかし明治維新によって江戸幕府は終わり、明治新政府が政治を行うようになりました。そのため、今後も**朝鮮と協力関係を保ちながら欧米諸国に立ち向かいたい**明治新政府は、国書を持たせて使者を朝鮮（李氏朝鮮）に派遣したのです。ところが、朝鮮はこれを拒否しただけでなく、**使者を首都にすら入れさせなかった**んですね。これは朝鮮が悪いとも言い切れません。朝鮮としては、江戸幕府と国交を持っているという認識ですから、それ以外の政府が来たところで受け入れる筋合いはありません。しかも**使者は開国を迫る欧米諸国と同じ、洋服を着ていた**のです。そのため門前払いしたのです。

そこで日本はいったん朝鮮との国交を保留し、朝鮮と仲の良かった清国と

手を結び、清国から説得してもらおうと考え、清国へ全権大使を派遣しました。しかも清国はアヘン戦争でイギリスに負けたばかりです。つまり「清国の属国なら、欧米にもしっかり服従しろよ」と言われかねなかったのです。そこで日本は、お互いに領事裁判権と関税自主権を認め合うことで、欧米と同じ条約を結ばせたかのように見せかけようとしたのです。幸いにも清はこれを受け入れてくれたため、条約を実質平等に結んだのと同じ状態になりました。この1871年に結んだ条約を、日清修好条規と言います。こうして日本は欧米に対して、日本は清国の属国ではなく、対等な国であるということをアピールしました。

さて、清国とは手を結んだものの、朝鮮はかたくなに拒み続けます。明治新政府は何度も使者を派遣して政府が変わったことを伝えようとしましたが、朝鮮は一向に受け入れず、挙句の果てに「日本も欧米と同じく朝鮮を乗っ取ろうとしている」と言い始め、かえって抵抗が激しくなりました。これはまさについ先日まで鎖国していた日本と同じ状態です。そしてこのまま欧米諸国を拒み続ければ、いつ戦争になってもおかしくなく、占領されてしまうのも時間の問題だったのです。

そこで西郷隆盛は、自らが使節となり朝鮮に行くと言い出しました。さすがにそんなことをして、万が一西郷が殺されたら戦争に発展してしまうと、大久保利通ですら猛反対しました。板垣退助も、西郷がいきなり行くべきではないとしながらも、朝鮮には開国してもらわなければならないとして、兵を送った上で使節を送るべきだと主張しました。この武力を使ってでも話し合いの土俵に載せるべきという考え方が征韓論で、この1873年に起きた政府の分裂を明治六年の政変と言います。これについて散々議論が交わされたものの、結局決着がつかず、明治天皇に使者の派遣か、派遣延期かの二択を委ねました。その結果、明治天皇は延期を選択し、西郷と板垣は敗れて明治新政府を去った、というわけです。

そして2年後の1875年、改めて交渉をしようとするも、またしても決裂してしまい、政府内でも軍事力を行使する方向に話が進みました。とはいえ一度は征韓論に反対したわけですから、「やっぱり武力で乗り込もう」と言うわけにもいきません。そこで極秘に軍隊を派遣して威圧し、**わざと朝鮮側から攻撃してくるように仕向け、仕方なく反撃して占領したという口実を作る**ことにしました。こうして武力衝突に発展した事件のことを江華島事件と言います。この事件で日本側は「水を補給したくて港に入ったら砲撃してきた」と主張し、砲撃してきた責任を取るように迫り、翌年の**1876年**には日朝修好条規という**領事裁判権を含む条約（不平等条約）**を締結させ、欧米が日本にしてきたことと同じことを朝鮮にすることになりました。

さて、話を**1873年**に戻します。明治新政府を離れた西郷は、鹿児島（薩摩）へ帰り、私学校を開いてのんびり生活するつもりだったと言います。しかし明治新政府は西郷を警戒し、監視、挑発、さらには暗殺計画まで企てます。この状況に士族は、「あれだけ日本のために尽くしてきた西郷さんを追い出して、明治新政府は一体何をやっているんだ！」と大炎上してしまいました。西郷は何とかなだめようとするも、**士族による反乱の熱はヒートアップ**してしまい、手が付けられない状態になってしまったのです。このままではまた国が分裂すると感じた西郷は、仕方なく「これを日本最後の内乱にしよう」と言って立ち上がり、**1877年**に明治新政府を攻撃しました。この戦いは、鹿児島（日本の西南：当時は南西ではなかった）で起きたことから**西南戦争**と言います。戦いに敗れた西郷は自決し、彼の宣言通り、これが日本最後の内乱となっています。

● 自由民権運動

征韓論に敗れて参議をやめた**板垣退助**は、**愛国公党**を立ち上げ、同じく参議をやめた**後藤象二郎、江藤新平、副島種臣**らとともに、**1874年**に連名で国会の開設を要求した意見書を太政官左院に提出しました。これを**民撰議院設立建白書**と言います。これまでの明治新政府は公家や薩摩、長州といった明治維新で活躍した人物が権力者となり、彼らと親しい人が政治家として引き上げられ

ていました。しかしそれにより藩閥政治が横行
してしまったため、**選挙で選ばれた人が政治家**
になるべきだと主張したのです。こうした国会
開設、憲法制定、地方自治などについて政府に
要求する運動を**自由民権運動**と言います。

　実はこの建白書は、当初明治新政府には
時期尚早として相手にされなかったのですが、

板垣退助

その内容が新聞で一般国民に知れ渡ると、政治に関心を持つ人が現れ始めました。そこで**板垣退助**は出身地の土佐（高知県）へ戻り、**立志社**を設立し、自由民権運動を展開していきます。さらにこの活動を広げようと、**1875年**に大阪で**愛国社**を結成すると、**1877年**には板垣は直接関わっていなかったものの西南戦争が勃発し、愛国社のメンバーも政府と一触即発の状態まで盛り上がりを見せました。そんな中、板垣は**1880年**に**国会期成同盟**を結成し、全国で遊説を行いました。こうして日本全国で自由民権運動が高まってくると、明治政府も無視できなくなったため、**1881年**には1890年に国会を開設するという**国会開設の詔**（もしくは**国会開設の勅諭**とも言う）が出されました。これに伴い、国会期成同盟は選挙に備えて**自由党**へと姿を変え、板垣退助を党首とする、日本最初の政党を作りました。また、開拓使官有物払下げ事件を暴露したとされ、明治新政府から追放された**大隈重信**も1882年に**立憲改進党**を組織して、党首となりました。

　こうして板垣は私財を拋ってまで資金を作り、全国を巡りながら自由民権運動を広めていましたが、1882年に岐阜で遊説中に刃物で刺されて負傷してしまいます。この時に「**板垣死すとも自由は死せず**」と叫んだこのセリフは非常に有名で、当時もこの事件は新聞で取り上げられ、これがまた自由民権運動に拍車をかけることになりました。なお、幸いにも死には至らず、またしても自由民権運動を再開します。まさに**国民のために命をかけた政治家**だったと言えるでしょう。

しかしこの活動を良く思っていなかったのが、新政府の人々です。彼らももともとは倒幕に命をかけ、日本のために命をささげて来た人々でしたが、**政府高官の給料はあまりに高く**、特権もあり、非常においしい仕事だったので**堕落した役人であふれて**いました。**伊藤博文**もそんな一人でした。初代内閣総理大臣になったことで有名な伊藤博文ですが、あまりに女遊びと金遣いが酷く、明治天皇に叱られたほどだったのです。また、自由民権運動で人気が高い板垣退助を邪魔に思い、板垣がヨーロッパへ視察に行っている間に悪いうわさを流し、信用を失墜させようと企んだと言います。さらに板垣に爵位を与えて、庶民とは立場が違う状態にして民衆の人気を得にくくしようとしました。これについては板垣が頑なに拒んでいたのですが、爵位は天皇が与えるため、断り切れずに受け入れることになります。しかし板垣はこの爵位を自分の代だけにするから絶対に継ぐなと言って、**何もしなくても末代まで十分すぎるお金が与えられる権利を放棄**し、自分が得たお金は**全て活動資金にしてしまう**という徹底ぶりで民衆の支持を高めていきました。なお、板垣は自分を刺した暴漢にすら助命嘆願書を提出し、罪を問わないとして許しています。

　こうした激動の時代を経て、日本国内には多くの思想家や活動家が誕生し、その一部は暴徒化し**福島事件**や**秩父事件**といった大規模な衝突事件も起きました。そのような中、新政府は行政の仕組みを整えていき、**1885 年**には英文を読むことができた**伊藤博文**が初代内閣総理大臣に就任しました。当時の彼の年齢は 44 歳で、歴代総理大臣の中で最年少記録となっています。この内閣は選挙を行うための準備と憲法の制定、基盤となる行政の仕組みづくりを目的としていました。1886 年には官僚育成を目的として、**帝国大学**（現在の東京大学）を創設し、1888 年には**枢密院**という天皇の諮問機関を作りました。これは内閣とは独立した機関で、天皇の意向に沿った国家運営ができるように議論し、内閣と交渉する役割を持っていました。つまり、国民の代表者と華族の代表者が集まって議論をする場が議会（衆議院・貴族院）で、**天皇の最高諮問機関として重要な国事を審議する場が枢密院**、そしてそれらを基に、**実際に行政を行**

う機関が内閣というイメージです。

　いよいよ**1889年**にはドイツの**プロイセン憲法**を参考にした**大日本帝国憲法**が発布され、**1890年**には**第一回総選挙**が行われることが決定しました。この選挙に向けて、各地の自由党（愛国公党・自由党2派閥・九州同志会）は統合し、**立憲自由党**としました。この翌年にはまた**自由党**と名前を戻しています。この第一回総選挙で選挙権を与えられたのは、**直接国税15円以上を納める満25歳以上の男子**とされ、総人口の1％程度だったと考えられています。いきなり誰でも選挙権を得られるようにしなかったのは、当時はまだ学校で学ぶのが一般的ではなく、もし万が一政治を知らない人が人気だけで適当な人を選んでしまうと、その人達によって衆議院が引っ掻き回される可能性があったためです。女性も家庭に入るのが当たり前という考えだったため、経済的にもゆとりがある男性に選挙権が与えられました。こうして行われた選挙は、自由民権派の政党が多数を占め、日本はアジア初の近代的な**立憲制国家**となりました。

深掘り！解説

大日本帝国憲法

　立憲君主制だったドイツの**プロイセン憲法**を参考にして作られ、1889年に公布された日本の憲法を大日本帝国憲法と言います。これは伊藤博文が中心となって草案を作成した天皇主権を原理とする**欽定憲法**でした。天皇の権限、臣民の権利・義務、司法、会計などについて規定しています。この憲法の中で、**天皇は国の元首**（リーダー）であり、帝国議会の召集、衆議院の解散、軍隊の指揮、条約の締結、戦争の開始・終了などの**国の運営に関わる一切の権限を有する**とされていました。また、国民は天皇のものである**臣民**とされ、国民の権利は**法律の範囲でのみ**認められました。内閣も現在の制度とは異なり、国務大臣がそれぞれ天皇に対して**輔弼**（助言すること）する役割があり、万が一の時には担当した大臣が責任を負う制度になっていました。これを**輔弼責任**と言います。議会も現在とは異なり、国民から選ばれた**衆議院**と、華族や皇族から選ばれた**貴族院**で構成されました。

日本の領土

● 樺太（サハリン）

　1855年に結ばれた日露和親条約では、樺太はとりあえず両国の雑居地としていましたが、ロシアが樺太を流刑地にしてしまったため、犯罪者が次々と流れてきて治安が悪化していました。そこで1875年に樺太・千島交換条約を結び、樺太をロシア領とし、千島列島を日本領としました。その後1905年には日露戦争の講和条約として結ばれたポーツマス条約で、南樺太を日本領とすることが決まりました。そして第二次世界大戦後の1951年にはサンフランシスコ平和条約にて、千島列島及び南樺太の権利を放棄しました。この条約にソ連は調印していません。つまり、確かに日本は南樺太の権益を放棄しましたが、それをロシアが引き継ぐ根拠は国際法上ないのです。そして今現在、南樺太と千島列島をロシア領とすることを認めた条約はありません。そのため、南樺太は帰属不明地のままロシアが実効支配している状況となっています。

● 北海道

　北海道には古くからアイヌ民族が住んでいて、日本では東北地方の人々も含めて蝦夷と呼んでいました。現在の北海道は蝦夷地と呼ばれ、日本（アイヌ民族から見て和人）と交易していました。その交易がきっかけで、室町時代の1457年にコシャマインの戦いが起こり、江戸時代の1669年にはシャクシャインの戦いという大規模な蜂起が起こり、松前藩が鎮圧しています。1869年になると、明治新政府が蝦夷地を北海道として開拓使を設置して、1874年には屯田兵を送り、開拓と統治を拡大していきました。1881年に起きた開拓使官有物払い下げ事件は、この頃に税金を使って用意された開拓使の資産を、開拓使長官である薩摩藩出身の黒田清隆が、同じく薩摩藩出身の五代友厚に極端

な安値で払い下げようとしたと言われた事件で、**藩閥政治**として非難される代表的な事件になりました。なお、最近になって五代友厚は濡れ衣を着せられたのではないかということがわかってきたので、教科書の記述が変わるかもしれません。

　こうして北海道は開拓使と屯田兵によって次々と開拓されていき、アイヌの文化は否定され、次々と消えていきました。**北海道旧土人保護法**は、生活に困窮したアイヌ民族を保護することを目的として1899年に制定された法律でしたが、それを口実に、**アイヌ文化を抹消して、日本の文化や仕組みを押し付けて**いきました。これを**同化政策**と言います。そしてこのやり方がとてもマズいことだったと気付いたのは第二次世界大戦も終わり、50年近く経った平成に入ってからのことでした。1997年に**アイヌ文化振興法**が制定され、アイヌ文化を保護しようと決めた時にはすでに遅く、アイヌ文化はほぼ消滅し、忘れ去られていました。なぜなら**アイヌ文化は文字がない口頭伝承の文化**のため、100年近くも禁止されてしまうと**伝える人も覚えている人もいなくなってしまう**のです。そのため、現在も何とか残っているものを頼りにしながら復興を試みていますが、非常に困難な状態になっています。

　なお、北海道だけが「道」となっているのは、北海道に惚れ込んで、趣味でアイヌ研究に没頭していた**松浦武四郎**（まつうらたけしろう）が、1869年に政府から蝦夷地開拓を命じられたときに、「北」にある「カイ」（アイヌ語の大地）に旧領土を指す「道」をつけた「北加伊道」という名称を考え、最終的に「北海道」としたからです。さらに彼は**アイヌ語を用いた地名**を作って漢字を当てていきました。なので、札幌（さっぽろ）、小樽（おたる）、千歳（ちとせ）といった北海道の地名のほとんどがアイヌ語を由来としているのです。これは**同化政策**でアイヌ文化を消そうとした**明治政府に対する彼なりの抵抗**だったんですね。そして文字による記録がないアイヌ文化を唯一しっかりと記録していたのが、彼の本や日記でした。現在でも彼の記録が文化復興の大きな手掛かりとなっているのです。たった一人の男の趣味が、アイヌ文化を守ることにつながっているのは、驚きですね。まさに「好きなことで生きて

いく」ことで、社会に貢献した人物と言えるでしょう。

沖縄

　1429 年に尚氏により統一されて成立したと考えられている琉球王国は、1871 年の廃藩置県で鹿児島県の管轄とされましたが、国王はそれに従わなかったため、明治政府は 1879 年に兵を連れて乗り込み、首里城の明け渡しを命じました。こうして琉球王国は崩壊し、**沖縄県**が設置されました。これを**琉球処分**と言います。しかしこの一方的なやり方に清（中国）は反発し、領土問題となりましたが、1894 年の**日清戦争**で日本が勝利した際に、沖縄を日本領とすることで決着がつきました。

　なお、沖縄に対しても**同化政策**が取られましたが、幸いなことに沖縄は漢字とひらがなが混ざった独自の文字文化を持っていたため、記録が残っています。しかしその数は決して多いものではなく、さらに**第二次世界大戦では沖縄の大半が戦場**になったため、遺跡をはじめ文化やその遺産はことごとく破壊され、やはり復元は困難になっています。

日清・日露戦争と条約改正

欧化政策

　1880 年代、明治政府は、日本の文化や制度を欧米化することで、近代国家の仲間であることを示そうとしました。なぜなら江戸時代に欧米に脅される形で結んだ不平等条約は、日本が大した文明のない国だとしてバカにされた結果

だと考えていたためです。そのため、日本も欧米と変わらない文化や技術を持っているんだということを示して、**不平等条約を解消しよう**としました。この政策を**欧化政策**と言います。

　欧化政策は、長州藩士として高杉晋作や伊藤博文らと一緒に活動していた**井上 馨**が中心となって進められ、**東京を中心とする市街地の近代化**が図られました。その中でも代表的なのが、**レンガ造りの街並み**、そして社交場としての役割を持つ**鹿鳴館**でした。しかしこれらの形だけ取り繕った技術は欧米人にとって滑稽で、「なんか頑張ってる ｗ」といった感じで**バカにされてしまった**と言います。日本人の中にもこの様子を見て心配になった人も多く、明治政府に対する不信感が高まっていきました。さらに大隈重信外相による条約改正交渉も失敗に終わり、欧化政策も失敗だと考えられるようになっていきました。なお、条約改正を目的とした欧化政策は失敗に終わり井上馨は失脚してしまいましたが、文明開化自体は続き、街並みや文化が次々と欧米化しています。近年、創建当時の姿に復原されたレンガ造りの東京駅も、日本の鉄道建設を指導していたドイツ人技術者は、日本古来の建物の美しさに惹かれて和風の建築を強く提案したのですが、欧米化の流れの中で却下された経緯があります。

🔵 ノルマントン号事件とエルトゥールル号事件

　1886 年にイギリスの船**ノルマントン号**が和歌山県沖で難破して沈没した際、イギリス人船長と乗組員は全員脱出しましたが、**日本人の乗客は見殺しに**され、全員水死するという事件が起きました。しかしこの事件は領事裁判権が適用され、船長は**神戸領事の海難審判で無罪となった後、横浜の刑事裁判で禁錮 3 ヵ月**となりました。これを知った日本国民の怒りは爆発し、領事裁判権の撤廃を訴える声が強くなっていきました。ちなみに和歌山県に流れ着いたイギリス人船長とその乗組員は、地元の人々によって手厚くもてなされたのですが、イギリス人の態度は偉そうで、傍若無人だったと言います。

　なお、**1890 年**にはノルマントン号が遭難したのと近い場所で、オスマント

ルコの**エルトゥールル号**が遭難してしまいました。この時も地元の人々が懸命に救助し、手厚くもてなしました。600人もの命が失われてしまったものの、69名は救われ、本国へ送り届けられました。これに対してトルコは日本に大いに感謝し、現在でも**トルコの教科書にはこの事件が友好の象徴として登場**していると言います。トルコが親日国なのは、和歌山県民のおかげといっても過言ではないのです。

　さらにこの話には続きがあります。時代は飛び、**1985年**の出来事です。**イラン・イラク戦争**が続いていた中で、イラクのサダム・フセイン大統領が「今から48時間後には、イラン上空を飛ぶ飛行機を無差別に攻撃する」と宣言したのです。そのためイランに住んでいた外国人は一斉に空港へ殺到し、脱出しました。しかしイランに住んでいた日本人215名は飛行機に乗ることができず、取り残されてしまったのです。その突然の事態に日本政府は対応することができず、救助できない状態になっていました。そこで状況を察知したトルコは、すぐさま救援の飛行機を飛び立たせ、215名全員をイランから脱出させたのです。しかも、そこには取り残されたトルコ人がまだ日本人の倍以上いたにもかかわらず、です。このあっという間の救出劇に、日本が感謝の意を表明すると、トルコは**「95年前のエルトゥールル号事件の借りを返しただけです」**と言いました。教科書にも載せて、ずっと語り継いで感謝を忘れずにいてくれたから、このようにすぐさま行動できたのでしょう。一方、**日本の教科書には、この出来事は載っていません。**トルコは東日本大震災でも多大な支援をしてくれていますが、こちらも一切触れられていません。これが欧米の視線ばかりを気にする日本の教育の限界なのかもしれませんね。

● 甲午農民戦争と日清戦争

　話の舞台は朝鮮に移ります。1875年の**江華島事件**、そして1876年の**日朝修好条規**を機に、朝鮮でも開国論が勢力を増してきました。そしてアメリカ、フランス、ロシアとも通商条約を結びました。また朝鮮の王妃である**閔妃**は、日本から軍事顧問を招いて様々な改革を行っていきました。その結果、それま

で荒れ果てて餓死者が多数出ていた朝鮮半島の情勢が好転したものの、親清派も勢力を伸ばし、クーデターが勃発します。この事件を壬午軍乱と言います。すると今度は親日派が台頭してきて甲申事変を起こしました。このいずれの争いも、清が出兵して鎮圧しています。これがそのまま清による実効支配につながりかねないと感じた伊藤博文は、清の李鴻章と話し合い、今後派兵する場合には通告しあうことを確認しました。これを天津条約と言います。

　そして1894年、東学という宗教団体が、農民を率いて外国による侵略と悪政に反対して甲午農民戦争（東学党の乱）を起こしました。東学党が全州を支配すると、李氏朝鮮は助けてもらうために清へ出兵を依頼しました。すると清は天津条約に基づいて、日本に出兵する旨を伝えてきました。これを受けて日本も出兵することを決定し、東学党の乱を鎮圧しました。しかし、日本と清の両軍は、お互い撤兵せず、相手に撤兵を要求してにらみ合いに突入します。

　そんな中で、外務大臣の陸奥宗光はイギリスと交渉を続けていました。ヨーロッパでは、ロシア帝国が南下政策により次第に西へと侵攻を進めていたのです。ロシアは東アジアでも勢力を強め、清国、そして朝鮮のすぐ北まで侵攻してきていました。イギリスはアヘン戦争後に清から植民地を手に入れていますから、そちらも危険にさらされていたのです。そのため、イギリスもアジアで手を組む相手を欲しており、

陸奥宗光

日本も清に一度勝っているイギリスと手を組めるのは大きなメリットでした。しかし、1886年に起きたノルマントン号事件の印象があまり良くありません。そこで陸奥宗光は、領事裁判権を撤廃してくれないかと持ちかけたのです。イギリスもそこにこだわってロシアの南下政策を許す結果になってしまえば、今度はイギリス本国すら狙われる可能性があったため、1894年に領事裁判権は撤廃して日英通商航海条約を締結しました。これを機に日本は他の国とも領

事裁判権を撤廃することに成功し、少なくとも領事裁判権に関しては、欧米諸国と対等な立場となったのです。なお、関税自主権が回復されるのは、もうしばらく後になります。

こうしてイギリスをはじめとする欧米との条約改正を欧米列強の後押しと捉えた日本は、「朝鮮半島の独立と、清軍の駆逐」という大義名分のもと、**清へ宣戦布告**し、**日清戦争**が始まりました。当時、国力は国土面積で考えられていたため、小国である日本が広大な土地を持つ清に勝てるわけがないと誰もが思っていました。しかも戦力は清60万に対して、日本が25万程度と圧倒的に不利な状況です。そんな状況にもかかわらず、日本は清に勝ってしまいました。欧米諸国は驚き、**日本に対する見方を変えていく**ことになります。

● 下関条約と三国干渉、そして清の滅亡

日清戦争に勝利した日本は、**1895年**に清と**下関条約（日清講和条約）**を結びました。この条約には、朝鮮の独立を認めること、遼東半島、台湾、澎湖諸島を日本に割譲すること、賠償金2億テールの支払い、日清通商航海条約の締結が含まれていました。

朝鮮の独立とは、清が朝鮮を実効支配しようとしていたことを踏まえ、侵略させないようにするために国として認めさせたということです。この後、朝鮮は大韓帝国と名前を変えて、独立を宣言しています。

遼東半島は清と朝鮮の間にある半島で、この場所を押さえておくことで、朝鮮西側の海（黄海）から出る船や陸路で朝鮮へ行く軍隊の動向を把握しやすいと考えたためです。

台湾もこの時に日本に割譲されました。台湾は中国本土とも近く、沖縄にも近いため、ここを取れば、東シナ海の動向はもちろん、太平洋に出る船を押さえられると考えられたためです。澎湖諸島は台湾の西に位置する小さな島の集

まりで、台湾海峡上の要衝として重視されました。

　賠償金２億テールは当時の日本の国家予算の２倍以上になると言われており、清にとって非常に重たい賠償金となりました。

　日清通商航海条約とは、欧米と同様の不平等条約を清と結んだ条約です。これにより日本は清に対して欧米列強と同等の権利を手に入れることになりました。

　清が日本に負けたことで、清は国土が広くても実は弱いのではないか、と思われてしまい、ドイツ、フランスも清の植民地化を考え始めました。そうなると邪魔になってくるのが下関条約です。ロシアは南下してきて、遼東半島北部を狙っていたため、遼東半島を日本に取られると、いずれ日本と衝突する可能性が高くなります。ドイツも遼東半島の海を挟んで南西に位置する山東半島を狙っていたため、遼東半島から台湾までの領域を日本に取られると東シナ海への出入りが難しくなります。フランスは南部を狙っていたので、特に不都合はなかったのですが、ヨーロッパではフランスとドイツは隣り合わせなため、仲良くしておいたほうが得だという理由でドイツ・ロシアと足並みをそろえることにしました。こうして日本に対して「遼東半島領有は極東の平和を妨げるから放棄せよ」と圧力をかけてきた出来事を、**三国干渉**と言います。

　日本は欧米列強と肩を並べつつあるとはいえ、さすがに三国を相手に戦える国力はありません。そこで仕方なく遼東半島を清へ返還します。三国は遼東半島を清に返還させた見返りを清へ要求し、清も日本への賠償金の支払いのため、領土の一部を一定期間貸し出す**租借**を認めました。こうして**ロシア**は遼東半島の**旅順**と**大連**、**ドイツ**は山東省の**膠州湾**、**フランス**は**広州湾**を租借することに成功しました。それを見て**イギリス**も乗り遅れてはいけないと、**九龍半島**と**威海衛**を租借します。

このように列強に侵略されていく現状を見て、義和団（ぎわだん）と呼ばれる宗教団体が立ち上がり、**1900 年**には各地でキリスト教の撲滅と外国人の排斥を求めて反乱（**義和団事件**）を起こしました。これに対して日本、イギリス、アメリカ、ロシア、フランス、イタリア、ドイツ、オーストリアの８カ国が**連合軍を送り、鎮圧**しました。こうして清国の植民地化が一層加速し、清の国力は弱まっていきます。そして 12 年後の **1911 年**、孫文（そんぶん）が指導者となって**辛亥革命**（しんがいかくめい）が起こり、**1912 年**には清王朝は滅亡し、**中華民国**が建国されることになります。

● 日露戦争とポーツマス条約

三国干渉により日本は遼東半島を手放しましたが、1899 年に起きた義和団事件でロシアは満州に兵を進め、そのまま占領してしまいました。これに対して日本は「義和団事件も鎮圧したし、兵を引くべき」と訴えましたが、ロシアは無視して**そのまま遼東半島、朝鮮半島までも占領**してしまおうと画策しました。三国干渉により遼東半島から日本を撤退させておいて、自分が占領してしまうなんて、日本としても許すわけにはいきません。ちょうど同じ頃、イギリスもロシアの侵略に困っていました。そのため、**日本と手を組んでロシアに対抗しよう**と考え、**1902 年**に**日英同盟**を締結します。

当時ロシアは日本に勝てると思っていたので、話し合いには応じず強硬な態度を取ってきました。日本は伊藤博文や井上馨らが、なんとか戦争になるのは避ける方向で話を進めようとしたのですが、妥協案が全く受け入れられなかったため、外務大臣の**小村寿太郎**（こむらじゅたろう）は、**1904 年**にロシアに国交断絶を突き付け、**日露戦争**が勃発しました。

最初は遼東半島を中心として、戦争が始まりました。徐々に侵攻してくる日本に対し、ロシアも主力艦隊を投入することを決断します。とはいえ、ロシアの主力部隊はヨーロッパにあったため、**7 ヶ月かけて遠路はるばる日本まで遠征**することになりました。選ばれたのは、ロシア最強と言われた**バルチック艦隊**です。北欧の港からイギリスとフランスの間のドーバー海峡を抜けて、ポル

トガルの西を通ってアフリカの南側（喜望峰）を周り、インド洋に出て、シンガポールまで来たら北上し……というルートで来るしかありませんでした。そこで効果を発揮したのが**日英同盟**です。同盟により、**イギリスはバルチック艦隊が途中で立ち寄る港に働きかけて、燃料や食料の補給の邪魔をした**のです。そのため、日本近海に着いた時には「なんとかここまでたどり着いた」という状態でした。そこを東郷平八郎（とうごうへいはちろう）は、Ｔ字戦法という常識外れの戦術でバルチック艦隊を攻撃し、打ち破ってしまいました。

　日本は勝利したとはいえ、決して余裕だったわけではなく博打に近い勝ちだったため、**極力早めに講和に持っていきたい**というのが本音でした。ロシアもこの頃に、専制政治に反対した労働者による**血の日曜日事件**が起き、それをきっかけに**第一次ロシア革命**が起こったため、**負けを認めない形で戦争を終結させたかった**のです。負けたとわかれば、さらに政治に対する不満が高まって、国家が転覆しかねないからです。そのため、「ロシアは負けたわけではない。なんなら戦争を再開してもいい」と脅しにかかりました。こうしてそれぞれの事情をはらみながら、**1905 年**にアメリカの**セオドア・ルーズベルト大統領**が仲介して**ポーツマス条約**が結ばれました。

　ポーツマス条約により日本がロシアに認めさせたのは「日本の**大韓帝国に対する保護権**を認めること」「日本に**遼東半島南部の租借権**を譲渡すること」「日本の**南満州鉄道の利権**を認めること」「**南樺太**（北緯 50 度以南）を日本に割譲すること」「**沿海州、カムチャツカ半島沿岸の漁業権**を日本に譲渡すること」でした。一見戦勝国らしい要求が通ったように思えますが、**肝心の賠償金が得られなかった**ことで、帰国した**小村寿太郎**は大バッシングを受けることになります。そして官邸をはじめとする政府機関が狙われ、**日比谷焼打事件**（ひびややきうち）が起こってしまいました。なお、この時に手に入れた南満州鉄道が、その後、**戦争の火種**となっていきます。

戦争が与えた影響

韓国の植民地化

　日本は**ポーツマス条約**で韓国の保護権を認めさせたことで、**1905年に韓国を保護国**とし、**伊藤博文**を初代統監とした**韓国統監府**を置きました。これにより日本は韓国の外交権を握り、皇帝を退位させ、軍隊も解散させました。「日本が保護するから軍隊も不要だよね」という理屈で、軍事力を取り上げてしまったのです。ここまでされたら乗っ取られるのも時間の問題だと感じた韓国国民は、各地で**義兵運動**を起こして抵抗しました。事実、政府内でも韓国を日本に取り込むべきという考えが多かったのですが、元総理大臣でもあった**伊藤博文が韓国を独立国として認めるべきだ**という立場を取っていたため、あくまで保護国として扱っていくことになったのです。

　しかしそんな内情を知らない**安重根**が、1909年、ハルビン駅で**伊藤博文を暗殺**してしまいました。もともと伊藤博文以外の政治家は韓国を併合するべきだと考えていたので、翌年の**1910年**には韓国を併合し、**朝鮮総督府**を置きました。監視する役割から、より積極的に行動を促す「督する」役割に変化したのです。そして韓国人を日本人にするため、**同化政策**を行い、日本史や日本語を教えました。独立を守りたかった韓国は、皮肉なことにそれを支持する伊藤博文を暗殺してしまったことで、併合されてしまったのです。これについて韓国や中国は認めるわけにもいきませんので、現在でも安重根は日本の支配から朝鮮を守ろうとした英雄として讃えられています。

関税自主権の回復

日本は 1894 年には領事裁判権を撤廃することに成功していたものの、関税自主権については未だ奪われた状態が続いていました。日本は継続してイギリスに交渉を持ちかけていたのですが、全く相手にされませんでした。そこで外務大臣の**小村寿太郎**は、交渉先をアメリカへ変更します。当時アメリカには多くの日本人が移民として渡っていました。この中には、日本国内では貧困で生活ができないと考えた人々が多

小村寿太郎

くいたのです。しかしアメリカは日露戦争に勝利した日本を警戒しており、いずれアメリカも占領されてしまうのではないかと考えました。そうして**日本移民排斥運動**が起こると、日本は移民を制限するため、1907 年に**日米紳士協約**を結びました。そして小村寿太郎は 1911 年に、これを**今後も維持していくために、関税自主権を回復させて欲しい**と交渉したのです。アメリカもこれ以上移民が増えては困るため、受け入れてくれることになりました。すると、イギリスやフランス、ドイツも条約の改正を受諾してくれたのです。こうして不平等条約は撤廃され、欧米列強と肩を並べることができるようになりました。

中国の辛亥革命

日清戦争以降、清国の植民地化が進む中、**孫文**は立ち上がり、弱体化した清に愛想を尽かした省が次々と清からの独立を宣言していきました。1912 年、孫文は北京を占領し、**臨時大総統**に就任して**中華民国**を建国、**国民党**（後の中国国民党）を結成します。これを**辛亥革命**と言います。しかし孫文にはまだ漢民族をまとめ上げるためにやることがあったため、北京は清を滅ぼした軍のリーダーである**袁世凱**に任せることにしました。ところが、袁世凱は権力を握った途端、**独裁政治**を始めてしまったのです。結果、その政治に反対する人も多く、内乱が起こってしまいます。孫文も命を狙われたため、一時的に日本へと亡命することになりました。

11

明治時代

実は孫文は日清戦争後の武装蜂起のときも、命を狙われて日本に亡命しています。さらに義和団事件で失敗した後も日本に来ています。それどころか、孫文は何度か結婚しており、そのうちの一人は日本人で、１回は中国人と東京で挙式しています。なお、孫文が亡命中にいた場所は、横浜の中華街です。

● 日本の産業と労働の変化

明治時代に入り、官営模範工場をつくって殖産興業を進めた結果、紡績業（ぼうせきぎょう）や製糸業も発達していきました。中でも綿糸は **1890 年**に国内生産量が輸入量を上回り、日清戦争後は朝鮮や清国への輸出が増え、輸出が輸入を上回るようになりました。さらに日露戦争後には、**世界最大の生糸輸出国**になりました。日本で地図記号が作られたのは明治時代で、その時は生糸を作るために必要な蚕（かいこ）を育てる養蚕（ようさん）も盛んでした。その**蚕の餌は桑の葉**ですから、いたるところに桑畑があったのです。現在は養蚕業の衰退とともに桑畑も消えてしまいました。「桑畑」の地図記号も、古い地図にはよく見られましたが、あまり使われなくなったため、2013 年以降の地図では廃止されています。

また現在、ジーンズやデニムと言えば岡山、タオルと言えば今治（いまばり）、というような産業が根付いたきっかけもこの時代にあります。本来、綿花の栽培に乾燥は適していないのですが、**綿花は寒さや雨に弱く、塩に強い**ので、**温暖で雨が少ない瀬戸内**では、江戸時代頃から干拓された土地で盛んに栽培されていました。そしてその綿を使った製品も手がけていたため、工場も技術力もありました。最近は綿花の栽培は減ってしまいましたが、技術は健在で、岡山ではジーンズやデニム、今治ではタオルに力を入れているのです。

● 資本主義と社会主義の対立

資本とは会社を運営するためのお金のことで、会社はその資本（お金）を元手に設備を手に入れ、労働者を雇い、運営します。これは資本さえあれば誰でも会社を運営できることを意味し、このように資本をもとにして作られた社会

を**資本主義社会**と言います。資本主義社会は、基本的には技術力や資本力で競う**競争社会のため、経済が発展しやすい**というメリットがある一方、資本がある人とない人、特に労働者と経営者の貧富の差は著しくなるというデメリットがあります。しかもお金を持っている人が自分に有利なルールを作れるため、労働者は基本的に**低賃金長時間労働が当たり前**でした。そのため政府は1911年に**工場法**を制定し、12歳未満の就労の禁止や労働時間の制限を定めました。しかし適用外の労働環境も多く、資本家からの猛反発もあり、実際には法律が守られ、健全な労働環境が整えられたところはごくわずかでした。この**資本家からの猛反発で改善できない**というのが、まさに**資本主義社会の最大の弱点**とも言える部分です。

　2020年に起きた新型コロナウイルスによるパンデミックでも、政府は世界の状況を見ながらいつもよりは強硬に営業自粛や業務のリモート化、外出抑制を要請しましたが、それでも各業界からの反発に右往左往する状態が続いていました。中でも象徴的だったのは**印鑑**です。コロナ禍前までは重要な文書に必要な印鑑が法律で決められていたこともあり、不必要なまでに印鑑業務が横行していました。それがインターネットが普及した今でも印鑑が必要で業務が滞ることがあり、欧米からは**スタンプラリーと揶揄される**ほどでした。それでも印鑑文化をやめられなかったのは、印鑑業界に配慮した政府の意向もあったからだと言われています。新型コロナによるパンデミックで、さすがに印鑑のために出社させるのは命を危険にさらすとの判断で、押印省略が断行されましたが、政治家も**業界にとって都合の悪い政策を掲げると、票が稼げなくなってしまうため、バックにいる大きな業界には忖度してしまいがち**なのです。

　資本主義下で貧富の差が拡大する社会の仕組みを改善しようとする考え方が**社会主義**です。社会主義は平等で公平な社会を目指しており、**資本にあたるお金は国が管理する**というものです。つまり、国民全員が国家公務員という考え方ですね。公務員の給料は明確に規定されており、規則に反することをしない限り給料は規定通り支払われます。つまり、基本的には年功序列なので、何事

もなく年齢を重ねれば、給料が上がっていくということです。言い換えると、**頑張っても頑張らなくても、給料は同じ**ということです。これが社会主義の最大のデメリットで、貧富の差はない一方、**競争もなくなるため、経済が発展しにくくなる**のです。また国のトップ次第でルールも経済政策も変わってしまいます。

　社会主義と似たものに**共産主義**がありますが、これも社会主義から発展した考え方なので、社会主義の一つと考えてよいでしょう。厳密に言えば、社会主義は財産や給料を国が管理して分配する仕組みで、共産主義は労働も国が管理する仕組み、という違いが考えられていた時期もありましたが、実際に運用していく中で区別がつかなくなっていったようです。また、マルクスとエンゲルスの著書でも**明確には区別されていない**というのが定説なようです。日本の代表的な社会主義者として、**幸徳秋水**が挙げられます。彼は 1901 年に日本初の社会主義政党である**社会民主党**を結成しています。しかし政府の意向（治安警察法）により、直ちに結社禁止処分を受けており、**1910 年**には天皇暗殺を計画した（大逆罪）として、逮捕され死刑になりました。しかし彼自身は暗殺計画には関係なく、社会主義の考え方が邪魔だったため、取り締まられたと考えられています。なおこの時に幸徳をはじめ**全国の社会主義者・無政府主義者が検挙された**事件を、**大逆事件**と呼んでいます。

● 足尾銅山鉱毒事件

　明治時代初期に**古河市兵衛**は栃木県の足尾銅山の開発を手がけ、その後**古河鉱業**として経営と開発を引き継ぎました。しかし銅を精錬する時に出る廃棄物をそのまま川に流してしまったため、**渡良瀬川**流域で、広範囲にわたり水質・土壌汚染が起こりました。その結果、魚が死に、山の木が枯れ、田の稲も枯れてしまうようになりました。この被害で廃村となった村すら出たのです。1891 年に衆議院議員だった**田中正造**が議会でこの現状を訴えましたが、**政府は対策を取りませんでした**。そこで **1901 年**に田中正造は、死ぬ覚悟で遺書を書き、妻にも離縁状を書き、天皇に**直訴状**を渡す手段に出たのです。本来な

ら天皇の前に飛び出して直訴しようものなら重罪で、その場で切り捨てられても
おかしくない状況ですが、直訴する前に警官に取り押さえられたため、「老
人が転んだだけ」ということにして不問とされました。しかしこの行為自体が
センセーショナルな出来事だったため、幸運にも直訴状の内容が全国に知れ渡
り、**世論が政府を動かす**ことになりました。こうして事件は解決へと向かいま
す。ちなみに、この時の直訴状は**幸徳秋水**が書いています。他の人にも頼みま
したが、一緒に罪を被る可能性があることを怖がって散々断られたそうです。
そんな中、幸徳秋水だけは快く引き受けてくれたと言います。この事件を**足尾
銅山鉱毒事件**と言い、**日本で初めてとなる大規模な公害問題**となりました。

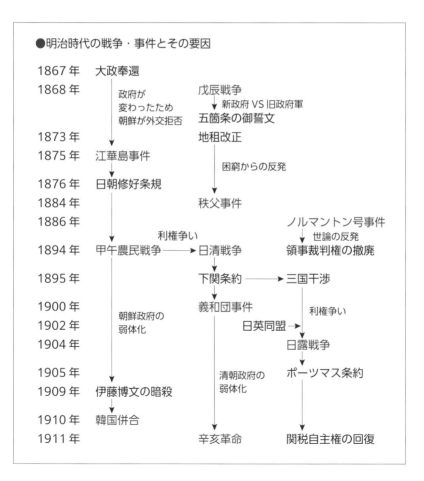

●明治時代の戦争・事件とその要因

1867 年　　大政奉還
1868 年　　　　　　　　　　　　　戊辰戦争
　　　　　　　政府が　　　　　　　→新政府 VS 旧政府軍
　　　　　　　変わったため　　　　五箇条の御誓文
　　　　　　　朝鮮が外交拒否
1873 年　　　　　　　　　　　　　地租改正
1875 年　　江華島事件
　　　　　　　　　　　　　　　　　困窮からの反発
1876 年　　日朝修好条規
1884 年　　　　　　　　　　　　　秩父事件
1886 年　　　　　　　　　　　　　　　　　　　ノルマントン号事件
　　　　　　　　　　　利権争い　　　　　　　　　世論の反発
1894 年　　甲午農民戦争 ──→ 日清戦争　　領事裁判権の撤廃
1895 年　　　　　　　　　　　　　下関条約 ──→ 三国干渉
1900 年　　　　　　　　　　　　　義和団事件
　　　　　　　朝鮮政府の　　　　　　　　　　　　利権争い
1902 年　　　弱体化　　　　　　　　日英同盟 →
1904 年　　　　　　　　　　　　　　　　　　　日露戦争
1905 年　　　　　　　　　　　　　　　　　　　ポーツマス条約
1909 年　　伊藤博文の暗殺　　　　清朝政府の
　　　　　　　　↓　　　　　　　　弱体化
1910 年　　韓国併合
1911 年　　　　　　　　　　　　　辛亥革命　　　関税自主権の回復

12

大正時代

大正時代
流れをザっとおさらい

1914年	**第一次世界大戦**（〜18年）
1915年	中国に二十一カ条の要求
1917年	ロシア革命
1918年	シベリア出兵／米騒動
1919年	ベルサイユ条約
1920年	**国際連盟設立**
1921年	ワシントン会議／日英同盟廃棄決定
1922年	全国水平社設立
1923年	**関東大震災**
1925年	治安維持法／普通選挙法／ラジオ放送の開始

昭和

1939年	**第二次世界大戦**（〜45年）

大正時代は非常に短いですが、この時代に起きた第一次世界大戦は明治時代の日清・日露戦争に端を発するもので、昭和に起きた第二次世界大戦は第一次世界大戦に端を発するものです。つまり、大正時代と時代区分されていますが、**前後の時代との関連が非常に強く、この時代だけ切り離して考えるとわかりにくい時代**でもあります。

　例えば日本に関して言えば、日清・日露戦争での勝利が第一次世界大戦での成果につながっていますが、同時に太平洋戦争への引き金を引くことになり、現在の中国、韓国・北朝鮮の反日感情の要因にもなっています。

　1917年に起きたロシア革命で、ロシア帝国は滅び、ソ連（ソビエト社会主義共和国連邦）へと姿を変えますが、その時の社会主義国家体制の影響はソ連が崩壊してロシア連邦となった現代にも残り、2022年のウクライナ戦争にもつながっていきます。

　また、首相やリーダーの意向が強く反映される時代でもあるため、**首相の考えを軸につなげていくと、理解しやすい時代**でもあります。短い時代ですが、今起きている問題の発端は大正時代に起きた出来事だよね、ということも少なくないので、多角的な視点で考えて下さればと思います。

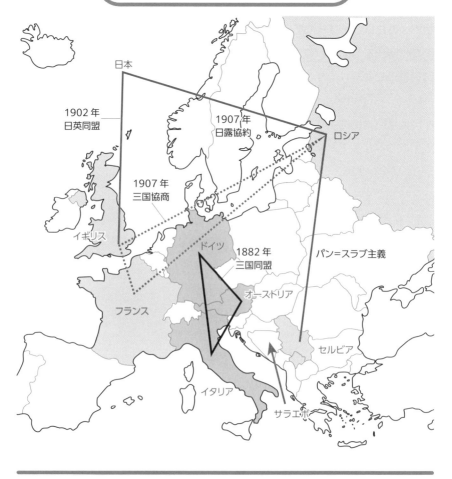

　外交関係は地図上で位置関係を見ることによってある程度理解できます。また航空機の発達が今ほど進んでいなかった第一次世界大戦時は、陸路と水路を防衛することが生命線でした。そのため、お隣の国と仲良くできればそれに越したことはありませんが、**お隣と仲が悪ければ、その国を挟み撃ちできる位置関係の国と仲良くしておくことが重要だった**のです。そのような位置関係を、明治時代と同様、地図で確認しながら読み進めると良いでしょう。

第一次世界大戦

● ヨーロッパの情勢

1914 年にオーストリアの皇太子とその妻が**サラエボ**に視察に来ていた際、**セルビア人の青年により暗殺される**事件（サラエボ事件）が起きました。皇太子とは帝位継承者のことで、皇帝になる予定だった人物が暗殺されてしまった、ということです。サラエボは、バルカン半島の西部に位置する都市で、現在はボスニア・ヘルツェゴビナの首都となっていますが、当時はオーストリア領だった場所です。このバルカン半島は、入れ替わり立ち代わり様々な国が占領してきた地域だったため、人種や宗教が異なる人々が数多く住んでおり、いつトラブルが起きてもおかしくない**ヨーロッパの火薬庫**と言われる地域でした。そして 1908 年にオーストリアがこのサラエボのセルビア人が多く住む地域を**併合した**ため、セルビア人から反感を買っていたのです。

皇太子を暗殺されたオーストリアは、事件の調査後、セルビアにいくつかの条件を突き付けました。これに対してセルビアは一部受け入れられないとしたため、オーストリアは国交断絶を決定し、戦争状態となってしまいます。それを受けて、セルビアと同盟を結んでいた**ロシア**がセルビアを助けるためにオーストリアへ進軍しました。しかし実はオーストリアも**ドイツ**と同盟を結んでいたため、ドイツはすぐさまロシアに対して進軍を中止するように求めたのです。

このままではロシアとドイツの潰し合いになってしまうと考えたロシアは、1907 年に**ロシア・イギリス・フランス**で結んだ三国協商のチームワークを利用しようとし、**フランス**へ声をかけました。ドイツはフランスとロシアに挟まれているので、**手を結べば挟み撃ちにできる**と考えたのです。フランスは

12

大正時代

243

1870年の**普仏戦争の恨み**を返せるチャンスと考え、ドイツへの進軍を準備し始めました。

　それを知った**ドイツはすぐさまフランスに宣戦布告**し、フランスとドイツの間にあった**ベルギーとルクセンブルクへ侵攻**してしまいます。このときベルギーは、1839年の**ロンドン条約**で**永世中立国**としてドイツも承認した国でした。そのため大した軍事力を持ち合わせておらず、あっさりドイツの侵攻を許し占拠されてしまいます。この状況を見た**イギリス**は、同じくロンドン条約を批准した国として許せず、ドイツへ宣戦布告します。すると**日英同盟**を結んでいた日本も、首相である**大隈重信**を中心に参戦意見が多数となり、**日露戦争の恩を返すためにドイツへの宣戦布告**を決定します。こうして同盟によって世界中が巻き込まれる戦争へと拡大してしまったのです。なお、ドイツ・オーストリアと**三国同盟**を結んでいた**イタリア**は、1915年に**三国同盟を破棄**し、オーストリアに宣戦布告し、翌年ドイツにも宣戦布告します。

⬤ 日本の参戦と二十一カ条の要求

　大隈重信首相は日英同盟を根拠にドイツへ宣戦布告しましたが、ドイツ本国は日本から離れていて実際に参戦するのは大変です。そこで日本はアジアに存在する**ドイツの植民地を攻撃**することにしました。まずは中国山東省の租借地であった青島と膠州湾を攻撃し、占領しました。加えてマリアナ諸島やマーシャル諸島といった太平洋の植民地を占領していきます。

　この後、再度イギリスから参戦要請を受けましたが、**加藤高明**外相は「徴兵令で召集された兵士を国益に直接関係しない戦争に参加させられない」として**拒否します**。そこでイギリス、フランス、ロシア政府は、日本が**ヨーロッパ戦線に参加することを条件**に、ドイツから奪ったドイツ領の中国での権益を日本が引き継ぐ密約を承認します。これが**二十一カ条の要求**です。

　この二十一カ条の要求とは、**大隈重信**内閣が1915年に中国の袁世凱政府に

突き付けたもので、**山東省**のドイツ権益を日本が継承すること、**旅順**と**大連**の<ruby>旅順<rt>りょじゅん</rt></ruby>、<ruby>大連<rt>だいれん</rt></ruby>

租借権の期限を 99 年延長すること、日本人の**住居と営業**を認めること、南満州と東部内蒙古の**鉱山採掘権**を承認すること、政治・財政・軍事については**日本人顧問を採用**すること、が盛り込まれていました。

● ロシア革命

　日露戦争の最中、1905 年にはロシアで**血の日曜日事件**が勃発しました。これはロシアの労働者が日露戦争の中止、労働者の待遇改善、基本的人権を求めてデモを行っていたところ、警備の兵士が発砲したことをきっかけとして、多数の死傷者が出る事態となった事件です。これは長引く戦争と**ニコライ2世**の専制に対する不満の表れでもありました。その後何とか戦争は終わったものの、**1914 年**には第一次世界大戦が始まります。するとロシア各地で反乱が起き、**1917 年**には労働者と兵士の代表による評議会（**ソビエト**）が結成され、ニコライ2世は退位させられるという**三月革命**が起きました。そして**レーニン**がリーダーとなり、全ての権力をソビエトへ集めることを目指して、新政府の樹立を宣言したのです。これが**十一月革命**です。しかしすぐに国を統一できたわけではなく、**内戦**が起き、さらに 1921 年には**飢餓**に見舞われました。そして **1922 年**にやっと**世界最初の社会主義国**である、**ソビエト社会主義共和国連邦（ソ連）**が樹立されたのです。

　なお、この革命の時に、共産主義国家は貧富の差がない理想的な国として宣伝されたため、共感した者たちによって共産主義の考え方が世界中へ波及していきます。そのため、欧米や日本は**共産主義が国内に広がるのを恐れ**、ソビエトを抑え込むために連合軍として**シベリアに出兵**しています。しかしこの出兵はうまくいかず、連合軍は撤退し、結局ソ連が建国されることになりました。

● アメリカの参戦と世界大戦の決着

　1914 年の第一次世界大戦開戦当時、アメリカはヨーロッパの問題には首を突っ込まないという**モンロー主義**の考えから参戦していませんでした。しかし

1915 年にドイツ軍の**無制限潜水艦作戦**によって、多くの**アメリカ人が乗っていたイギリスの客船ルシタニア号が撃沈された**のです。するとアメリカの世論はドイツに対する反感が高まっていきました。また、貿易相手国であるイギリスやフランスが負けたら、貿易収入が得られなくなるだけでなく、イギリスとフランスに戦費として貸し付けていたお金も返って来なくなると考え、**1917年**に**ウィルソン大統領**の政権下で**アメリカも参戦を決意**しました。

　アメリカはドイツに宣戦布告すると、兵士や物資をヨーロッパに送りました。ドイツは潜水艦作戦での海上封鎖により、半年もあればイギリスを孤立させて攻略できると考えていましたが、それも難しくなってきました。こうして長引く戦争に対し、ドイツ国内でも反戦運動が盛んになってきます。

　1918 年になると、ヨーロッパでは**スペイン風邪（インフルエンザ）**によるパンデミックが発生しました。全世界で人口の約 30% にあたる、約 5 億人が感染したとも言われており、人類史上最大の死者数が出てしまいました。ドイツの兵士も例外ではなく、戦争どころではなくなっていったと言います。さらに 1917 年から 18 年にかけては**ロシア革命**をはじめ、オーストリア＝ハンガリー帝国でも革命が起こり、各地の帝国が民族運動により次々と消えていきました。そのためドイツ国内でも帝政に対する反発が高まり、反戦運動も激化して**皇帝ヴィルヘルム 2 世が退位**させられました。**1918 年**には同盟国が次々と降伏し、**最後にドイツが降伏**したことで、第一次世界大戦は決着がつきました。なお、1922 年にはオスマン帝国も事実上消滅しています。

● パリ講和会議とベルサイユ条約
　ドイツが降伏すると、アメリカ・イギリス・フランス・イタリア・日本の 5 カ国が中心となって、1919 年に**パリ講和会議**が開催されました。この会議では、アメリカの**ウィルソン大統領**によって、国際協調と民族自決の精神を基本とする**国際連盟**の設立が提唱されました。そしてこの会議の結果、連合国とドイツとの間で**ベルサイユ条約**が締結されたのです。

この条約によるドイツへの処分は非常に厳しく、ドイツは全ての海外植民地と権益を放棄させられています。これに伴って**山東半島のドイツ権益が日本へ**、アルザス・ロレーヌはフランスへ返還、ポーランド・ベルギー・デンマークに隣接する地域を割譲することになりました。また、ザール地方とダンツィヒは国際連盟の管理下に置かれます。徴兵制も禁止となり、陸軍と海軍の人数も制限され、航空機と潜水艦の所有も禁止されました。さらに1,320億金マルクという**国家予算の数十年分に相当する莫大な賠償金**が課されることになりました。

これらのベルサイユ条約による要求は、**ドイツにとってあまりに負担が大きく**、ドイツ国民の反発を招きました。また、アメリカは最終的には戦争に参加しましたが、やはり国内のモンロー主義（ヨーロッパのいざこざには干渉しない）は根強く、調印したもののアメリカ議会での承認は得られず、批准しませんでした。中国も日本が山東省の権益を引き継ぐことを受け入れず、調印しませんでした。こうして**各国がそれぞれ不満をため込んだまま、ドイツに賠償を無理矢理押し付ける形で第一次世界大戦は終結**しました。この条約によってドイツ経済を混乱させたことが、第二次世界大戦へとつながり、日本も日中戦争、そして太平洋戦争へと突き進むことになってしまいます。

なお、第一次世界大戦が終結した段階で、ドイツ帝国は崩壊していたため、**1918年**に**ドイツ共和国**となっています。そして君主制から共和制にするにあたって、1919年、**ワイマール憲法**を制定しワイマール共和国となりました。この憲法は男女普通選挙による議会政治、国民の直接選挙で選ぶ大統領制、労働者の団結権などを含む社会権の保障を明記した、**当時最も先進的な人権規定**となっていました。そのため、日本が第二次世界大戦後に日本国憲法を作る際に参考にした憲法の一つにもなっています。しかし、残念なことにこの後ナチスの台頭により、1933年、ワイマール共和国は**わずか14年で消滅**することになります。

第一次世界大戦後の国際社会

● 国際連盟の設立と問題

アメリカの**ウィルソン大統領**は第一次世界大戦の反省から、二度と戦争が起こらないように話し合いの場を設けるべきだと提唱しました。そこで **1920年**にスイスの**ジュネーブ**に本部を置いた**国際連盟**が設立されました。しかしアメリカはベルサイユ条約も批准しておらず、連盟に関わるべきではないという国内世論が根強かったことから、**提案したアメリカ自身が加盟しない**組織になってしまいました。

また、総会と理事会の議決は**全会一致**を原則としたことから、話がまとまらず、成果が上がりませんでした。結果的に紛争を解決するどころか、必要な手立てすら講じることができなかったため、破綻していく要因となります。

国際連盟の設立に際し、事務次長として新渡戸稲造（にとべいなぞう）が選出され、牧野伸顕（まきののぶあき）が人種差別撤廃を規約に入れることを提案しましたが、アメリカの反対により、叶いませんでした。この**人種差別撤廃について国際会議の場で提案したのは日本が最初**でしたが、当時アメリカでは**移民排斥運動**が起こっており、ウィルソン大統領としても人種差別撤廃を支持してしまうと世論の反発を招く危険性が

> **深掘り！解説　新渡戸稲造**
>
> 　　新渡戸稲造は『**武士道**』という本を英語で書き、世界中でベストセラーとなっています。これが**今日の日本人の道徳観を世界に広めた**と言っても過言ではないでしょう。また、彼の肖像画は 1984 年から 2007 年までの間に作られた**五千円札**にも採用されています。

高かったため、反対することになりました。ここで可決されていれば世界が変わったとは言い切れませんが、これ以降も世界各地で人種差別問題が起き、第二次世界大戦の一因にもなっています。国際会議で人種差別撤廃が決定されたのは、それから70年以上経った1994年のことになります。

⬤ ワシントン会議と日英同盟解消

1921年、海軍の軍縮と、太平洋、中国の問題を協議するために**ワシントン会議**が開かれました。この会議では、**海軍の主力艦に制限**を設け、**中国の主権を尊重し、領土を保全する**ことも確認されました。これより前の1915年に日本は二十一カ条の要求で中国に多くの利権を認めさせ、1919年のパリ講和会議でもドイツの権益を日本が引き継ぐことになりましたが、中国国内では**反日感情が高まっていました**。反日・反帝国主義を掲げて**五・四運動**が起きると、**孫文**が率いる**中国国民党**と**中国共産党**が協力して日本に対抗する流れが生まれていったのです。また、アメリカは満州や東南アジアの権益を日本に独占させないように会議の主導権を握り、**二十一カ条の要求で獲得した旧ドイツ租借地は返還**されることになりました。

他に、太平洋諸国の現状維持が確認され、この中に**日英同盟の解消**も加えられることになりました。日英同盟が残っていると、日本の太平洋進出をイギリスが後押ししかねない、という考えからアメリカが提案したものでした。日本も、東南アジアにはイギリスの植民地が多いことから、**日英同盟があると東南アジアへの進出が難しい**と考えていました。イギリスとフランスも、日本とアメリカの関係がよくない状況下で、万が一戦争になれば同盟を根拠に巻き込まれかねないと感じていました。こうして、各国の思惑が一致する形で解消されることになったのです。この条約を**アメリカ**、**イギリス**、**フランス**、**日本**の四カ国で結んだため、**四カ国条約**と言います。

⬤ ソ連の政策

1922年、レーニンがリーダーとなってソ連（ソビエト社会主義共和国連

邦）が建国されました。しかしレーニンはソ連建国後2年でこの世を去ってしまいます。そこから1953年までの29年間にわたり**独裁政権**を敷いたのが**スターリン**でした。スターリンは1928年に**第一次五ヵ年計画**を掲げ、重工業を発展させ、農業は**コルホーズ**という集団農業を行うことで国内の安定を目指しました。その5年後には**第二次五ヵ年計画**を掲げ、交通網の整備と軍事力の強化を行っていきました。この間、国内ではその強引な改革に批判が相次ぎましたが、スターリンはそれらの人々を処罰、粛清していきました。この弾圧によって800万人もの人々が死刑にされたと考えられています。

　なお、レーニンは遺言で「**スターリンはヤバいから、あいつだけはリーダーにするな！**」という手紙を残していましたが、これを一番先に見つけてしまったのがスターリン本人だったため、握りつぶされてしまった、と後にスターリンの後継者となった**フルシチョフ**が語っています。歴史のいたずらとも言えるような出来事ですね。

第一次世界大戦前後の
日本の動向

● 大正デモクラシーと護憲運動

　明治末の政治は、明治維新で実権を握った藩の出身者が中心となって行われた**藩閥政治**だったため、憲法を定めたとはいえ、その実情は国民のためというより、身内に甘い政治になっていました。それは内閣総理大臣の出身県にも顕著に表れており、初代伊藤博文は**山口県**、第2代の黒田清隆は**鹿児島県**、第3代の山縣有朋は**山口県**、第4代の松方正義は**鹿児島県**、第5〜7代は伊藤博文、

松方正義、伊藤博文と続き、第8代大隈重信は**佐賀県**、第9～10代は山縣有朋、伊藤博文、とかなり出身が偏った人選となっていることがわかります。そして1901年の第11代から1913年の第15代までは、**山口県**出身の**桂太郎**と、公家出身の**西園寺公望**が交互に就任しています。この政治体制を、名字から一文字ずつ取って**桂園時代**と言います。この頃は日露戦争前後にあたり、日本の立ち位置が決まる変革の時期だったため、交互に担当することでバランスを取って安定した政権を目指していたのです。

　しかしこの**1912年**、第15代桂太郎のときに国民の怒りを買う問題が起きました。桂は山口県出身の陸軍大将で、同じく山口県出身だった**山縣有朋**元首相の意向に沿って**軍備拡張をしようとし**、さらに立憲政友会に代わる新たな政党（立憲同志会）を作ろうとしたため、**立憲政友会の尾崎行雄**と**立憲国民党の犬養毅**らが協力し合い、内閣不信任案を提出しようとしました。そこで桂はそれを防ぐために**議会を停止する（不信任案を提出させない）という暴挙**に出たため、国民の怒りは爆発し、国会議事堂に押し寄せたり、新聞社や交番を襲ったりする暴動が相次ぎました。そのため**桂内閣は総辞職**し、第16代には鹿児島県出身の**山本権兵衛**が就任し、立憲政友会を与党とすることで一段落しました。この憲法に基づいた、藩閥政治ではない立憲政治を行うことを求めた運動を**護憲運動**（**憲政擁護運動**）と言い、1912年に起きた桂太郎内閣に対する運動を**第一次護憲運動**と言います。

　その後、**1914年**に第17代総理大臣として**大隈重信**が就任し、第一次世界大戦への参戦を決定し、二十一カ条の要求を突き付けました。なお、第一次大隈内閣は1898年に**日本初の政党内閣を組織した**と言われています。ちょっとややこしいのですが、この後に日本初の本格的な政党内閣を組織した首相として**原敬**が出てきます。これについては後で説明しましょう。

　1916年には山口県出身で陸軍大将の**寺内正毅**が、朝鮮総督の功績から第18代首相に就任しました。しかし**1918年**に**シベリア出兵**を計画すると、軍

隊のために米が大量に必要になると考えた商人たちが**全国の米を買い占めました**。すると日本中の米が不足したため、米の価格が上昇していきます。これをチャンスと思った米屋は、さらに価格が上がると踏んで、売らなくなってしまいます。こうしてさらに品薄から価格が上昇し、とうとう庶民では手に入らない価格まで上昇してしまいました。すると富山県で住民らが実力行使で米の輸送を阻止する**米騒動**が起こり、その運動が全国へ波及していったのです。さらに**シベリア出兵も失敗**し、寺内正毅内閣はその責任を追及され、退陣することになりました。

原敬

1918年、立憲政友会総裁だった**原 敬**（はらたかし）が第19代内閣総理大臣に就任しました。原は爵位を持たない衆議院議員として最初の内閣総理大臣だったことから、**平民宰相**（へいみんさいしょう）として親しまれました。彼は陸軍、海軍、外務大臣以外の大臣は立憲政友会から選出し、**日本初となる本格的な政党内閣を組織**します。しかし1921年に東京駅で18歳の青年に、刺殺されてしまいました。この現場は、現在の東京駅丸の内南口の改札前にあたり、印が付けられ、その時の状況について書かれたプレートがあります。

　1921年には**高橋是清**（たかはしこれきよ）が第20代内閣総理大臣として就任しましたが、原敬暗殺による急な就任だったため、うまく統率ができずに半年程度で総辞職に至りました。なお、この時は大した実績を残していない高橋ですが、彼の財政・金融政策は非常に素晴らしく、中でも昭和恐慌を乗り切った常識外れの解決策は有名です（詳細は p. 263 を参照）。

　1924年には、第23代として**清浦圭吾**（きようらけいご）が就任します。枢密院議長だった彼は、貴族院議員で構成される内閣を組閣してしまいました。これに対して立憲政友会の**高橋是清**、憲政会の**加藤高明**、革新倶楽部（後に立憲政友会が吸収）の**犬**

養毅らが協力して清浦内閣の打倒に乗り出しました。そのため清浦内閣は衆議院を解散し、総選挙を行ったところ、大敗して**加藤高明**内閣に移行することになりました。この時の運動を**第二次護憲運動**と言います。そしてこれら民主主義を要求する思想と運動の総称を、**大正デモクラシー**と呼んでいます。

　1925 年には第 24 代内閣総理大臣に就任した**加藤高明**が、公約に掲げた**普通選挙法**を成立させましたが、それに先立って**治安維持法**も制定しています。この法律は**天皇制を否定したり、共産主義を広めようとしたりすることを取り締まるために制定したもの**ですが、**自由主義や反戦の主張も標的**とされ、拷問が相次いで行われました。自分の考えを主張できないという点では、民主的ではありませんが、この戦争の時代では、民主的政策だけを掲げるわけにもいかなかったのでしょう。この件については枢密院から、普通選挙法だけを制定すると、共産主義を主張する人々が当選してしまう可能性があるから、必ずセットで制定するように圧力があったそうです。そのため、一見矛盾したこの二つの法律がほぼ同時に制定されることになったのです。

深掘り！解説 **本格的な政党内閣**

　1898 年に大隈重信が内閣総理大臣となり、その時に一度政党内閣を組織しています。この時代、**内閣総理大臣になるのは帝国議会議員である必要がなく**、大隈重信も板垣退助も、実は党首だったというだけで、議員として当選したわけではなく、選挙にすら出ていません。一方、原敬内閣は**陸軍、海軍、外務大臣以外は帝国議会議員、かつ立憲政友会から選ばれている**ため、日本初の本格的な政党内閣と言われているのです。

●大正時代の戦争とその要因

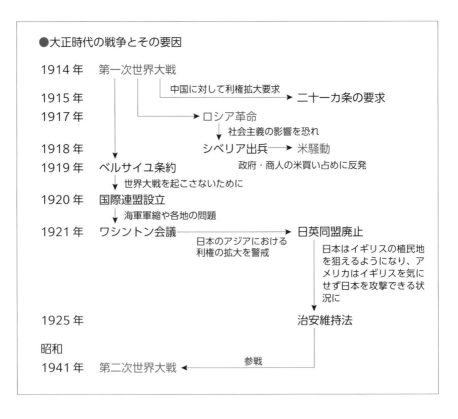

1914年　第一次世界大戦

1915年　　　　　　　　　中国に対して利権拡大要求　　二十一カ条の要求

1917年　　　　　　　　　→ロシア革命

　　　　　　　　　　　　　　社会主義の影響を恐れ

1918年　　　　　　　　　シベリア出兵→米騒動

1919年　ベルサイユ条約　　　　　　政府・商人の米買い占めに反発

　　　　　世界大戦を起こさないために

1920年　国際連盟設立

　　　　　海軍軍縮や各地の問題

1921年　ワシントン会議　　　　　　　　　　　　日英同盟廃止

　　　　　　　　　日本のアジアにおける
　　　　　　　　　利権の拡大を警戒

　　　　　　　　　　　　　　　　　　　　　日本はイギリスの植民地
　　　　　　　　　　　　　　　　　　　　　を狙えるようになり、ア
　　　　　　　　　　　　　　　　　　　　　メリカはイギリスを気に
　　　　　　　　　　　　　　　　　　　　　せず日本を攻撃できる状
　　　　　　　　　　　　　　　　　　　　　況に

1925年　　　　　　　　　　　　　　　　　　治安維持法

昭和
　　　　　　　　　　　　　　参戦
1941年　第二次世界大戦◀

13

昭和
（戦前・戦中）

昭和（戦前・戦中）
流れをザっとおさらい

1927 年	**昭和金融恐慌**／中国国民党が国民政府を樹立
1928 年	張作霖爆殺事件
1929 年	**世界恐慌**
1930 年	ロンドン海軍軍縮会議／ガンディーの非暴力・不服従運動
1931 年	柳条湖事件／**満州事変**
1932 年	**五・一五事件**（犬養毅首相暗殺）
1933 年	国際連盟脱退、ドイツも国連脱退
1936 年	日独防共協定／**二・二六事件**／抗日民族統一戦線
1937 年	**盧溝橋事件**／**日中戦争**
1938 年	国家総動員法
1939 年	**第二次世界大戦**
1940 年	日独伊三国同盟／大政翼賛会／大東亜共栄圏
1941 年	**日ソ中立条約**／**太平洋戦争**（真珠湾攻撃）
1945 年	ヤルタ会談／ポツダム会談／ソ連が日ソ中立条約を破棄して日本へ侵攻／ポツダム宣言の受諾

この時代は各国の思惑に裏工作が絡んでくるため、**表向きの行動と、裏の企みの両面から考えていく**と理解しやすくなります。例えば、中国が国共合作<ruby>国共合作<rt>こっきょうがっさく</rt></ruby>で国民党と共産党が手を結びましたが、これは共倒れになって日本に占領されたら元も子もない、という利害の一致から結ばれたものなので、日本の侵略の恐れがなくなれば、手を結ぶ理由はなくなります。これが現在の中国本土（共産党）と台湾（国民党）の分断を生んでいます。関東大震災や昭和金融恐慌で日本経済が大打撃を受けた時、国民の政治への怒りの矛先をそらすため、中国大陸に活路を見出そうとしたのが満州事変であり、軍主導の政治につながっていきます。大東亜共栄圏も、今となっては侵略構想と解釈されていますが、もともとはアジア各国を侵略し、植民地化していた欧米諸国への対抗から生まれたスローガンです。ヤルタ会談でソ連とアメリカが手を結んだのも、とにかく日本を抑え込もうという思惑が一致したためであり、世界平和のためではありません。それは日ソ中立条約を破棄して日本へ侵攻するという密約にも表れています。こういった**裏の思惑に注意しながらつながりを理解していく**と、第二次世界大戦の本当の姿が見えてきます。

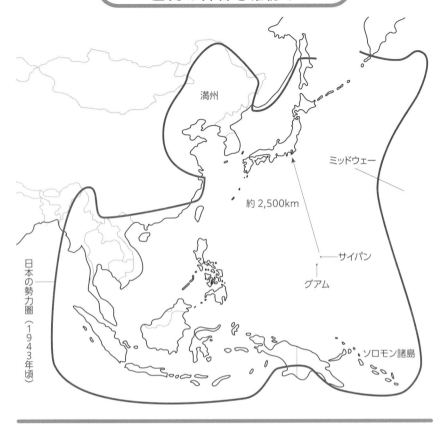

満州

ミッドウェー

約 2,500km

サイパン

グアム

日本の勢力圏（1943年頃）

ソロモン諸島

　日本は資源を求めて満州、東南アジアへと進出し、オセアニア一帯まで勢力を拡大しました。しかしミッドウェー海戦で主力空母を失う大打撃を受けて以降、敗走が続き、とうとうグアム、サイパンが陥落します。これにより日本本土がB29による爆撃射程圏内に入ってしまったため、日本各地が空襲にさらされることになりました。第二次世界大戦は航空機が本格的に導入されたので、戦域は拡大していきました。ですから各国の思惑が表れる場所を地図で確認していくとよいでしょう。

世界恐慌と各国の財政政策

● ウォール街の株価暴落が世界恐慌にまで発展

　教科書では世界恐慌について「アメリカは第一次世界大戦の被害を受けることなく繁栄が続き、世界経済の中心になっていましたが、1929年にニューヨークの株式市場の株価が暴落し、この混乱がアメリカから世界へ広がりました」と簡潔に書かれていますが、この**世界恐慌の発端は第一次世界大戦**にあります。その部分を深掘りしていきましょう。

　第一次世界大戦の主な戦場はヨーロッパで、当時は飛行機がすでに発明されていたものの、まだ大西洋を横断して戦争できるほどではありませんでした。そのためアメリカは戦火に巻き込まれなかったため、**世界の工場の地位がイギリスからアメリカへ**と移っていったのです。

　世界の工場としての役割を担ったアメリカは、経済が急速に発展しました。しかしその発展は第一次世界大戦の恩恵を受けたものであり、**戦争が終結すると、アメリカへの注文は激減**し、たちまち経済が悪化してしまいました。アメリカは第一次世界大戦の敗戦国であるドイツに資本を提供することで、ドイツ経済を立て直し、賠償金を支払ってもらうつもりでしたが、経済が悪化したことにより、**ドイツに資本を提供できなくなって**しまいました。するとアメリカの資本を頼りに経済を復興させるつもりだったドイツは立ち直れず、賠償金も払えません。賠償金の支払先であるイギリスとフランスもドイツからお金が入って来ないため、第一次世界大戦の時にアメリカに借りていたお金を返すことができないという状態に陥ってしまったのです。

そのためアメリカの経済はさらに悪化し、失業者が増大していき、とうとうアメリカを代表する大企業、**ゼネラルモーターズ（GM）が倒産するかもしれない**、という騒ぎになりました。まさか倒産することはないだろうと思われていた大企業が倒産すれば、アメリカ中の会社が連鎖倒産すると慌てた投資家が次々と株を売却していきました。このことでアメリカの株価は大暴落を引き起こし、経済的に豊かだったアメリカの会社が潰れるなら、他の国の会社もどんどん潰れる可能性があるとして、世界中の株が売られ、暴落は世界中に広まってしまいました。これがニューヨークの株式市場、ウォール街で株価が暴落して**世界恐慌**にまで発展した流れです。

　ウォール街と呼ばれているのは、その名の通り、壁があったからです。オランダ人がニューヨークにやって来た時、先住民と対立したことから、防御壁としてつくられました。その後この地は材木の取引を行う場所となり、のちに証券の取引所へと変わり、アメリカ経済の中心地へと発展していきました。

　ゼネラルモーターズは株価が80％も大暴落したものの倒産せず、第二次世界大戦の軍需品の特需により復活しています。車両販売台数世界一の座を2008年にトヨタに明け渡すまで、77年間も保持していました。しかし2009年に財政悪化により経営破綻したため、アメリカ政府から公的資金の援助を受け、現在も存続しています。

● ニューディール政策とブロック経済で、なぜ自国の経済を守れるのか

　世界恐慌の発端となったアメリカでは、フランクリン・ローズベルト大統領によりニューディール政策が行われました。これはあふれた失業者に対して公共事業を実施することで雇用を増やし、経済を立て直す政策です。また、それまで金と交換できることを保証して紙幣を発行していた金本位制をやめ、金とは交換しないことを宣言しました。これによりアメリカ国内からの金の流出を防ぎ、さらに金の量に関係なく紙幣を刷ることができるようになりました。

金本位制

　　お金の役割は物々交換から始まり、石や貝をお金として使う時代を経て、鉄や銅の硬貨へと移っていきました。江戸時代には金と銀を基準とする通貨制度へと変わっていきましたが、明治時代には実際に金を持ち歩いて取引をするには金が重たすぎたため、金と交換できることを保証した紙でやり取りするようになりました。この**金と交換できることを約束した紙が紙幣の始まり**で、この制度のことを**金本位制**と言います。しかし世界恐慌の時は、政府が財政支出しようにも、交換する金が不足するという事態になってしまい、金本位制のままでは紙幣を刷ることができませんでした。しかもこの事態は、人々に「金と交換できないただの紙切れになるのではないか!?」という不安を抱かせたため、「交換できなくなる前に金に換えておかないと!?」という人々によってどんどん金に換えられてしまい、ますます金が不足するという悪循環を生み出しました。そこで政府は思い切って金とは交換せず、政府がその価値を保証するという形に変えたのです。

　イギリスと**フランス**も同様に金本位制を停止し、**輸入品に高い関税**をかけることで、国内の産業を守ろうとしました。これを**ブロック経済**と言います。当時イギリスもフランスも植民地を多く所有していたため、国内のみで経済を回すことができるようになりました。しかし、貿易相手国へのお金の流れが滞ってしまったため、世界経済は不況へと突き進んでいきました。

　この頃の**ソ連（ソビエト社会主義共和国連邦）**は、教科書には「**五ヵ年計画を実施した**」とだけ書いてありますが、正確には世界恐慌以前から経済状態が良くなかったため、すでに**スターリン**によって五ヵ年計画が遂行されていました。この五ヵ年計画は、**重工業を発展させ、農業の集団化によって生産力を向上**させることで社会主義国家を目指した政策です。社会主義国家は、資本主義の自由競争こそが貧富の差の根源であるという考えに基づき、国民全員に平等に富を分配しようという国家です。そのため、資本というものもなく、雇う、雇われるという関係もないため、世界恐慌の影響を受けずに経済成長することができたのです。

● 世界が自国の経済を守るのに必死になっていたとき、日本は……

　世界中が自国の経済を守るのに必死になっていたとき、日本は一体何をしていたのでしょうか。実は世界恐慌が起きる1929年より前の1923年に発生した**関東大震災**により、政治的にも経済的にも大混乱に陥っていました。さらに1927年には当時の**大蔵大臣による「銀行が破綻した」という勘違いの失言**により、全国の預金者がお金を引き出すというパニックが起きました。これにより資金を奪われた銀行が破綻し、銀行からお金を借りることができなくなった企業も次々と連鎖倒産をするという、**昭和金融恐慌**に見舞われていたのです。そのような状況の中で**1929年**に**世界恐慌**が起きたため、日本は深刻な状況に陥りました。

　さらに間の悪いことに、日本は以前から日本円の価値を高めるために、**金の解禁**を予定していました。金の輸出許可制を廃止して、国際社会の金本位制に準ずるはずだったのです。しかしその直前に世界恐慌が起きたことで、他の国は金との交換を停止、日本は世界に逆行する形で金本位制を導入するハメになってしまいました。その結果、自国では交換をしてくれなくなった紙幣を日本円に変えて、金に変える海外投資家が続出し、**日本国内の金はたちまち世界中へ流出**してしまったのです。金本位制を導入した日本は、手元にある金の分しか紙幣を発行できません。そのため、日本経済は著しく悪化していきました。さらに当時の内閣総理大臣**浜口雄幸**はロンドン海軍軍縮会議で軍縮条約に調印し、**軍備縮小をすることで資金を確保しようとした**ため、海軍が内閣に対して猛反発しました。

　こうして国内経済が衰退していく中、政治に対する不満が高まっていったため、軍部を中心に国土と国力を増強し、財閥に兵器を作らせることで経済を回し、財政を立て直す考えが生まれてきました。これが後の日中戦争、そして第二次世界大戦（太平洋戦争）へとつながっていくことになります。

文官 VS 軍人政治家

　　現在は日本国憲法により、「内閣総理大臣及び国務大臣は文民でなければならない」と規定されているため、旧日本軍や自衛隊に関わる人が内閣を担うことはありません。しかし当時の大日本帝国憲法では軍人が政治家になることもできたため、戦争に反対する政治家を追い出し、軍人が政治を取り仕切るようになっていきました。つまり、逆に言えば軍国主義化に抵抗しようとする政治家も多くいたのです。

高橋是清

　　第20代内閣総理大臣にもなった高橋是清は、1927年の昭和金融恐慌での金融危機の際、当時の内閣総理大臣である田中義一（たなかぎいち）に頼まれて、臨時で大蔵大臣に就任しています。この時日本の銀行には、倒産するかもしれないと焦った預金者が殺到し、次々と預金を引き出そうとしていました。銀行はお金を預かって運用することでやりくりしていますから、そのお金を持ち出されたら運用資金がなくなり、破綻してしまいます。そのため、高橋は就任するとすぐさま全ての銀行の営業を3週間停止させ、その間に片面だけが印刷された札束の山を作らせ、各銀行の窓口に置かせました。その結果、山積みにしてある紙幣を見て預金者は安心し、わずか1ヶ月程度でこのパニックを収束させてしまいました。

　　また、彼は1931年にも犬養毅首相に頼まれて大蔵大臣に就任しています。この時は解禁されていた金輸出を再度停止し、金本位制をやめて管理通貨制度へと移行させています。これは世界でも初めての試みで、評価されています。また、軍備拡張で膨張した予算を、日本銀行による公債発行でカバーするという方法を用い、日本経済の回復に大きく貢献しています。しかし軍事費の膨張は止まらず、赤字公債発行によるインフレの恐れが出てきたため、軍事費の抑制を打ち出したところ、1936年の二・二六事件で暗殺されてしまいました。これ以降、日本の財政と金融をコントロールできる者がいなくなり、迷走することになるのです。

満州事変と日中戦争

● なぜ関東軍は満州事変を起こしたのか

　関東大震災、昭和金融恐慌、世界恐慌とトリプルパンチをくらった日本を立て直すべく、関東軍は資源を確保するために大陸に進出するべきだと主張しました。天皇と当時の政府は反対したものの、関東軍は、**石炭資源が豊富な南満州を乗っ取れば日本は豊かになる**と考え、独断で動きました。こうして起こったのが満州事変です。もう少し詳しく見てみましょう。

　南満州は、ポーツマス条約や第一次世界大戦中に日本が中華民国政府に対して行った**二十一カ条の要求**で、手に入れた土地の一つでした。しかしそれはあくまで租借権や鉄道利権であり、日本の領土になったわけではありません。そこで、南満州の警備を担当していた関東軍は政府の方針を無視して、満州をそのまま乗っ取り、さらに領土を拡大していこうと考えました。そして、まず奉天の軍の指導者でもあり、満州を支配していた張作霖を暗殺しました。これを**張作霖爆殺事件**と言います。

　次に関東軍は、南満州鉄道を爆破し、張作霖の跡を継いだ息子の仕業だとして軍事行動に移りました。この鉄道を爆破した事件を**柳条湖事件**と言い、この一連の騒動を総称して**満州事変**と言います。国際法上は、自国の権利を守るために、自衛権を行使することは認められていたため、関東軍はそれを悪用して、「中国が攻撃してきたから、満州の権利を守るために反撃しただけだ」という理由で満州を占領してしまったのです。もちろん関東軍は同様のことを日本政府にも報告。証拠の写真が残っているわけでもなく、現地の様子や話を知るすべは当事者からの報告しかありません。そのため、政府としてはその話を

信じて行動するほかなかったのです。

　ところがこれを国際連盟から派遣された**リットン調査団**が、自衛とは言い難い行為とし、満州の権益は認めても、<mark>満州国の建国は認めるべきではない</mark>、と結論付けました。日本政府としては、関東軍の話を信じて行動しているわけですから、そう言われても引き下がれません。結局、当時の首相の**斎藤実**は関東軍の思惑に乗せられてしまったのです。

● 五・一五事件と二・二六事件

　犬養毅は満州事変では、関東軍に乗せられる形で問題を解決することを国際社会に約束しましたが、**満州国の建国には反対**でした。おそらく、関東軍が言っていることが本当だったとしても、満州を国として独立させるのはやりすぎだと考えていたのでしょう。そのため関東軍は強引に満州国の建国を宣言させましたが、犬養毅は満州国を承認しませんでした。こうして犬養毅と陸軍との間で対立が生じ、**1932年5月15日**に武装した海軍青年将校らが総理大臣官邸に乱入し、犬養毅は暗殺されてしまいました。この事件を**五・一五事件**と言います。

犬養毅

なお、彼の後に臨時で内閣を率いたのが、高橋是清です。今回は10日程度の臨時の引き継ぎだったため、総理大臣としてはカウントされていませんが、原敬が暗殺された後に総理大臣になったのも高橋是清でした。昭和金融恐慌の時に臨時で大蔵大臣になって金融危機を解決に導いたのも高橋是清です。いざというときに頼れる人物だったのかもしれませんね。

　さて、満州国を建国したものの、世界は認めていないため、国際連盟の場で説明をしなければなりません。その役を全権大使として任されたのが松岡洋右でした。彼は必死に日本の考えを訴えましたが、リットン調査団の報告書により、満州国の独立は認められなかったため、国際連盟脱退を宣言して途中退場しました。ちなみに国際連盟の加盟国は当時44カ国で、アメリカ、ソ連は加盟していませんでした。一見少ないように思えますが、これは当時は植民地だらけで、独立している国が少なかったためです。

　国際連盟を脱退した日本は、国際的なルールや枠組みに従う理由がなくなったので、満州国の支配を確固たるものにするべく動きます。もちろん中国はこれに反発しましたが、中国国内で中国国民党と中国共産党が内戦を繰り広げていたため、まともに抵抗することができませんでした。そこで中国共産党は「国内で争っていないで、まずは日本に対抗しよう！」という運動（抗日民族統一戦線）を展開しましたが、国民政府の蒋介石が共産党との内戦を優先し、協力は実現しませんでした。そうこうしている間に日本は満州国の統治を固めていきました。こうして満州国の皇帝には滅亡した清の最後の皇帝だった溥儀を据え、何の決定権も持たない事実上日本の傀儡政権にすることに成功しました。

　日本が満州を実質的に手に入れることに成功した頃、国内では政府と軍の関係が落ち着いてきました。しかしその関係は、軍が気に食わなければ、クーデターを匂わせて脅すというやり方で、政府も軍の顔色を窺いながら行政のかじ取りをするような状態でした。そんな状態なので、もちろん汚職事件も続発し、

一部の特権階級の人々が利益を得て、国民生活は向上しない状態となりました。このような状態にしびれを切らしたのが陸軍青年将校たちでした。彼らは**もう一度天皇中心の政治に戻そう**と考え、クーデターを決行し、高橋是清をはじめとする多くの政府関係者が殺害されました。これを**二・二六事件**と言います。

深掘り！解説　斎藤実と挙国一致内閣

　五・一五事件で犬養毅首相が暗殺された後、海軍大将である斎藤実が首相となりました。彼は政党、軍人、官僚を集めて内閣を組閣し、満州問題を全力で解決することを目指しました。このように有事の際にその解決のために党の枠を超えて組閣された内閣のことを**挙国一致内閣**と言います。彼は軍出身だったこともあり、犬養毅が承認しなかった満州国を、軍と対立することなく承認し、国際連盟脱退という形で、ファシズムへ突き進む道を選びました。しかし当時の政治が青年将校らの反感を買ったことから、**二・二六事件**で暗殺されてしまったのです。

盧溝橋事件から日中戦争へ

　二・二六事件は天皇中心の政治に戻そうと画策するものであり、首謀者はそれを天皇に訴えました。しかし、天皇はこれに激怒し、クーデターはあっという間に鎮圧されて、首謀者はすぐさま処罰されましたが、これを機に政府は軍人が力を持つようになり、クーデターは失敗したものの、**実質的に軍が政権を握る状態**となりました。

　この頃中国では、日本軍が義和団事件の後に締結された北京議定書を根拠に、**邦人保護を目的として北京や天津に駐屯軍**を置いていました。その日本軍が北京郊外の盧溝橋付近で演習をしていた時、弾が日本軍側へ飛んできました。これを中国軍による攻撃ととらえた日本軍は、すぐさま反撃に出ました。これを**盧溝橋事件**と言います。

　この事件がきっかけとなり、日本と中国は戦争状態へと突入していきました。内戦で戦っていた中国国民党と中国共産党もさすがに手を結び、日本に対抗し

ます。この協力関係を**国共合作**と言い、日本に対する抵抗を**抗日運動**と言います。それに対して日本の内閣総理大臣、**近衛文麿**は「南京政府に反省を促す」と宣言し、**日中戦争**へと発展していきました。

　日中戦争が始まると、アメリカとイギリスが中国を支援したため、**戦争が長期化**してしまいます。日本は南京まで占領したものの、和平交渉には失敗し、さらなる戦線拡大に体力を奪われてしまい、翌年には**国家総動員法**を制定しました。国家総動員法は、政府に国の経済や国民生活の全てを統制できる権限を与える法律でした。これにより民間に軍需品を作らせることができるようになり、鉄や銅といった金属も軍需最優先で使われ、民間には回ってこなくなりました。この法律はメディアとの相乗効果もあって、日本国民に「戦争で勝つためなら」という考え方を植え付けていくことになりました。

ベルサイユ条約と
第二次世界大戦

● またドイツ!?　第一次世界大戦ですでにまかれていた火種

　長期化した日中戦争の最中、ドイツがポーランドに侵攻したことをきっかけとして、第二次世界大戦が勃発しました。教科書ではここから始まっていますが、その原因は第一次世界大戦、そしてベルサイユ条約までさかのぼります。ここでいったんドイツに話を移しましょう。

　第一次世界大戦の講和条約として結ばれたベルサイユ条約により、ドイツは植民地を失い、領土も削減されました。また、**総額1320億金マルクという、**

国家予算の何倍にも相当する賠償金が請求され
たため、ドイツ経済は破綻寸前まで追い込まれ
ました。最初こそしっかりと支払いをしていた
ドイツですが、世界恐慌も起きたため、経済が
荒れて次第に支払いが難しくなっていったので
す。そうして高すぎる賠償金、軍備の制限、奪
われた領土、これらはドイツ国民の生活に大き
な負担となり、**ヒトラー**率いる**ナチス**の考えに
同調する人が増えていきました。そして1933
年、とうとうヒトラーによる政権が誕生しました。

ヒトラー

● ヒトラーは敗戦国の経済をどのようにして数年で立て直したのか

　ヒトラーは政権を取ると、**アウトバーン**と呼ばれる大規模な高速道路を建設
し、ドイツ国内をつないでいきました。この大規模な土木工事により、**失業者
の解消と交通の利便性向上**を同時にやってのけたのです。しかし当時はまだ自
動車が一般的ではない時代です。車がないのに道路だけつくっても意味があり
ません。そこでヒトラーは**フォルクスワーゲン**（大衆車）という自動車会社を
つくり、大衆向け自動車を大量生産しました。これにより**失業者の解消、人の
移動による経済の流通**を促し、わずか数年で経済を回復させてしまいます。し
かもこの時に培われた技術は、戦争が開始されると**そのまま軍需産業へと移行**
できたため、後に戦争が始まれば、さらに経済が活性化するというカラクリが
準備されていたのです。

　経済の回復で勢いづいたヒトラーは、さらに領土拡大により経済力を高めよ
うとして**オーストリア**を併合します。加えてイギリス、フランスに対して工業
国である**チェコスロバキア**の割譲を求めました。イギリスもフランスも世界恐
慌の影響で経済的打撃を受けていたため、なんとしてもドイツに賠償金を払っ
てもらわないと困ってしまいます。そのため、**ドイツがチェコスロバキアを
占領するのを黙認**してしまったのです。しかし、ヒトラーの要求はさらにエス

カレートし、ベルサイユ条約で国際連盟の管理下に置かれることになったダンツィヒまで求めてきました。

　工業地帯を手に入れたドイツは一気に産業を発展させ、経済力を強化していきます。そしてあっという間に戦争の準備を整え、ソ連と**独ソ不可侵条約**を締結しました。この条約は、「ドイツとソ連との間にあるポーランドを攻めるけど、ソ連までは攻撃しないから黙っていてね」というものでした。こうしてドイツは**ポーランド**を手に入れ、ますます経済力を強化していきました。しかしそうなると**ポーランドの同盟国であったイギリスとフランスが黙っていません**。こうして第二次世界大戦が始まったのです。

> **深掘り！解説**　**ユダヤ人大量虐殺（ホロコースト）**
> 　ナチスによるユダヤ人迫害の象徴とも言える施設が**アウシュビッツ強制収容所**です。ヒトラーがなぜユダヤ人を迫害したのか、様々な説があり真相はわかっていませんが、100万人以上が殺された事実は変わりません。ナチスから逃げていたユダヤ人の生活がわかるものとして、『**アンネの日記**』は教科書でも取り上げられています。しかしそれ以上のことも書かれていません。興味があれば、テストに出る出ないに関係なく、ぜひ学んで欲しいテーマです。

● ファシズムの没落

　第二次世界大戦が開始されると、ドイツは日独伊三国同盟を結び、アメリカを仮想敵国として団結しました。当時イタリアは**ムッソリーニ**による**ファシスト政権**で、日本やドイツと同じように経済情勢に苦しんでいたため、領土拡大を狙っていたのです。この独裁的な政権の名前が、**ファシズム**の語源となっています。しかしイタリア軍は第二次世界大戦以前からエチオピアに侵攻したり、スペイン内戦に干渉したりして、第二次世界大戦の開始時点ですでに戦力を消耗していました。そのため、イタリアは第二次世界大戦に参戦するものの全く勝てず、ドイツの支援でやっと維持しているような状態が続きました。結

局ムッソリーニ政権はクーデターによって倒れ、ムッソリーニ本人も捕らえられて殺されました。同じころにドイツ軍も**スターリングラードの戦い**でソ連に大敗し、打つ手がなくなったヒトラーは自殺に追い込まれました。こうしてドイツは無条件降伏を受け入れ、連合国の占領下に置かれることになりました。

深掘り！
解説　**ベルリンの壁**

　　第二次大戦後、連合国の占領下に置かれたドイツは、東西に分けられ、**資本主義のアメリカ・イギリス・フランスが西ドイツ**を、**社会主義のソ連が東ドイツ**を管理することになりました。また、東ドイツの首都であるベルリンもアメリカ・イギリス・フランスが管理する西ベルリンと、ソ連が管理する東ベルリンに分けられました。しかしこの資本主義と社会主義という相反する経済体制が一国を支配するという状況、そして拡大する経済格差に、ベルリン市民が反発し、ソ連側が支配する東側から西側へ逃亡する者が続出しました。それを防ぐためにつくられたのが、**ベルリンの壁**です。このベルリンの壁は驚くべき理由によって壊されることになりますが、それは後々お話ししましょう。

太平洋戦争

● 日独伊三国同盟と独ソ不可侵条約には重要な関係があった

　日中戦争の長期化に頭を抱えていた日本は、**中国の蒋介石を支援する輸送路を断つ必要がある**と考えました。その輸送路はアメリカ、イギリス、フランスによる支援が運ばれる、ハノイルートとビルマルート。そしてソ連からの支援が運ばれる共産ルートなどです。これらをまとめて**援蒋ルート**と言います。このルートを断つことで、中国軍の力をそぎ落としていこうと考えたのです。

しかし政府の中には、まだアメリカとの全面戦争は避けるべきだという考えも根強く、政治は不安定になりました。総理大臣もわずか１年半の間に３人も変わるという状況になりましたが、日中戦争開始時の総理大臣だった**近衛文麿**が再び就任したことにより、統制を強めます。近衛文麿は**アジアをヨーロッパ諸国の植民地支配から独立させ、共存共栄を図る**ことを目的とする**大東亜 共栄圏**の樹立を唱えました。

　するとここで、同盟国であった**ドイツがフランスを降伏させた**という知らせが入ります。つまり、フランスの植民地であったインドシナ（ベトナム）を攻め落とすチャンスが生まれたということです。しかしインドシナに進出するということは、必然的にアメリカ、イギリスとも対立することになります。そこで日本は、日独防共協定にイタリアも加えて日独伊防共協定（後に**日独伊三国同盟**）とすることによって、アメリカを牽制できると考えました。

　しかしここで一つ問題が発生します。南側に進出することができても、**北からソ連に攻められたらひとたまりもありません**。そこで日本はソ連と中立条約を結び、戦争はしないことを約束させました。幸いにもソ連は当時、独ソ不可侵条約を結んでいたとはいえ、**西からドイツの攻撃を受ける可能性があった**ため、東側の日本と戦争をしない約束をしておくことにメリットがありました。こうして両国の思惑が一致し、**日ソ中立条約**が結ばれました。

深掘り！解説　大政翼賛会

　日独伊三国同盟が締結された頃、日本の政党は主義主張がバラバラで、まともに機能しなくなっていました。そこで全政党が解散し、近衛文麿を総裁とする**全ての国民を組み込む国民統制組織**が結成されました。これにより国民の自由は奪われ、生活の全てが統制される独裁的な体制となっていきます。この組織を**大政翼賛会**と言います。

● 日中戦争から太平洋戦争へ

　日本のアジア進出を良く思っていなかったアメリカは、日本に対する輸出を制限し、石油の輸出も禁止しました。近衛文麿首相はフランクリン・ルーズベルト大統領と日米交渉を行いましたが、交渉は決裂し、近衛内閣は総辞職しました。陸軍大将であった**東条英機**が首相となると、とうとうアメリカとの開戦を決定しました。この日本とアメリカとの戦争を**太平洋戦争**と言います。

　戦争に際して、日本は**アメリカがアジアへ向かうルートを遮断**する方法を考えました。アメリカと日本の間には広い太平洋があります。この太平洋に進出するための拠点となっていたのが、太平洋の真ん中に位置する**ハワイの真珠湾**です。この基地を破壊しておくことで、アジアで直接対決とならないようにしておこうと考えたのです。

　しかし日本とアメリカの戦力と資源の差は大きいため、守りを固められると勝てない可能性が高くなります。そこで、奇襲攻撃をすることにしました。しかし**ハーグ条約**では、**宣戦布告せずに奇襲することは国際的なルール違反**にあたります。そのため、30分前までに宣戦布告をすることにし、なるべく奇襲攻撃に近い形を狙ったのです。

> **深掘り！解説　ABCD 包囲網**
>
> 　教科書にも出てくる ABCD 包囲網という言葉は4カ国による戦略のように感じられますが、日本側がそう呼んでいただけで、実際に同盟のような形で日本を包囲したわけではありません。日本から見たら、**アジアへの進出に際してこの4カ国が邪魔だった**というだけです。4カ国のうち、イギリスは本国がドイツとの戦争でアジアの植民地を気にする余裕はありませんでしたし、中国はアメリカの支援でなんとか持ちこたえている状態、オランダは本国がドイツに占領されていました。よって、当時の日本にとっては、アメリカこそが最大の敵であり、障害だったのです。

13

昭和（戦前・戦中）

ところが、実際にはこの宣戦布告が在米日本大使館の失態により１時間以上遅れてしまい、**結果的に宣戦布告なしでの攻撃**となってしまいました。日本の連合艦隊はハワイのオアフ島北側から戦闘機や爆撃機を飛ばし、真珠湾に停泊していたアメリカ海軍の艦船を破壊しました。勢いづいた日本軍はそのままマレー半島、香港、マニラ、シンガポールと次々と占領し、東南アジアから太平洋の支配を強めていったのです。

深掘り! 解説

奇襲攻撃

　　真珠湾への奇襲攻撃については、破棄されたり、紛失したりした機密文書や資料が多数あり、正確なことはわかっていない部分が多数あります。例えば、アメリカは日本の暗号を解読しており、真珠湾攻撃の可能性については把握していたが、日本に奇襲攻撃させることで完全なる悪者に仕立て上げ、国内世論をまとめあげるために政治利用された、という説もあります。一方、後のベトナム戦争は、代理戦争ではあるものの、実質的にアメリカ軍が戦ったにもかかわらず宣戦布告は行われていません。湾岸戦争でも多国籍軍と呼ばれていますが、アメリカ軍が筆頭だったにもかかわらずイラクに宣戦布告は行われていません。

　歴史を振り返ってみても、**勝ったほうが正しく、負けたほうが悪者にされる傾向にあります**。教科書ですら、政治的な意向に大きく左右されます。そのため、歴史を学ぶ上で大切なのは、何が正しいかだけではなく、あなたが何を信じて、どう考えるか、になります。特に戦争においては、**相手側に立って考える視点**も重要ですから、教科書にとらわれず、自分の考えを持てるように学んでいっていただければと思います。

● 実は真珠湾攻撃の時点で失敗していた!?

　戦争が開始されると、初めは順調に勝利を重ねていきましたが、**前線が広がるにつれて、維持や補給が難しくなっていきました**。当時飛行機が実用化されていたとはいえ、移動のメインはまだ船だったため、人や物資の輸送には時間がかかったのです。無線はありましたが、どこの国でも傍受できてしまうため、暗号を使わねばならず、そのシステムの共有や翻訳にも時間がかかりました。

戦況が大きく転換するきっかけとなったのは、**ミッドウェー海戦**でした。真珠湾攻撃でも活躍した日本の**主力空母４隻を全て失った**のです。この戦いを詳しく見ていく前に、当時の日本の軍艦や戦闘機について述べておきましょう。ミッドウェー海戦にも出陣した日本の戦艦大和は当時世界最大で、現在に至るまで大和よりも大きな戦艦は作られていません。そしてその主砲は射程距離、命中率共に、アメリカをはるかにしのいでいました。さらにゼロ戦と呼ばれる戦闘機も、当時世界最高レベルの技術が使われており、「ゼロ戦を見たら戦わずに逃げろ」と言われていたぐらい、世界に衝撃を与えた戦闘機だったのです。また、後に開発された晴嵐は、折りたたんで潜水艦に搭載できたのです。この技術が明るみになったのは戦後にアメリカ軍が兵器を処分していたときでした。空母さえ先進的な技術だったのに、日本はすでに潜水空母を作り上げていたのです。

　そんな世界を驚かせる軍艦や戦闘機を備えていた日本軍でしたが、ミッドウェー海戦では一つの重大なミスを起こしました。それが、**ゼロ戦に搭載する兵器を魚雷ではなく、爆弾にしていた**、ということです。魚雷というのは船を攻撃するためのもので、爆弾は対象物に直接ぶつけることで破壊する陸上攻撃用の兵器です。ミッドウェー海戦という名称になっていますが、当初の予定では、ミッドウェー島を攻撃する予定だったので、陸上攻撃用の爆弾を搭載していたのです。しかし実はその直前まで魚雷を積んでいたんですね。途中で敵と遭遇し海戦になる可能性もあったため、魚雷を積んでいたのです。それをミッドウェー島を攻撃するために爆弾に交換したところで攻撃されてしまったというわけです。これにより爆弾や魚雷を多数積んでいた空母は誘爆を引き起こして、４隻ともあっさり撃沈させられ、帰る場所を失った戦闘機や爆撃機も多数失うことになりました。これ以降、主力の空母を一気に失った日本は、立て直すことができずに次々と敗走を重ねていくことになります。

　こうして教科書に書かれていることだけ見ていると「戦争だから、何が起こ

るかわからないし、仕方ないよね」と思うかもしれませんが、実はこれ、**起こるべくして起こった**のです。なぜなら、連合艦隊司令長官の山本五十六（やまもといそろく）は、待ち伏せされている可能性があるから、魚雷のままにしておくべきだと言っていたのです。ところが、空母の指揮権を持っていた南雲忠一（なぐもちゅういち）が、本部と連絡を取って勝手に爆弾に変える決定をしてしまったんですね。もともと自信満々で、勝つことを前提として立てられていた計画で、本部も勝てると思い込んでいたため、**手柄と権力欲しさに勝ち急いでしまった**のです。この傲慢さ、プライドの高さが、現実とのギャップを埋められない障害となり、「勝てる！勝てる！」と言い張って、勝ちが見えない敗戦に突き進んでいったのです。

● 世界で唯一の被爆国となった理由

　日本軍はミッドウェー海戦で大敗しましたが、それを認めたくない政府は、**国民向けの戦果報告でウソを連発**します。スマホがない当時の情報ソースは新聞、ラジオに限られ、国民はそれを信じるしかありませんでした。現場にいた兵士にすらウソが伝えられており、最後の最後まで日本は勝っていると思い込んでいたそうです。しかし現実は、新たな兵器を作る余裕もなく、石油が手に入らないため、兵器を作っても動かす燃料がない状況でした。しかも、多くの優秀な兵士が亡くなったため、徴兵令で急遽集められた素人兵士ばかりとなりました。当然訓練する時間もありませんから、いきなり戦場に駆り出されて、兵器を使いこなすこともできずに亡くなっていきました。そうしてとうとうグアム、サイパンまで占領されてしまいます。

　さて、負けた戦いはいくらでもありますが、グアムとサイパンはほとんどの教科書に出てきます。その理由は、**日本が絶対に死守したいと考えていた島**だったからです。当時のB-29爆撃機の航続距離は5,000kmで、サイパンから日本までの距離が約2,500kmだったので、**サイパンは無着陸で日本本土を爆撃して帰還することができる場所**だったのです。つまり、グアムとサイパンを取られると、日本の負けが確定するとも言えるぐらい重要な島だったのです。そのため死守したかったのですが、陥落してしまったため、日本本土への爆撃

が繰り返されていくことに
なります。しかしそれでも
負けを認められなかった日
本軍は、ついに**特攻**という
切り札を出すことになった
のです。

一方アメリカは、日本が
負けを認めるのは時間の問
題と考え、**ヤルタ会談**を行

チャーチル　　　ルーズベルト　　　スターリン
ヤルタ会談

い、戦後の世界をどうするかについて話し合いました。会談したのは、アメリ
カの**フランクリン・ルーズベルト**、イギリスの**チャーチル**、ソ連の**スターリン**
です。その５ヵ月後にもドイツのポツダムでヨーロッパの戦後処理と日本の
戦争終結の方策について話し合われました。この時に作られたのが**ポツダム宣
言**です。内容は、「**負けを認めないなら、日本が滅亡するまで攻撃するよ。負
けを認めるなら、占領はするけど、人権は保障するし、民主化が完了したら日
本に返すよ**」というものでした。なお、ここに署名しているのは、アメリカと
イギリス、そして中国です。ソ連は日ソ中立条約で日本と戦争していないこと

深掘り！
解説　　**密約**
　　　　以前は機密文書扱いで公開されていませんでしたが、最近になっ
て機密の期限が過ぎたことにより、新たなことがわかってきています。その一
つがヤルタ会談での密約です。現在日本はロシアと北方領土問題を抱えていま
すが、アメリカは**ソ連が日ソ中立条約を破棄**して、日本に侵攻し、千島列島を
ソ連領とすることを密約で認めていたことが発覚したのです。そのため、ソ連
は８月９日に日本への侵攻を開始し、日本軍はソ連が攻めてくるとは思って
おらず、一方的にやられるだけの戦いとなり、ポツダム宣言受諾の調印後の９
月５日まで侵攻は続きました。これについてアメリカがノーコメントなのは、
密約で認めていたためだと考えられています。

になっていたので、ソ連が署名するのはおかしいと考えられたんですね。そこで会談には参加していない中国が、日本との戦争の当事者であるとして選ばれたのです。

　さて、アメリカはなかなか降伏しない日本に対して、攻撃の手を緩めず、沖縄まで上陸してきました。実はこの時点では、まだポツダム宣言を日本に出していません。なぜなら人類初の新兵器である原子爆弾がまだ完成していなかったからです。これが完成し、世界初の核実験を行ったのが1945年7月16日で、これに成功したのを受けて、10日後にポツダム宣言を日本へ伝えました。ところが当初日本はこれをすぐには受け入れず、話し合いが行われていました。こうしてアメリカも**原子爆弾を実戦で試してみたかった**という思惑から、返事を待たずに拒否とみなし、8月6日に**広島**へ、8月9日には**長崎**へ原子爆弾を

深掘り！解説

特攻

　正式には特別攻撃隊と呼ばれる部隊で、戦闘機や爆撃機による特攻をはじめ、戦艦や潜水艦による特攻もありました。このような捨て身の攻撃は、いくら戦争とはいえ人類史上類をみない戦い方で、日本人のプライドや、愛国心の強さを世界に見せつける形になりました。日本でも長らく「お国のために散っていった」と、美徳として扱われてきましたが、近年やっとその実情が明らかとなってきて、**実は志願でも何でもなく、洗脳や脅迫が行われていた実態**が明らかになってきました。

　現代の日本を生きる子どもやその親世代で、戦争を体験している人はまずいません。祖父母の世代でも知っているかどうかという時代になってきました。平成も終盤になって、当時の上官や仲間が亡くなり、縛られるものから解放され、真実を話してくれる人がちらほらと現れたのです。それくらい国民の心に深い闇をもたらしたのが特攻であり、戦争だったのです。「二度と戦争はしない」そう教科書に書いてあるからダメ、憲法に書いてあるから戦争できない。そんな上っ面の勉強ではなく、**戦争によって何が起きたのか、なぜそんなことになってしまったのか**、これからの子どもたちにはそういう部分をくみ取れる勉強をして欲しいですね。

投下しました。日本はこれを受けて、8月14日に連合国側にポツダム宣言の受諾を伝え、天皇が8月15日に玉音放送で降伏の決定を国民に伝えました。そして9月2日に東京湾に入港した戦艦ミズーリの上で降伏文書への調印が行われました。

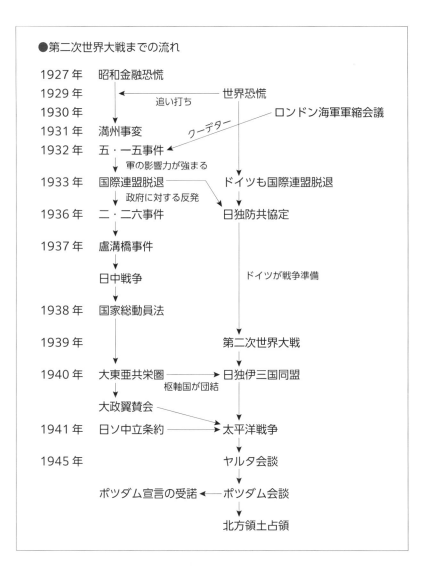

●第二次世界大戦までの流れ

1927年	昭和金融恐慌	
1929年	← 追い打ち	世界恐慌
1930年		ロンドン海軍軍縮会議
1931年	満州事変	クーデター
1932年	五・一五事件	
	↓ 軍の影響力が強まる	
1933年	国際連盟脱退 →	ドイツも国際連盟脱退
	↓ 政府に対する反発	
1936年	二・二六事件	日独防共協定
1937年	盧溝橋事件	
	日中戦争	ドイツが戦争準備
1938年	国家総動員法	
1939年		第二次世界大戦
1940年	大東亜共栄圏 →	日独伊三国同盟
	枢軸国が団結	
	大政翼賛会	
1941年	日ソ中立条約 →	太平洋戦争
1945年		ヤルタ会談
	ポツダム宣言の受諾 ←	ポツダム会談
		北方領土占領

14

昭和（戦後）・平成

┌─ GHQ 支配下（1945-1952）─────────────┐

1945 年　**ポツダム宣言**を受諾

1946 年　11 月 3 日：日本国憲法の公布

1947 年　 5 月 3 日：日本国憲法の施行

1950 年　　　　　　　　　　　　警察予備隊の設置 ◀─ 朝鮮戦争

1951 年　**サンフランシスコ平和条約**
　　　　日米安全保障条約

└──────────────────────────┘

　　　　　　　　　　　　　　　　　　　　　特需景気
　　　　　　　　　　　　　　　　　　　　　（'50～53 年）

1953 年　テレビ放送開始

1954 年　第五福竜丸事件　　　　　　自衛隊の設置　神武景気
　　　　　　　　　　　　　　　　　　　　　（'55～57 年）

1956 年　**日ソ共同宣言**⇒国際連合へ加盟　　岩戸景気
　　　　　　　　　　　　　　　　　　　　　（'58～61 年）

1960 年　**日米新安全保障条約**

　　　　　所得倍増計画

1964 年　東京オリンピック

1965 年　**日韓基本条約**　　　　　　　　　　　いざなぎ景気
　　　　　　　　　　　　　　　　　　　　　（'66～70 年）

1972 年　沖縄返還／**日中共同声明**

1978 年　**日中平和友好条約**　　　　　　　　石油危機
　　　　　　　　　　　　　　　　　　　　　（'73 年）

1986 年　　　　　　　　　　　　　　　　　　バブル経済
　　　　　　　　　　　　　　　　　　　　　（'86～91 年）

1989 年　平成元年／消費税導入　　**冷戦終結**

1990 年

1991 年　牛肉・オレンジの輸入自由化　ソ連崩壊　バブル崩壊
　　　　　　　　　　　　　　　　　　　　　（'91 年）

2001 年　9 月 11 日：アメリカ同時多発テロ

2011 年　3 月 11 日：東日本大震災

2019 年　令和元年

2020 年　新型コロナウイルス（COVID-19）
　　　　　によるパンデミック

戦後の歴史は、**外交と経済が中心**となります。日本国内の出来事であっても、外国からどのような影響を受けたのか、世界の動きはどうなっていたのか、と関連付けることによって、よく理解できるようになります。例えば、なぜ国際連合に加盟することになったのか、なぜ沖縄は返還されたのか、なぜ条約は日米安全保障条約⇒日ソ共同宣言⇒日韓基本条約⇒日中平和友好条約の順に締結されたのか。これらはいずれも世界情勢の影響によるものです。オリンピックや石油危機もやはり海外の影響を受けたものであり、消費税導入や輸入自由化も外国との経済的な関係による理由が大きいと言えます。諸外国の影響なしに、**純粋に日本のみによって決められた施策は改元くらいだと言っても過言ではない**でしょう。諸外国の動向と合わせ、総理大臣の動きも絡めながら見ていくと、より理解が深まります。

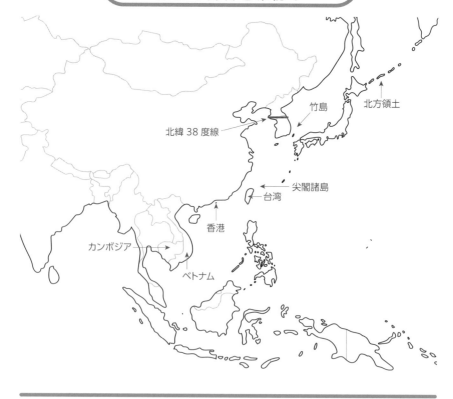

　戦後、日本は占領した場所を返還しましたが、**どこまでが本来の日本の領土なのか、その境界がハッキリしていなかった**ため、後にトラブルを生んでいきます。

　北方領土は、1855年の日露和親条約で択捉島（えとろふ）までを日本と定めましたが、1875年の樺太・千島交換条約で千島列島までを日本領としていました。しかし1945年8月8日にソ連が日ソ中立条約を一方的に破棄して攻撃してきたため、千島列島と北方領土が占領されることになりました。これが終戦時の出来事だったため、日本とロシアの終戦日の解釈の違いから両国が異なる主張をし、国境が定まらないままとなっています。

朝鮮半島は、1910年に日本が統治する前は大韓帝国が統治していたものの、その期間は約13年と短く、その前の李氏朝鮮も滅亡していたため返還先が明確でなく、アメリカとソ連の意向で北緯38度線で2つの国（韓国と北朝鮮）に分けられました。竹島については、1952年に韓国の李 承晩大統領が一方的に漁業管轄権を主張して警備隊を置き、不法占拠を続けています。よく「自衛隊はなぜ奪い返さないのか」という話を聞きますが、警備隊は警察組織とされ、韓国も「軍事行動による占領ではない」と主張しているため、自衛隊は手が出せない状態なのです。

　フランスの植民地だった**ベトナム**も、日本が支配したことで独立し、ベトナム帝国となっていましたが、アメリカとソ連の意向により南北2つの国に分けられました。現在は統一して、ベトナム社会主義共和国となっています。

　カンボジアもフランス領インドシナの一部でしたが、日本の統治時代を経て独立しました。しかし内戦が勃発し、ベトナムとも衝突しました。

　台湾は国際的には中国の一部であるという認識が一般的ですが、中華民国時代の政府（中国国民党）が大陸から逃げて実効支配している地域です。大陸で中国共産党が中華人民共和国を樹立したことから、台湾を独立国と認めている国もあります。その一つが、世界最小の国として有名なバチカン市国です。日本は1972年、中華人民共和国と国交を回復するにあたって台湾を独立国として承認していた日華平和条約を無効としました。しかし実質大使館のような機能を有する日本台湾交流協会が設置されています。

　なお、**尖閣諸島**については当初中国政府が日本の領土と認めており、日中平和友好条約も締結しているため、**領土問題はない**、というのが日本政府の見解です。

戦後処理

● GHQ による戦後改革と天皇の秘密

ポツダム宣言を受け入れた日本は、連合国軍に占領され、**マッカーサー**を最高司令官とする**連合国軍最高司令官総司令部（GHQ）**により戦後改革が実施されました。この時の目的は、日本を非軍事化し、二度と戦争ができない国にすることでした。そのため、軍隊を解体し、**極東国際軍事裁判（東京裁判）**を行って、戦争を引き起こしたとされる人物を公職から追放しました。この裁判で、総理大臣だった東条英機はＡ級戦犯となり絞首刑に、近衛文麿はＡ級戦犯となることが決定した時点で服毒自殺をしました。国際連盟の総会で退場して脱退の意を示した松岡洋右もＡ級戦犯容疑者となりましたが、公判中に結核により死去しています。また、後に総理大臣となる**岸信介もＡ級戦犯容疑者となりましたが、不起訴**となりました。

また、天皇については、当初 GHQ は処罰するつもりでしたが、日本政府の強い意向により権力を持たない象徴とすることで、**天皇制を存続**させました。そこで天皇は GHQ の意向を汲み、「神ではなく皆と同じ一人の人間である」という旨の詔書を発布します。これを**人間宣言**と言います。この詔書について昭和天皇自身は「神格の放棄は二の次、一番の目的は日本の民主主義が外国の概念ではなく、日本独自のものであることを示すことだった」と後に述べています。つまり、昭和天皇は天皇の神話よりも、**今後の日本が外国によって作られた民主主義にならないようにすることが大切だと考えていた**ということです。このように、自身の処罰に対して一切恐れを見せず、日本という国、国民について案ずる昭和天皇の姿勢に GHQ は感銘を受け、それがその後の日本の戦後改革にも大きな影響を及ぼしたと言われています。

ちなみに天皇は英語で"emperor"「皇帝」と訳されています。皇帝というのは、王（king）を束ねる王のことを指す言葉で、中国では秦から清王朝までが皇帝でした。日本は本来王を束ねた国ではないため、皇帝というのは変な気がしますが、聖徳太子の外交以来、度々中国と対等に渡り合おうとしてきた歴史からか、天皇も皇帝（emperor）と呼ばれるようになりました。そしてこの皇帝の身分は世界中にたくさんありましたが、**現存しているのはなんと日本だけ**なのです。また、日本という国は**世界最長の歴史を持つ国家**としてギネスにも登録されています。中国は四千年の歴史と言われているため、中国のほうが圧倒的に歴史が長い気がしますが、中国は国の名前も、領土もコロコロと変わっているんですね。それに対して日本は飛鳥時代に「日本」という国号を用いて以来、侵略を受けずに本土を守り抜いてきたため、世界最長の歴史を持つ国家となっているのです。日本の歴史を学んだ外国人が、日本を好きになってくれる理由には、こういった背景もあるのです。

🌐 世界に誇れる日本国憲法

　戦争に負けた日本は、GHQの指示により、憲法も改正することになりました。そして最初に日本が作成した草案を見て、まだ改革が必要だと考えたGHQは自ら草案を提示して作り直しを指示しました。これを基に改めて日本国憲法は練られたものの、日本側の案はことごとく却下されました。しかしめげずに日本らしい憲法を作成して奮闘し、マッカーサーもあまり長引くとソ連が日本国憲法作成に口を出してきそうな状況になったため、大筋ではGHQの案に沿った形で、細かい部分では割と日本側の案が取り入れられました。

　こうして作られた日本国憲法は**国民主権**、**平和主義**、**基本的人権の尊重**の3つの基本原理から成り立っています。国民主権というのは、これまで主権は天皇にあると定めていたものを、主権は国民にあると宣言したものです。これにより、貴族院や枢密院が廃止され、国会は完全に国民の投票で選ばれた人たちの集まりとなりました。

平和主義というのは、**戦争の放棄**を謳ったもので、日本は**交戦権も放棄すると宣言**しています。この交戦権は国際法上認められた権利で、他国から攻撃された場合はやり返してもいいという権利です。これすら放棄するということは、たとえ日本は戦争を吹っ掛けられたとしても、やり返しませんと宣言しているようなものなのです。そのため、交戦権の放棄を宣言している国は他になく、**世界中で唯一日本だけ**なのです。だから戦争や兵器に関する日本の発言は、他の国の人々にも尊重されるんですね。

基本的人権の尊重は、最低限度の生活や人権は国が保障するというものです。今となっては当たり前に感じる基本的人権ですが、世界基準で見るといまだに尊重されていない人権が多々あります。また、細かい部分で言えば、男女の格差や働き方も人権問題となります。もちろん戦時中のような非人道的なことは行われていませんが、それでもまだ課題が残る部分と言えそうです。

深掘り！解説　日本国憲法の起草の際に参考にした憲法

　以前は、日本国憲法はドイツの**ワイマール憲法**を参考にして作ったと言われていましたが、実際にはワイマール憲法以外も参考にしており、ワイマール憲法もわずか十数年でヒトラーによって消滅させられているため、**現在の教科書では参考にした憲法として名前が出てきません**。どちらかというと、マッカーサーの草案を基にしており、その草案もアメリカ合衆国憲法を参考にしているため、アメリカの憲法を参考にしたと書かれていることもあります。

● 日本中にパンを広めた GHQ のマクドナルド商法

　終戦直後の日本は、空襲により工場が破壊され、物資も不足していたため、物価が上昇し、食料難となりました。また、戦時中に行われていた配給もほとんど途絶えてしまったため、国民は自らお金や食料を手に入れるほかなくなりました。そんな状況の中で誕生したのが闇市です。本来なら正式な手続きを経て商売をしなければならないところを、個人が勝手に、非合法な形で商売を始

めたところから、闇市と呼ばれました。当時は国の制度も支援も当てにできない状況だったので、人々は生きていくために必死に様々なことをしました。そんな無法地帯をまとめ上げ、ある種の自治を作り出したのが**テキ屋**と言われる団体で、これが後に**ヤクザ**、**暴力団として発展**していきます。なお、現在ではヤクザも暴力団も衰退してきましたが、パブやスナック、もしくは居酒屋や小さな商店が並ぶ駅の脇の細道は、日本全国あちこちに見られます。またすでに開発が進み、商店街や繁華街となっている場所も、もともとは闇市だった場所だと考えられます。東京の有名なところでは、新宿の思い出横丁、新宿ゴールデン街、中野サンモール、上野のアメヤ横丁が挙げられます。

　もちろん政府もそのような無法地帯を放置できないため、様々な手を打ちましたが、どれも後手後手になりうまくいきません。そんな中、立ち上がったのが主婦たちです。この食料不足を解決すべく活動し、**お米以外を自由販売**にすることに成功しました。この時に活躍した主婦連合会は、現在でも一消費者団体として、政界へ影響を及ぼしています。

　さて、なぜお米だけは自由販売を免れたのでしょうか。実はお米はかねてからの日本の主食だったため、戦時中は政府が全量を買い取っていたのです。当時農家は決して裕福な生活ではありませんでしたから、作ったものを全て買い取ってくれる制度はありがたかったのです。しかし、戦争が終わった今、政府はお米を買い取ることができません。そこで登場したのが農業協同組合（農協）、今の JA です。日本各地の農協が、政府の代わりに食料を統制・管理するという役割を担いました。

　ところがここで問題が生じます。GHQ の指示により、日本政府は**アメリカで余った大量の小麦を買わされていた**のです。そしてこの小麦を使い、**学校給食をパン**にしていきました。子どもの頃にパンに親しませることで、大人になってもパンを食べるようになり、日本の主食は年々お米からパンへと移っていったのです。このように子どもの頃から慣れさせて、将来的に大きな市場を形成

する手法は、マクドナルドがハッピーセットで子どもを釣って、大人になってもマクドナルドに来てもらうようにした**マクドナルド商法**と同じです。

　GHQのこの政策により**米の消費量が減少**していった日本は、米が余る状態になってしまいました。そうなると米の価格が下がり、農家の収入が減ってしまい、ゆくゆくは日本の農業が破綻する可能性すらあります。そこで政府は米の生産を減らすべく、**減反政策**<ruby>減反政策<rt>げんたんせいさく</rt></ruby>を行います。今までのように強制的な手法が取れなくなったので、田んぼを減らすことで、米の生産量を調整しようとしたんですね。これにより、日本の田園風景は激減していったのです。

深掘り！解説　農地改革

　戦前は地主が農民（小作人）を雇って農業を行っていましたが、地主に搾取される農民も多く、農民の暮らしは非常に大変なものでした。そのため、戦後に政府は**地主から強制的に農地を買い上げ、小作人に安く売り渡す**ことで、**自作農を活性化**させました。こうすることで、農家は自分たちのやりたいように農業ができ、地主に搾取されることもなく農業を営んでいけるようになりました。このような改革を**農地改革**と言います。

● 財閥解体と労働基準法

　GHQは兵器を作り、日本経済を支配していた財閥<ruby>財閥<rt>ざいばつ</rt></ruby>も解体しました。この財閥の中でも特に大きかった**三井、三菱、住友、安田**を四大財閥と言います。これらは今もある大きな会社ですが、当時は部門ごとに会社に分かれておらず、1社だったのです。つまり、社長一人の独断で会社全体を好きなように動かすことができたので、それが兵器を作ることにもつながったとされ、部門ごとに強制的に分社化させられたのです。これを**財閥解体**と言います。なお、分社化しても結局結託したら意味がないようにも思えますが、現在は当時とは法律が異なるため、戦前の財閥のような独裁的な経営はしにくくなっています。また、**GHQも日本の製造業に対して制限をかけました**。例えば、長らく日本で飛行機を作れなかったのは、GHQにより禁止されていたためです。実際に禁止さ

れていたのは戦後７年間だけですが、この間に航空機の技術は格段に進歩しており、全く太刀打ちできなくなったため、撤退に追い込まれています。現在、70年の時を経て、ホンダのビジネスジェットが再チャレンジをしていますが、日本の航空機産業に対する期待が大きいのは、このような背景があるからなんですね。

　さて、今の会社は、戦前の財閥のような好き勝手なことはできなくなったと述べましたが、それはなぜでしょうか。もちろん会社の法律が変わったということもありますが、**労働者の権利が保障された**のも大きな要因の一つです。戦前は**小林多喜二**の『蟹工船』という小説で描かれているように、戦前の労働者

深掘り！解説　労働組合法と労働基準法

　労働組合法は労働三権（**団結権、団体交渉権、団体行動権**）について規定した法律です。団結権は労働組合を作る権利、団体交渉権は、経営者と交渉する権利、団体行動権は、交渉に応じない経営者に対して、ストライキなどによって実力行使をしてよい権利です。そんなことをしたら会社内で不利な立場になるのでは？と思うかもしれませんが、これらの権利は憲法でも保障されているので、これらの行動を理由に不利益を被ることがないように労働者は法律で守られています。

　労働基準法は、賃金や労働時間、安全や衛生、就業規則といった労働条件に関する法律です。あまり知られていませんが、制服に着替える時間は労働時間に含むとか、残業時間の５分未満切り捨ては認めない、といった細かいものもあります。日本人は周りの人の働き方を見て、勝手に労働基準法違反をさせられている状況を**「当たり前だから、みんなそうしているからしょうがない」と考えがち**なんですね。これも日本の長い歴史が生み出した文化の一つなのかもしれませんが、これからの時代を生きる子どもたちには、受け継いで欲しくない文化ですね。教育機関である学校ですら「サービス残業は教育者として当たり前である」みたいなことを言っているのが日本の現状ですからね。言われるがままに違法労働を受け入れるのではなく、しっかり自分の権利を主張できるようになって欲しいところです。

は奴隷に等しい扱いで、命すら軽んじられていた時代でした。社長の命令は絶対であり、たとえ命を落としてもその命令には従わなければならない風潮があったのです。それに対して戦後は**労働組合法**と**労働基準法**が制定され、労働者の権利が守られるようになってきました。そのため、現在の会社では、社長の独断で人権を無視するような経営はできなくなっています。もっとも権利があっても、戦後もそれを知らず、学ばず、当たり前のように過酷な働き方を受け入れてしまったため、後に "karoshi"「過労死」という不名誉な言葉を生み出すことになってしまいました。

⬤ 国交回復と条約のまとめ

1945 年にポツダム宣言を受諾後、新たに**日本国憲法**を制定して民主化を成し遂げた日本は、1951 年に総理大臣**吉田 茂**を全権としてアメリカをはじめとする連合国と**サンフランシスコ平和条約**を締結しました。同時にアメリカとは**日米安全保障条約**を締結します。この条約により、もし日本が攻め込まれるようなことになれば、アメリカが助けるという関係が作られ、現在も米軍基地が残る根拠となっています。

吉田茂

サンフランシスコ平和条約は連合国諸国と結ばれましたが、冷戦の真っただ中だったため、ソ連は出席をしたものの、アメリカ主導のこの条約に反発して調印はしていません。また、**中国**も当時内戦の影響でごたごたしていたため、招待されず調印もしていません。**韓国**と北朝鮮は、太平洋戦争時には存在していなかった国のため、調印していません。そのため、1956 年に**鳩山一郎**首相が**日ソ共同宣言**に調印してソ連と国交を回復しています。この時にソ連の支持を得て、日本は**国際連合**に加盟しました。また**韓国**とは 1965 年に**佐藤栄作**首相が**日韓基本条約**を結び、朝鮮半島唯一の政府として認めています。言い換えると、北朝鮮は国として認めていないということになります。なお、1953

年に不法占拠された竹島は、この時点では紛争処理事項として棚上げされ、現在に至ります。

　中国とは1972年に田中角栄首相が日中共同声明に調印して国交を正常化しました。これを記念して中国よりパンダのランランとカンカンが贈られ上野動物園で公開されました。日本のパンダ人気はここから始まり、現在はレンタル料を支払って中国から借りるという形を取っています。そして1978年に福田赳夫首相が日中平和友好条約を結びました。ここで注目したいのは、ソ連、韓国とは平和条約を締結していませんが、中国とは平和条約を締結したという点です。**平和条約は、領土問題を完全に解決して締結するもの**です。つまり、この時点で中国は、**尖閣諸島を日本の領土として認めていた**んですね。にもかかわらず、尖閣諸島周辺に資源が豊富に眠っている可能性があることがわかってから、自国領土と主張しだして現在に至るのです。そのため尖閣諸島について、日本政府の見解は「領土問題は存在しない」ということになっているのです。

深掘り! 解説

岸信介と佐藤栄作

　岸信介は、一度はA級戦犯容疑がかけられましたが、不起訴となり、後に総理大臣まで昇り詰めました。在任中は、当時の日米安全保障条約では日本の安全が守られないと主張して、より明確に日本を守ることを義務として盛り込んだ**日米新安全保障条約**を結びました。しかし日本がアメリカの軍事戦略に巻き込まれるとして、国民から反発を受けました。これを**安保闘争**と言います。

　日韓基本条約を結んだ**佐藤栄作**は、1972年にアメリカからの沖縄返還も成し遂げます。この際、核兵器を「持たず、つくらず、持ち込ませず」という非核三原則を掲げ、後にノーベル平和賞を受賞しました。この2人は名字が違いますが、実の兄弟なのです。兄の岸信介が父方の実家の養子に入ったため、名字が変わりました。日本の歴代総理大臣の中で、**兄弟で総理大臣になったのはこの2人だけ**です。そしてこの岸信介の孫にあたるのが、安倍晋三元総理大臣です。民主化したとはいえ、世襲制のように政治家の家系が色濃く残っているのが、今の日本の政治なのです。

14

冷戦と代理戦争

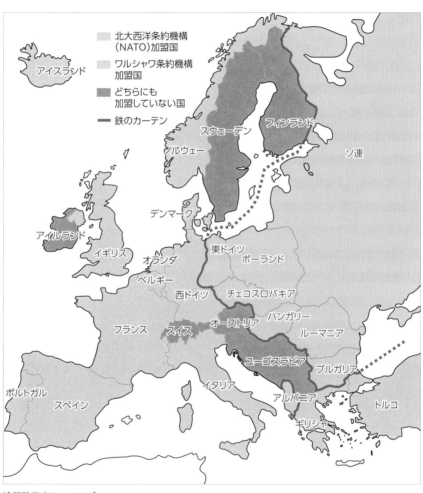

冷戦時代のヨーロッパ

凡例:
- 北大西洋条約機構（NATO）加盟国
- ワルシャワ条約機構加盟国
- どちらにも加盟していない国
- 鉄のカーテン

地図中の国名:
アイスランド、アイルランド、イギリス、オランダ、ベルギー、ノルウェー、スウェーデン、フィンランド、ソ連、デンマーク、東ドイツ、ポーランド、西ドイツ、チェコスロバキア、ハンガリー、ルーマニア、フランス、スイス、オーストリア、ユーゴスラビア、ブルガリア、ポルトガル、スペイン、イタリア、アルバニア、ギリシャ、トルコ

⬤ わずか30分の作業が引き起こした朝鮮戦争

　第二次世界大戦は日本の敗戦で終結しましたが、その後の世界の在り方を巡って、**資本主義のアメリカと共産主義のソ連が対立**します。この時、資本主義陣営には、**北大西洋条約機構（NATO）**が作られ、共産主義陣営には**ワルシャワ条約機構**が作られました。この対立は各地で戦争をもたらしますが、アメリカとソ連が直接戦うことはなく、代理戦争だったため、火がない冷たい戦争として**冷戦**と言われています。

　その代理戦争の一つに朝鮮戦争があります。朝鮮半島は、占領していた日本から解放されましたが、日本が占領する前にあった大韓帝国は韓国併合によってすでに滅亡しており、その帰属を巡って米ソが対立しました。なぜなら、朝鮮半島はソ連と隣り合わせに位置するため、もしアメリカ主導で国を作れば、アメリカ陣営がソ連と国境を接することになってしまいます。しかしここでソ連寄りの国を作ってしまうと、ユーラシア大陸の東側はソ連、中国、朝鮮と社会主義の国で固まってしまう可能性があったため、アメリカも一歩も引きません。そこで折衷案として、**北緯38度を境目にして、資本主義の大韓民国と社会主義の北朝鮮（朝鮮民主主義人民共和国）に分けよう**という話になりました。これをわずか30分の作業で決めてしまったのです。当然もともと1つだった国を、勝手に2つに分けたのですから、朝鮮半島の人々は怒りました。そして北朝鮮は朝鮮半島統一を目指して韓国へ侵攻してしまいます。こうして**朝鮮戦争**が勃発しました。

　この朝鮮戦争はその後の日本にも大きな影響を及ぼします。北朝鮮が、「韓国の味方をするなら日本にも攻撃をする」と言ってきたのです。しかし日本はGHQにより**軍隊が解体されていますから、抵抗する手段がありません**。さすがにこれはマズいということで、GHQの指示により、急遽作られたのが、**警察予備隊**です。これは軍隊ではなく、あくまで警察組織の一つですよ、という名目でこのような名前となりました。しかしいきなり軍に相当する組織を作ろうと思っても、訓練をせずに一から作るのは現実的に難しく、特に海軍にあ

たる組織は専門技術を要することから、急ごしらえでは作れませんでした。そこで旧日本海軍の人を集めて、海上警備隊としました。この警察予備隊が、後の**自衛隊**となります。自衛隊のマークが旧日本海軍時代の旭日旗と同じなのはこのような理由からなのです。

深掘り！解説 **海上自衛隊と海上保安庁**

　　海上自衛隊はグレーをベースカラーとしている船が多く、管轄は防衛省ですが、「海猿」で有名な海上保安庁は白に青いラインの船で、管轄は国土交通省となります。役割も異なり、海上自衛隊は軍事的な対応で、海上保安庁はあくまで警察としての対応になります。現在、中国海警局の船が尖閣諸島の領海侵犯を繰り返していますが、これに対して自衛隊が出動しないのは、中国海警局の船はあくまで軍隊ではないという解釈なので、自衛隊は出られません。だから海上保安庁が対応しているということなのです。

　また、朝鮮戦争で必要な物資を確保するため、GHQ は日本に軍需品を作らせました。これが戦後の日本経済の復興に一役買いましたが、この好景気を**特需景気**と言います。これをバネに、**神武景気**、**岩戸景気**、**オリンピック景気**、**いざなぎ景気**と日本は立て続けに好景気の波に乗り、戦後復興を成し遂げていきます。この期間をまとめて**高度経済成長**と言います。

深掘り！解説 **四大公害病**

　　経済成長が進むと、公害問題も深刻になっていきました。中でも有機水銀を主な原因とした**水俣病**と**新潟水俣病**、カドミウムを主な原因として神通川流域で発生した**イタイイタイ病**、工場の排煙が原因で起きた**四日市ぜんそく**による被害は非常に深刻で、これらを合わせて四大公害病と言います。これが後に**公害対策基本法**の制定、**環境庁**の設置へとつながっていきます。

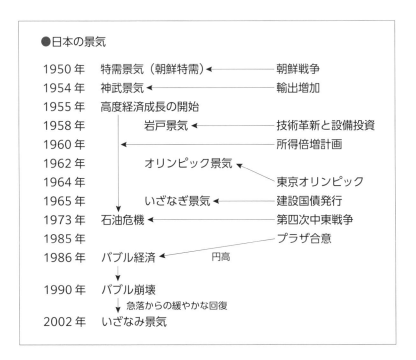

●日本の景気

1950 年	特需景気（朝鮮特需）◄─── 朝鮮戦争
1954 年	神武景気 ◄─── 輸出増加
1955 年	高度経済成長の開始
1958 年	岩戸景気 ◄─── 技術革新と設備投資
1960 年	◄─── 所得倍増計画
1962 年	オリンピック景気 ▼
1964 年	東京オリンピック
1965 年	いざなぎ景気 ◄─── 建設国債発行
1973 年	石油危機 ◄─── 第四次中東戦争
1985 年	プラザ合意
1986 年	バブル経済 ◄─── 円高
1990 年	バブル崩壊
	急落からの緩やかな回復
2002 年	いざなみ景気

🌑 同じ中国のはずなのに台湾が親日になった理由

　中国に関するニュースと言えば、尖閣諸島や反日デモと、何かと反日を掲げているニュースばかり耳にする気がしますが、実は中国が自国の一部と主張している**台湾は、世界一親日と言ってもいいぐらい日本が大好きな地域**なのです。その熱量は東日本大震災の時の義援金にも表れており、台湾からの義援金は、中国本土からの義援金をはるかに上回るほどでした。同じ中国なのにここまで親日と反日が分かれてしまった理由は、第二次世界大戦にまでさかのぼります。そこで、第二次世界大戦から現在に至る中国の歴史を、日本の歴史と照らし合わせながら見てみましょう。

　日本が関税自主権を回復した頃、清は孫文が指導者となって起こした辛亥革命（しんがいかくめい）によって倒されます。孫文は**中華民国**という国をつくり、臨時大総統に就任するも、軍人袁世凱（えんせいがい）にその地位を譲ります。ところが、袁世凱は孫文の意思に反して専制政治を始めてしまいます。その最中に第一次世界大戦が勃発し、日

本は中国国内のドイツの植民地を占領してしまいました。

その数年後、日本で**普通選挙法**と**治安維持法**が成立した年に孫文は死去し、蒋介石（しょうかいせき）が中国国民党を引き継ぎました。実はこの頃、すでに**中国共産党**も結成されていたのですが、まだ勢力が弱く、中国国民からも受け入れられていない状態でした。ところが世界恐慌が

孫文

起きた年に、毛沢東（もうたくとう）がソ連の援助を受けて共産党軍の勢力を増大させます。そして日本が満州事変を起こした頃、毛沢東は**中華ソビエト共和国政府**の樹立を宣言したのです。中国国民党の蒋介石は、日本と戦うよりも共産党の排除を優先することにしました。

こうして内戦をしているうちに、とうとう**日中戦争**が勃発します。さすがにこのまま内戦をしていてはマズいということで、国民党と共産党は手を結んで、まずは日本との戦争に力を入れることを約束しました。これを**国共合作**（こっきょうがっさく）と言います。結局日本はポツダム宣言を受け入れ、抗日戦争は勝利という形で終わりましたが、問題はここからです。日本と戦うために一時的に手を結んだにすぎなかった**国民党と共産党が内戦を再開**したのです。蒋介石は中華民国の初代総統に就任したものの、**共産党に敗れて台湾へ逃げます**。そして共産党は**中華人民共和国**の建国を宣言しました。この影響がいまだに残っており、台湾には「中華人民共和国と中華民国を一緒にするな！」という人もいます。そのような背景から、実は台湾と中国は別の国家として認めている国があるのです。

さて、そんな歴史的背景から、台湾の人々は中国本土、正確には中国共産党のことを嫌っている人が多いのです。台湾は、1895年の**下関条約で割譲されてから約50年間日本が統治**していたのですが、この50年で台湾経済は大きく発展しました。辛亥革命を起こした孫文も、何度も日本を訪れており、日本

と親しい関係でした。蒋介石も中国共産党と対抗するために日本と親しくする道を選び、これが結果的に台湾を親日へと向かわせました。現在台湾は親日国として日本でも知られていますが、その背景には反共産党という政治的理由がありました。しかし過去の日本統治時代の功績などによって、いつまでもあぐらをかいていては、いずれメッキが剥がれてしまいます。未来の日本を好きになってもらえるよう、努力をしていきたいところですね。

⬤ 教科書には書かれない、キューバ危機の真実

　教科書には必ずと言っていいほど載っている、冷戦の象徴とも言える事件の一つに**キューバ危機**があります。単に「キューバ危機で核戦争寸前まで緊張が高まった」と書いてあるか、「ソ連がキューバに核ミサイルの基地を設置したことによりキューバ危機が起こった」と書いてありますが、実は教科書には書かれていない真実があります。それが、なぜソ連はキューバに核ミサイルの基地を作ったのか、という点です。

　実は**アメリカが先に、ソ連の首都であるモスクワを攻撃できるように、トルコに核ミサイルの基地を設置していた**のです。今となっては地球上のどこからでもピンポイントで核ミサイルを打ち込めるようになりましたが、当時のミサイルはそこまで射程距離がなかったため、味方の国に核ミサイルの基地を設置させてもらう必要があったのです。そのことに気付いたソ連は、アメリカの首都ワシントン D.C. を攻撃できるように、キューバにお願いして、核ミサイル基地をつくらせてもらっていたのです。

　以前の教科書ではソ連がいきなりキューバに核ミサイルを持ち込んだような書かれ方をしていることもありましたが、これは**同盟国であるアメリカに配慮して教科書を作っていたため**なのです。基本的にウソは書いていない教科書ですが、このように政治的な意向や指導要領の関係から削られてしまっている部分が多々あるのです。これが社会科を暗記科目にすると危険な理由の一つです。

● ベトナム戦争と地雷

　冷戦時、ベトナムでも代理戦争が起きました。ソ連が支援する北ベトナムと、アメリカが支援する南ベトナムが対立し、アメリカ軍が介入して北ベトナムを爆撃したことから全面戦争に突入しました。この戦いでは地雷、枯葉剤といった兵器が使用され、核爆弾こそ使われなかったものの、現在もなお埋まったままの地雷は人々の生活を脅かし、枯葉剤による障害が人々を苦しめています。この戦争は、最終的にはアメリカへの非難が強まり、**北ベトナムが南ベトナムを占領し、アメリカ軍を撤退に追い込む形で終戦**となりました。そのため、ベトナムは現在も社会主義国家となっています。

● 東西ドイツと冷戦の終結

　戦後、**アメリカ・イギリス・フランスが管理する西ドイツ**と、**ソ連が管理する東ドイツ**に分けられたドイツは、その制度の違いから著しい経済格差が生じました。そのため、東ドイツから西ドイツへ亡命する人が増え、それを阻止するために西ベ

ブッシュ　　　　　ゴルバチョフ
マルタ会談

ルリンを囲む形で**ベルリンの壁**が建設され、越境を試みて近づく人々は問答無用で射殺されました。しかし東ドイツにそうした支配を仕向けたソ連に不満を抱く地域がソ連邦内でも現れ、ソ連は東ドイツの監督どころではなくなり、東ドイツ市民の怒りも爆発寸前になってしまいます。

　そのような状況の中、1989年11月、東ドイツのシャボフスキー報道官が、勘違いから旅行の自由化と受け取れるような旨の発表をしてしまいました。これを聞いた市民が一斉にベルリンの壁に殺到したため、混乱の中で国境ゲートを開放せざるを得なくなったのです。こうなってしまってはもう止められないと、東ドイツ政府は後付けで旅行の自由を本当に認める形となります。その1ヶ

月後にはアメリカの**ブッシュ大統領**とソ連の**ゴルバチョフ書記長**が**マルタ会談**を開き**冷戦終結を宣言**し、翌年には東西ドイツ統一を果たしました。さらにその１年後、ソ連邦では多くの国が独立していき、残った本体となる地域が**ロシア連邦**という国になりました。記者会見のたった一言によってソ連を崩壊させることになったシャボフスキーは「歴史を変えた男」と称されています。

冷戦下の日本と 戦後の国際社会

● 石油危機と原子力発電

　それまで度々戦争をしていたアラブ諸国とイスラエルが 1973 年に**第四次中東戦争**を起こしました。この時、OAPEC（アラブ石油輸出国機構）がイスラエルと親しくする国には石油を輸出しないと発表し、そのリストに日本も含まれていたことから石油の価格が急上昇しました。日本は工業国として成功しましたが、工場を動かすための電力は火力発電、つまり石油でまかなっていました。そのため日本の産業も大打撃を受けてしまったのです。石油は関係ないのに、マスコミが流したデマでトイレットペーパーが売り切れ、いわゆるトイレットペーパー騒動が起きたのもこの時です。こうして日本経済は失速し、日本の高度経済成長は終わりを迎えます。この出来事を**石油危機（オイルショック）**と言います。

　なお、実は石油危機はこの後もう一度あったのですが、２回目は教科書には登場してきません。なぜなら、日本政府は１回目を教訓として、石油の備蓄をしておくようにしたからです。その教訓は今でも生きており、万が一石油が入っ

てこなくなっても、半年以上は通常通り生活できるだけの石油を蓄えていると言います。

　そしてもう一つ、石油に頼らないエネルギーを確保するため、原子力産業を推進することを国策として掲げたのです。これが地震大国にもかかわらず、原子力発電所が大量につくられることにつながっていきます。

　ちなみに原子力発電が7割を超えるというフランスも、この石油危機をきっかけとして原子力を推進しています。しかし日本との決定的な違いは、地震がほとんど起きないというところです。現在は火力、原子力以外の選択肢も現実的になってきました。日本も日本の環境に合ったエネルギー利用に切り替えていく時期が来ているかもしれませんね。

● 国際連盟と国際連合
　国際連盟は第一次世界大戦の反省を踏まえて作られましたが、結局うまく機能せず、第二次世界大戦が起きてしまいました。このことを教訓として作られたのが**国際連合**です。主な違いは、国際連盟では全会一致制の採決でしたが、やはり全ての国が同意するというのはなかなか難しいため、国際連合では**常任理事国5カ国と、非常任理事国10カ国**で採決をするようにしています。常任理事国は、**アメリカ**、**イギリス**、**フランス**、**ロシア**、**中国**の5カ国で、いずれも第二次世界大戦の戦勝国です。

　今のところ、この体制になって第三次世界大戦は起きていませんが、戦勝国が世界をコントロールしようとする体制には変わりがなく、**常任理事国5カ国については何をやっても許されてしまう現状**が、習近平政権、トランプ政権、新型コロナウイルスのパンデミック、そしてウクライナ戦争で明るみになりました。この権力者によるルールチェンジは、私たちにとっても他人事（ひとごと）ではありません。身近な社会でもよくあることです。しかし社会科を暗記科目として、テストのためだけに勉強していると、点は取れるかもしれませんが、せっかく

の知識を活かすことができないため、こういった社会のルールチェンジに対応できなくなってしまうのです。

　歴史の中には様々なルールチェンジが記録されています。そしてそれらは何度も繰り返されています。パンデミックの歴史も何度もあるのです。大正時代にスペイン風邪（インフルエンザ）が流行したときも、与謝野晶子が「どうして政府はもっと早く学校や公共施設の閉鎖を決めなかったのか」と言っています。完全に同じではなくても、部分ごとに見れば、歴史の中で同じようなことが起きているのです。

　歴史の教科書には終わりがありますが、歴史自体は今もなお作られ続けています。これで勉強を終わりにすることなく、考える歴史の勉強を続けていただければ幸いです。

著者紹介

切替 一薫（きりかえ・かずまさ）

▶千葉県出身。人子進学塾に 10 年間勤務し、生徒の指導においては合格実績、成績上昇率で常にトップを誇り、2013 年に独立。2015 年に（株）学習法指導塾ＰＨＩを設立し、勉強させない独自の教育手法で、受験や科目、学年の枠を廃した授業や保護者向けの子育てアドバイスをはじめ、Youtube、セミナー活動、高校や大学での指導、動物介在教育、塾や学校の先生に対する指導法のコンサルティング業務などの教育業に携わる。

- ●── カバーデザイン 都井 美穂子
- ●── 本文デザイン・DTP 川原田 良一（ロビンソン・ファクトリー）
- ●── 本文イラスト いげた めぐみ
- ●── 校閲 蒼史社
- ●── 校閲協力 Baron Vendémiaire

中学校で習う歴史が教えられるほどよくわかる

2023 年 8 月 25 日	初版発行
2024 年 6 月 12 日	第 6 刷発行

著者	**切替 一薫**
発行者	内田 真介
発行・発売	**ベレ出版** 〒162-0832　東京都新宿区岩戸町12 レベッカビル TEL.03-5225-4790 FAX.03-5225-4795 ホームページ　https://www.beret.co.jp/
印刷	モリモト印刷株式会社
製本	根本製本株式会社

ISBN 978-4-86064-734-6 C0020　　　　　　　編集担当　森 岳人